Die Ersatzmutterschaft im Rechtsvergleich zwischen den Rechtsordnungen in Deutschland, Indien, Kalifornien und England

Forschungen zum deutschen und internationalen Erb- und Familienrecht

Herausgegeben von Christina Eberl-Borges und Rudolf Meyer-Pritzl

Band 11

PETER LANG

Areso Asmatyar

Die Ersatzmutterschaft im Rechtsvergleich zwischen den Rechtsordnungen in Deutschland, Indien, Kalifornien und England

PETER LANG

Bibliografische Information der Deutschen Nationalbibliothek
Die Deutsche Nationalbibliothek verzeichnet diese Publikation in der Deutschen Nationalbibliografie; detaillierte bibliografische Daten sind im Internet über http://dnb.d-nb.de abrufbar.

Zugl.: Kiel, Univ., Diss., 2017

D 8
ISSN 1868-694X
ISBN 978-3-631-76647-7 (Print)
E-ISBN 978-3-631-76649-1 (E-PDF)
E-ISBN 978-3-631-76650-7 (EPUB)
E-ISBN 978-3-631-76651-4 (MOBI)
DOI 10.3726/b14813

Peter Lang – Berlin · Bern · Bruxelles · New York · Oxford · Warszawa · Wien

Diese Publikation wurde begutachtet.

www.peterlang.com

Vorwort

Die vorliegende Arbeit wurde im Wintersemester 2015 von der rechtswissenschaftlichen Fakultät der Christian-Albrechts-Universität zu Kiel als Dissertation angenommen. Literatur sowie Rechtsprechung weisen den Stand vom 31. März 2015 auf.

Meinem verehrten Doktorvater Professor Dr. Rudolf Meyer-Pritzl gilt mein aufrichtiger Dank für die umfassende Betreuung dieser Untersuchung sowie für die Freiheiten, die er mir in dieser Zeit eingeräumt hat. Professor Dr. Alexander Trunk danke ich für die besonders zügige Erstellung des Zweitgutachtens.

Zudem bin ich der Stiftung der Deutschen Wirtschaft für die großzügige finanzielle und wertvolle ideelle Förderung mit einem Promotionsstipendium sowie der Johanna und Fritz Buch Gedächtnis-Stiftung für den Druckkostenzuschuss zum Dank verpflichtet.

Meinen Freunden Dr. Nadja Krüll, Steffen Brauer, Linda Winkelmann, Marianne Schläbitz und insbesondere meinem Großvater Gerd Schüphaus danke ich von Herzen für das geduldige Korrekturlesen der ersten Fassung der Arbeit sowie für den wertvollen Austausch.

Es ist schön, Omed und Eman als meine unermüdlichen Wegbegleiter an meiner Seite zu wissen. Ich danke meinen lieben Brüdern für den Spaß, den wir gemeinsam haben, den Zuspruch und das Vertrauen in allen Lebenslagen.

Von ganzem Herzen möchte ich meinen liebsten Eltern für Ihre bedingungslose Liebe und Unterstützung auf meinem bisherigen Lebensweg danken. Dass sie den Mut hatten, ihre von Krieg geprägte Heimat ins Ungewisse zu verlassen, um uns Kindern eine bessere Zukunft zu ermöglichen. Bisyar taschakor madari wa babi. Ihnen ist diese Arbeit gewidmet.

Berlin, Mai 2018

Inhaltsverzeichnis

1. Kapitel: Einleitung

Die Inanspruchnahme einer Ersatzmutterschaft zur Überwindung der ungewollten Kinderlosigkeit stellt kein Phänomen der Neuzeit dar. Bereits in der Bibel fand die Ersatzmutterschaft in Form eines Partnerwechsels Erwähnung. Als Abrams Frau, Sarai, nicht schwanger wurde, hat die Magd ein Kind des Abram ausgetragen und es nach der Geburt Sarai und Abram übergeben[1]. Seit der Entwicklung der modernen Fortpflanzungsmethoden und der Geburt des ersten IVF- Babys hat die Ersatzmutterschaft an Attraktivität gewonnen[2].

Die Rechtsordnungen weltweit haben die unterschiedlichsten Wege hinsichtlich des Umgangs mit den sich daraus ergebenden Möglichkeiten eingeschlagen. Der deutsche Gesetzgeber hat sich bereits vor über zwanzig Jahren mit dem Erlass des ESchG für einen restriktiven Weg in Bezug auf Ersatzmutterschaften entschieden. Diese Diskrepanz hat in den letzten Jahren dazu geführt, dass sich deutsche Wunscheltern in Länder mit großzügigeren Regelungen wie Indien oder Kalifornien (USA) begeben, um sich ihren unerfüllten Kinderwunsch mithilfe einer Ersatzmutter erfüllen zu lassen. Welchen insbesondere rechtlichen Herausforderungen sie sich bei der Einreise mit dem Kind nach Deutschland zu stellen haben, scheint vielen Wunscheltern nicht klar zu sein. Welches Ausmaß der „Ersatzmutterschaftstourismus“ annehmen kann, verdeutlicht der Fall, der vom VG Köln im Jahr 2013 entschieden wurde. Ein deutsches Wunschelternpaar schloss im Jahr 2010 mit einer verheirateten indischen Ersatzmutter eine Ersatzmutterschaftsvereinbarung. Hierin wurde die Übertragung des Sorgerechts auf die Wunscheltern nach der Geburt des Kindes erklärt. Der Ersatzmutter wurde in der Folgezeit eine mit der Spermazelle des Wunschvaters befruchtete Eizelle der Wunschmutter implantiert. Nach Geburt des Kindes wurde es den Wunscheltern übergeben. Es erfolgte zudem die Eintragung ihrer Namen in die Geburtsurkunde und die notariell beglaubigte Anerkennung der Vaterschaft durch den Wunschvater. Das Zivilgericht Saket in NeuDelhi stellte die genetische Verbindung zwischen dem Kind und den Wunscheltern fest. Unter Berufung auf diese Dokumente stellte der Wunschvater im Juli 2011 beim Bundesverwaltungsamt einen Antrag auf Feststellung der deutschen Staatsangehörigkeit des Kindes. Dieser wurde abgelehnt. Damit nahm ein langjähriger Prozess seinen Anfang. Da das Kind aufgrund der fehlenden Dokumente nicht einreisen durfte, kehrte der Wunschvater zurück nach Deutschland, während die Wunschmutter mit dem Kind in Indien zurückblieb. Die vom Wunschvater erhobene Klage blieb erfolglos mit der Folge, dass das Kind staatenlos war. Dieser Fall steht exemplarisch für

---

1 1. Mose, Kapitel 16; zum Kulturvergleich vgl.: *Kreß*, FPR 2014, S. 240, 242.

2 Report of the Committee of Inquiry into Human Fertilisation and Embryology, abrufbar unter http://www.hfea.gov.uk/docs/Warnock_Report_of_the_ Committee_of_ Inquiry_into_Human_Fertilisation_and_Embryology_1984.pdf, zuletzt abgerufen am 30.10.2014.

zahlreiche tragische Schicksale, mit denen sich die deutschen Gerichte in den letzten Jahren zu befassen hatten[3]. Die vorstehende Entscheidung verdeutlicht, dass ein Teil der von Kinderlosigkeit betroffenen Paare weder Kosten noch Mühe scheut, um durch die Inanspruchnahme einer Ersatzmutter an ein eigenes Kind zu gelangen[4].

Deutsche Wunscheltern sehen sich hier aber großen Hürden gegenüber, sodass der deutsche Gesetzgeber Nachjustierungen erwägen sollte. An diesem Punkt knüpft die vorliegende Arbeit an. Sie nimmt die Vorgehensweisen anderer Rechtsordnungen in den Blick und zeigt, welche Lehren aus diesen gezogen werden können.

In den ersten Kapiteln werden die relevanten medizinischen Methoden sowie die Ausgestaltung des Ersatzmutterschaftsrechts durch den deutschen Gesetzgeber vorgestellt. Danach wird der Fokus auf die Rechtsordnungen in Indien, Kalifornien und England gerichtet sein, da sie zum einen eine von der deutschen Rechtsordnung abweichende rechtliche Behandlung von Ersatzmutterschaften vorweisen können und zum anderen Ersatzmutterschaften in diesen Ländern große Aktualität zukommt. In einem weiteren Schritt werden die unterschiedlichen rechtlichen Lösungen miteinander verglichen. Abschließend erfolgt auf der Grundlage dieses Rechtsvergleichs die Ausarbeitung eines Reformvorschlags, der im Zuge einer Gesetzesnovellierung Berücksichtigung finden könnte[5].

---

3 VG Köln, Urt. v. 20.02.2013–10 K 6710/11, NJW 2013, S. 2617; ähnlich: OVG Berlin-Brandenburg, Beschl. v. 06.07.2011 – OVG 5 S 13/11, BeckRS 2011, 54132; VG Berlin, Beschl. v. 15.04.2011 – VG 23 L 79/11, BeckRS 2011, 49966; VG Berlin, Beschl. v. 26.11.2009–11 L 396/09, BeckRS 2009, 42145.

4 Die Wichtigkeit des Kinderwunsches verdeutlicht auch die steigende Zahl von Frauen, die mit zunehmendem Alter den Druck der „biologischen Uhr" auf sich lasten spüren und ihre Eizellen einfrieren lassen, um sich bei der Kinderwunscherfüllung mehr Zeit lassen zu können (Kinderwunsch: Junge Deutsche zeigen sich offen für Social Freezing, abrufbar unter http://www.zeit.de/wirtschaft/2014-10/social-freezing-umfrage-zeit, zuletzt abgerufen am 11.12.2014).

5 Im Rahmen dieser Arbeit finden Literatur und Rechtsprechung bis einschließlich Januar 2015 Berücksichtigung.

2. Kapitel: Begriffliche und medizinische Grundlagen der Ersatzmutterschaft

A. Begriffserläuterung

I. Begriffliche Abgrenzung

1. Die Terminologie in der allgemeinen rechtlichen Diskussion

Der Begriff der Ersatzmutterschaft wird sowohl in der Literatur als auch in der Rechtsprechung als allgemeiner Begriff für alle biologisch möglichen Varianten der Ersatzmutterschaft verwendet[6]. Aufgrund der Vielfalt der Befruchtungsmethoden können unterschiedliche Konstellationen der Ersatzmutterschaft gegeben sein, wobei die Ersatzmutterschaft einen Oberbegriff für alle biologischen Formen darstellt. So kann das von der Ersatzmutter ausgetragene Kind genetisch mit der Ersatzmutter oder mit der den Auftrag gebenden Mutter oder bzw. und dem den Auftrag gebenden Vater oder mit keiner der drei Parteien verwandt sein. „Tragemutterschaft“[7], Leihmutterschaft“[8], „Mietmutterschaft“ und „Ammenmutterschaft“[9] sind weitere Begriffe, die als Synonym für die Ersatzmutterschaft auftauchen[10]. Ein einheitlicher Gebrauch bzw. eine saubere Trennung der Begrifflichkeiten lässt sich nicht erkennen.

Vom deutschen Gesetzgeber werden gleich zwei Legaldefinitionen der Ersatzmutterschaft gegeben.

Eine kurze Definition liefert § 1 Abs. 1 Nr. 7 ESchG. Danach ist Ersatzmutter die Frau, die bereit ist, ihr Kind nach der Geburt Dritten auf Dauer zu überlassen.

Eine zweite, ausführlichere Definition ergibt sich aus § 13 a AdVermiG. Nach dieser Legaldefinition handelt es sich bei der Ersatzmutter um eine Frau, die sich bereit erklärt, sich befruchten oder einen fremden Embryo auf sich übertragen zu lassen, um „das Kind nach Geburt Dritten zur Annahme als Kind oder zur sonstigen Aufnahme auf Dauer zu überlassen“.

---

6 *Coester*, FS Jayme, S. 1243, 1244; *Liermann*, FamRZ 1991, 1403, 1403; *Coester-Waltjen*, Jura 1987, 629, 631.

7 MüKo/*Wellenhofer*, § 1591, Rn. 11; *Coester-Waltjen*, Jura 1987, 629, 633; *Gerecke/Valentin*, GS Eckert, S. 233, 236.

8 Bamberger/Roth/*Heiderhoff*, Art. 19 EGBGB, Rn. 36; AG Düsseldorf, Beschl. v. 19. 11. 2010 - XVI 21/09, BeckRS 2012, 16522; AG Hamm, Beschl. v. 22.02.2011 – XVI 192/08 = BeckRS 2011, 25140; *Rieck* in der Anm. zu OLG Stuttgart, Beschl. v. 07.02.2012–8 W 46/12 = BeckRS 2012, 04123, FamRZ 2012, 166.

9 Begründung zum Entwurf des ESchG v. 25.10.1989, BT–Drucks. 11/5460, 8.

10 Von einer notwendigen Unterscheidung gehen ebenso aus: *Coester*, FS Jayme, S. 1243, 1244; *Wohn*, Medizinische Reproduktionstechniken, S. 30; *Brohm*, JuS 1998, 197, 202, MüKo/*Wellenhofer*, 6. Aufl., § 1592, Rn. 11 f.

Diese Legaldefinition unterscheidet sich in mehreren Punkten von der Definition des § 1 Abs. 1 Abs. 1 Nr. 7 ESchG[11]. Zum einen erfasst der Anwendungsbereich des § 13 a AdVermiG im Gegensatz zu dem des § 1 Abs. 1 Nr. ESchG nicht nur die künstliche Befruchtung, sondern auch Fälle, in denen die Frau sich auf natürlichem Wege befruchten lässt. Die Erklärung für die unterschiedlichen Regelungsansätze ist in den voneinander abweichenden Schutzrichtungen der Gesetze zu sehen. Sieht das ESchG den Schutz vor dem Missbrauch der künstlichen Fortpflanzungsmethoden[12] vor, so steht beim AdVermiG die Verhinderung der Vermittlung jeglicher Art der Ersatzmutterschaft im Vordergrund[13].

Weiterhin setzt § 13 a AdVermiG eine Vereinbarung zwischen der Ersatzmutter und den Dritten voraus. Hierunter ist jedoch kein Vertrag, sondern lediglich eine tatsächliche Bereitschaft der Ersatzmutter zu verstehen[14].

Von dieser gesetzlichen Legaldefinition wird sowohl der Fall, in dem die genetische Verwandtschaft zwischen Ersatzmutter und ausgetragenem Kind gegeben ist (§ 13 a Nr. 1 AdVermiG), als auch der Fall, in dem die genetische Verwandtschaft fehlt (§ 13 a Nr. 2 AdVermiG), als Ersatzmutterschaft erfasst. Eine Differenzierung in der Begrifflichkeit lässt sich dem Gesetz nicht entnehmen.

Eltern, für die ein durch eine Ersatzmutter ausgetragenes Kind vorgesehen ist, werden „Wunscheltern“[15] oder „Bestelleltern“[16] genannt. Die Frau, von der die Eizelle stammt, bzw. die, die die Ersatzmutterschaft in Auftrag gibt, wird als „Wunschmutter“ oder „Bestellmutter“ bezeichnet und der Vater, der als Samenspender beteiligt ist bzw. die Ersatzmutterschaft in Auftrag gibt, trägt die Bezeichnung „Wunschvater“ oder „Bestellvater“.

2. Verwendete Terminologie im Rahmen der Arbeit

a) Die Ersatzmutterschaft im engen Sinne

Bei der Ersatzmutterschaft im engen Sinne liegt die Konstellation vor, dass eine Frau ihr genetisch eigenes Kind mit der Absprache austrägt, es nach der Geburt an die Wunscheltern abzugeben. Die Ersatzmutter ist ebenfalls Eizellenspenderin mit der Folge, dass Ersatzmutter und genetische Mutter dieselbe sind[17]. Das Kind kann hierbei mit dem Wunschvater genetisch verwandt sein, wenn die Eizelle der Frau

---

11 Hierzu Näheres im Rahmen der rechtlichen Betrachtung des AdVermiG.

12 BT–Drucks. 11/5460, 4.

13 Keller/Günther/Kaiser/*Keller*, ESchG 1992, § 1 Abs. 1 Nr. 7, Rn. 12 f.; Günther/Taupitz/Kaiser/*Taupitz*, ESchG 2008, § 1 Abs. 1, Rn. 3.

14 Keller/Günther/Kaiser/*Keller*, ESchG 1992, § 1 Abs. 1 Nr. 7, Rn. 13; *Liermann*, FamRZ 1991, 1403, 1403; *Coester*, FS Jayme, S. 1243, 1244.

15 MüKo/*Wellenhofer*, § 1591, Rn. 11.

16 *Gerecke/Valentin*, GS Eckert, S. 233 (Bei dieser Bezeichnung liegt eine negative Konnotation vor, weshalb die Verwendung des Begriffes auf eine ablehnende Haltung des Autors gegenüber der Ersatzmutterschaft schließen lässt).

17 *Schwab*, Familienrecht, Rn. 583; MüKo/*Wellenhofer*, § 1591, Rn. 11.

mit Keimzellen des Wunschvaters (in der Regel künstlich) befruchtet wurde. Es ist jedoch auch nicht unüblich, dass die männlichen Keimzellen von einem Dritten stammen, wobei Dritter auch der Ehemann der Ersatzmutter sein kann. Keine Rolle spielt der familienrechtliche Status der Ersatzmutter oder der Wunscheltern[18]. Ersatzmutterschaft wird als Oberbegriff verwendet.

b) Tragemutterschaft

Im Vergleich zur Ersatzmutterschaft im engen Sinne fallen Tragemutter und somit die Frau, die das Kind austrägt, und genetische Mutter bei der Tragemutterschaft auseinander. Hierbei trägt eine Frau eine ihr übertragene Eizelle einer anderen Frau aus. In der Regel handelt es sich bei der Eizelle um die der Wunschmutter, die zwar fruchtbar, aber nicht gebärfähig ist. Die Eizelle kann jedoch auch von einer Spenderin stammen. Ebenso wie bei der Ersatzmutterschaft im engen Sinne liegt die Vereinbarung zugrunde, das Kind nach Geburt den Wunscheltern zur Annahme als Kind oder zur sonstigen Aufnahme auf Dauer zu überlassen. Die männlichen Keimzellen können wiederum, vergleichbar mit dem Fall der Ersatzmutterschaft im engen Sinne, sowohl vom Wunschvater als auch von einem Dritten stammen. Der vom ESchG definierte Begriff ist als Oberbegriff für all jene Fälle anzusehen, in denen sich eine Frau bereits vor ihrer Schwangerschaft dazu bereit erklärt, das Kind nach der Geburt dauerhaft Dritten zu überlassen[19]. Mithin ist die Tragemutterschaft als Unterfall vom Begriff der Ersatzmutterschaft im weiteren Sinne sowohl von § 1 Abs. 1 Nr. 7 ESchG als auch von § 13 a AdVermiG erfasst.

c) Wunscheltern und Wunschelternteil

Im Rahmen der Arbeit werden die das Kind nach der Geburt aufnehmenden Personen als Wunscheltern bezeichnet. Dabei ist grundsätzlich denkbar, dass das Kind für eine alleinstehende Frau, Wunschmutter, für einen alleinstehenden Mann, Wunschvater, oder für ein homosexuelles Paar vorgesehen ist.

II. Ergebnis

Einheitlich verwendete Begriffe für die an Ersatzmutterschaften teilnehmenden Personen haben sich bislang weder in der Rechtsprechung noch in der Literatur etabliert. Aufgrund der fehlenden sauberen Trennung der Begriffe kommt es zu Verwechslungen zwischen den einzelnen Formen der Ersatzmutterschaft. Teilweise fehlt es gänzlich am Bewusstsein dafür. Eine saubere Trennung und einheitliche Verwendung der Begriffe stellen die Voraussetzung für eine juristisch angemessene differenzierte Diskussion dar.

---

18 *Coester*, FS Jayme, S. 1243, 1244.

19 Günther/Taupitz/Kaiser/*Taupitz*, ESchG 2008, § 1 Abs. 1 Nr. 7, Rn. 7.

B. Angewandte medizinische Methoden im Rahmen der Ersatzmutterschaft

Medizinisch möglich geworden ist die Tragemutterschaft und die Ersatzmutterschaft im engen Sinne durch die modernen Methoden der assistierten Reproduktion[20]. Als assistierte Reproduktion[21] wird eine Reihe von medizinischen Methoden bezeichnet, die zur Anwendung kommen, wenn in einer Partnerschaft eine Schwangerschaft auf natürlichem Wege nicht mehr zu erwarten ist[22]. Hierbei wird der Fortpflanzungsvorgang ohne Eingriff in die Erbsubstanz medizinisch- technisch unterstützt[23].

I. Die Anwendung der assistierten Reproduktion bei der Tragemutterschaft

Eine Tragemutterschaft mithilfe der assistierten Reproduktion wird in Fällen in Betracht gezogen, in denen der Körper der Frau in der Lage ist, reife Eizellen[24] zu produzieren, die Frau jedoch nicht schwanger werden kann[25]. Die Ursachen hierfür sind vielfältig und reichen von der Entfernung der Gebärmutter[26], Verletzungen, Fehlbildungen oder Tumoren in der Gebärmutter, den Eierstöcken oder den Eileitern bis hin zur Störung des Hormonhaushalts[27]. Häufig kommt es aufgrund einer Entzündung der Eileiter oder einer Eileiterschwangerschaft zur operativen Entfernung der Eileiter[28]. Da die Befruchtung im Eileiter vollzogen wird, kann es bei Entfernung der Eileiter nicht mehr zur Schwangerschaft kommen,

---

20 Vor Entwicklung der assistierten Reproduktionsmethoden konnte lediglich durch Geschlechtsverkehr zwischen Ersatzmutter und Wunschvater die Ersatzmutterschaft im engen Sinne erreicht werden.

21 Die Bundesärztekammer definiert die assistierte Reproduktion wie folgt: „Als assistierte Reproduktion wird die ärztliche Hilfe zur Erfüllung des Kinderwunsches eines Paares durch medizinische Hilfen und Techniken bezeichnet. In der Regel wird im Zusammenhang mit diesen Verfahren eine hormonelle Stimulation durchgeführt. Darunter versteht man den Einsatz von Medikamenten zur Unterstützung der Follikelreifung, sodass im Zyklus ein oder mehrere Follikel heranreifen.", Bundesärztekammer 2006 A 1393, abrufbar unter http://www.bundesaerztekammer.de/downloads/AssRepro.pdf, zuletzt besucht am 11.12.2014).

22 *Schulze*, Embryologie Basics, S. 72.

23 *Wanitzek*, Rechtliche Elternschaft, S. 186.

24 Unter Eizelle ist die Keimzelle der Frau zu verstehen. Eine menschliche Keimzelle ist nur dann als gegeben anzusehen, wenn sowohl der Zellkern als auch die Zellhülle von einem Menschen stammen (*Pschyrembel*, Gynäkologie und Geburtshilfe, S. 107).

25 *Keith/Persaud*, Embryologie, S. 44. Vermehrt wird die Ersatzmutterschaft von homosexuellen Männern, die ihren Kinderwunsch verwirklichen wollen, in Anspruch genommen (*Revermann/Hüsing*, Fortpflanzungsmedizin, V. 2.4).

26 *Keith/Persaud*, S. 4.

27 *Schulze*, Embryologie Basics, S. 72; *Krebs*, Lexikon der Bioethik I, S. 776.

28 *Krebs*, Lexikon der Bioethik I, S. 776; *Sadler*, Medizinische Embryologie, S. 35.

obwohl der Körper der Frau weiterhin Eizellen produziert[29]. Ist die Wunschmutter nicht in der Lage, reife Eizellen zu produzieren, kommen ebenso Spendereizellen in Betracht.

1. *In-vitro-Fertilisation mit anschließendem Embryonentransfer iRd. Tragemutterschaft*

Als Standardmethode der künstlichen Befruchtung gilt die In-vitro-Fertilisation (nachfolgend IVF genannt[30]). IVF stellt den medizinischen Fachbegriff für die künstliche Befruchtung außerhalb des Mutterleibes dar[31]. Das erste IVF-Baby, Louise Joy Brown, kam in England am 25. Juli 1978 zur Welt[32]. Seitdem sind nach dem IVF-Verfahren mehr als eine Million Kinder geboren worden[33]. Bei der Tragemutterschaft findet diese Methode in Kombination mit dem Embryotransfer auf die Tragemutter Anwendung[34]. Die IVF wird in keinem deutschen Gesetz ausdrücklich geregelt. Daher wird die Methode als erlaubt angesehen[35].

Der Behandlungszyklus im Rahmen des IVF–Verfahrens nimmt mehrere Wochen in Anspruch und läuft in unterschiedlichen Schritten ab[36]. Im ersten Schritt einer IVF–Behandlung wird die Frau[37] hormonell stimuliert, wodurch die Reifung von mehreren Eizellen anstatt nur einer wie sonst üblich in einem Zeitpunkt bewirkt wird. Dies dient dazu, bei der späteren Befruchtung in der Kulturschale die Chancen einer Befruchtung zu steigern, da die Wahrscheinlichkeit, dass sich eine Eizelle in der Gebärmutter der Frau einnistet und auch weiterentwickelt, bei lediglich etwa 23 bis 27 % liegt[38]. Um die Wahrscheinlichkeit zu erhöhen, werden bis zu drei Embryonen pro IVF–Behandlungszyklus implantiert.

---

29 *Krebs*, Lexikon der Bioethik I, S. 775.

30 *Osterlow*, Biostrafrecht, S. 21; *Pschyrembel*, Gynäkologie und Geburtshilfe, S. 220.

31 *Osterlow*, S. 20; *Krebs*, Lexikon der Bioethik I, S. 776; *Wollenschläger*, MedR 2011, 21; *Schulze*, Embryologie Basics, S. 73. Da bei der IVF–Methode die Befruchtung der Eizelle mit der Spermazelle außerhalb des Körpers der Frau erfolgt, wird sie auch als „extrakorporale Befruchtung" bezeichnet (Bundesärztekammer 2006 A 1393, abrufbar unter http://www.bundesaerztekammer.de/ downloads/AssRepro.pdf, zuletzt abgerufen am 11.12.2014).

32 *Wollenschläger*, MedR 2011, 21; Schlussbericht der Enquete-Kommission „Recht und Ethik der modernen Medizin", BT-Drucks. 14/9020, 29; *Wischmann*, S. 15.

33 *Keith/Persaud*, S. 42.

34 *Keith/Persaud*, S. 44, 42.

35 *Laufs*, Handbuch des Arztrechts, § 129, Rn. 21.

36 *Gropp*, S. 41; Schlussbericht der Enquete-Kommission „Recht und Ethik der modernen Medizin", BT-Drucks. 14/9020, 29; *Kiechle*, Gynäkologie und Geburtshilfe, 12.5.1.

37 Im Rahmen der Ersatzmutterschaft wird die genetische Mutter („Wunschmutter") hormonell stimuliert, da das spätere Kind genetisch von ihr abstammen soll, obwohl es nicht in ihrer eigenen Gebärmutter heranwächst.

38 *Schulze*, Embryologie Basics, S. 72; *Sadler*, S. 35; *Pschyrembel*, Pschyrembel – Klinisches Wörterbuch, S. 882.

Nach etwa 10 bis 14 Tagen hormoneller Behandlung werden 8 bis 12 reife Eizellen den Eierstöcken der Frau entnommen und in eine Kulturschale mit etwa 100.000 aufbereiteten Spermazellen[39] und Nährflüssigkeit überführt[40]. Die Gewinnung der Eizellen erfolgt durch einen Eingriff, bei dem mittels einer feinen Punktionsnadel die Eizellen abgesaugt werden[41]. Wenige Stunden vor der Punktion wird der Eisprung durch die Verabreichung des Hormons hCG[42] künstlich eingeleitet[43]. Die Punktion kann entweder durch die Scheide oder durch eine Bauchspiegelung, bei der ein Schnitt in der Nabelgrube vorgenommen wird, durchgeführt werden[44]. In der Kulturschale findet die Befruchtung bzw. Fertilisation der Eizellen statt[45]. Erst nachdem die Kulturschale samt Inhalt in einem Brutschrank bei etwa 37 °C zwei Tage lang kultiviert wurde und die Zygote[46] das Vier- oder Achtzellstadium[47] erreicht hat, erfolgt der Embryotransfer[48]. Sowohl die Befruchtung der Eizellen als auch das Einsetzen der Furchungsteilung werden mikroskopisch beobachtet und protokolliert[49].

Die Übertragung der Embryonen (Embryotransfer) erfolgt mithilfe eines dünnen biegsamen Katheters, der durch die Vagina und den Zervixkanal[50] in die Gebärmutter

39 Die Spermazellen stammen bei der Ersatzmutterschaft vom genetischen Vater, der meist der Ehemann der genetischen Mutter ist. Diese werden durch Masturbation gewonnen und anschließend aufbereitet (*Gropp*, S. 42).

40 *Keith/Persaud*, S. 42, 43; Schlussbericht der Enquete-Kommission „Recht und Ethik der modernen Medizin", BT-Drucks. 14/9020, 32.

41 Schlussbericht der Enquete-Kommission „Recht und Ethik der modernen Medizin", BT-Drucks. 14/9020, 31.

42 hCG=Humanes Chorion Gonadotropin (aus: Schlussbericht der Enquete-Kommission „Recht und Ethik der modernen Medizin", BT-Drucks. 14/9020, 31).

43 MVZ Kinderwunsch ZentrumWiesbaden GmbH abrufbar unter http://www.kinderwunschzentrumwiesbaden.de/de/behandlung/ablauf_therapie.php, zuletzt besucht am: 11.12.2014; Das hCG ist ferner für die Aufrechterhaltung der Schwangerschaft von besonderer Bedeutung (*Wischmann*, S. 47).

44 Schlussbericht der Enquete-Kommission „Recht und Ethik der modernen Medizin", BT-Drucks. 14/9020, 31; *Schulze*, Embryologie Basics, S. 71.

45 *Schulze*, Embryologie Basics, S. 72.

46 Als Zygote wird in der medizinischen Fachsprache die befruchtete Eizelle, aus der durch mehrfache Teilung der Embryo hervorgeht, bezeichnet. (so auch: *Sadler*, S. 36; *Rohen/Lütjen-Drecoll*, Funktionelle Embryologie, S. 27). Eine andere Bezeichnung verwendet der Gesetzgeber, der die befruchtete Eizelle in § 8 Embryonenschutzgesetz als Embryo bezeichnet (kritisiert von *Lungtras*, Der Umgang mit dem Embryo in vitro, S. 209).

47 Diese Teilungen werden auch Furchungsteilung genannt (so auch: *Sadler*, S. 36).

48 *Keith/Persaud*, S. 42; Schlussbericht der Enquete-Kommission „Recht und Ethik der modernen Medizin", BT-Drucks. 14/9020, 32.

49 *Keith/Persaud*, S. 42.

50 Zervixkanal ist der medizinische Fachbegriff für den Gebärmutterhalskanal (*Pschyrembel*, Pschyrembel – Klinisches Wörterbuch, 2004, S. 1985; *Wischmann*, S. 39).

der Frau eingeführt wird[51]. Nach der Übertragung der Embryonen hat die Frau für einige Stunden in Rückenlage zu verbleiben[52]. Im Rahmen der Tragemutterschaft wird der Embryotransfer nicht zurück in den Körper der Frau, von der die Eizellen stammen, vorgenommen, sondern die Einpflanzung erfolgt in die Gebärmutter der Tragemutter.

Die Schwangerschaftsrate nach jedem IVF–Behandlungszyklus liegt bei 19 bis 21 %, wobei die Zahl der geborenen Kinder mit 13,5 % geringer ausfällt[53].

2. Intrazytoplasmatische Spermieninjektion

Bei der intrazytoplasmatischen Spermieninjektion (nachfolgend ICSI genannt) handelt es sich um eine weitere Variante der IVF, welche sich auf der Ebene der Befruchtung von der IVF unterscheidet[54]. Schlägt die IVF fehl oder sind nicht ausreichend viele oder nur unbewegliche Spermienzellen des Mannes vorhanden, wird seit den 1990er Jahren die Methode der ICSI durchgeführt[55].

Das Verfahren gestaltet sich in den meisten Schritten wie bei der IVF–Behandlung, mit dem Unterschied, dass eine Spermazelle des Mannes unter dem Mikroskop mit Hilfe einer feinen Glaskanüle direkt in eine reife Eizelle der Frau injiziert wird. Anschließend erfolgt ein kleiner Stromstoß der Eizelle, um sie zu aktivieren[56].

Bei dieser Methode liegt die Schwangerschaftsrate mit 22 bis 34 % leicht über der der IVF–Behandlung[57]. Vorrangig wird sie jedoch angewandt, wenn eine geringe Spermienzahl oder -qualität vorliegt[58].

3. Die Risiken der IVF– und ICSI–Behandlung

a) Die Überstimulation der Eierstöcke

Eines der größten Risiken, das im Rahmen einer IVF–Behandlung auftreten kann, ist auf die hormonelle Stimulation der Frau zur mehrfachen Eizellreifung und

51 *Schulze*, Embryologie Basics, 72; Schlussbericht der Enquete-Kommission „Recht und Ethik der modernen Medizin", BT-Drucks. 14/9020, 30.

52 *Keith/Persaud*, S. 42.

53 *Pschyrembel*, S. 882; Europaweit lag die Schwangerschaftsrate je Embryotransfer im Jahr 2006 bei 32, 8 % und die Lebendgeburtenrate bei etwa 22 % (*Revermann/ Hüsing*, III, 2.2).

54 Schlussbericht der Enquete-Kommission „Recht und Ethik der modernen Medizin", BT-Drucks. 14/9020, S. 30; *Kiechle*, 12.5.1.

55 *Keith/Persaud*, S. 42.

56 *Keith/Persaud*, S. 43; *Schulze*, 73; Bundesärztekammer 2006 A 1394, abrufbar unter http://www.bundesaerztekammer.de/downloads/AssRepro.pdf, zuletzt abgerufen am 11.12.2014.

57 Europaweit wurde im Jahr 2006 eine durchschnittliche Schwangerschaftsrate von 33, 6 % erreicht und somit eine um 1, 2 % höhere Rate als bei der IVF- Methode erreicht (*Revermann/Hüsing*, III, 2.2).

58 *Pschyrembel*, S. 837.

Auslösung des Eisprungs zurückzuführen. Hierbei kann es zur Beeinträchtigung der körperlichen Verfassung durch das Überstimulationssyndrom (sog. Ovarielle Hyperstimulationssyndrom (OHSS[59])) kommen, welches dazu führen kann, dass Thrombosen, lebensbedrohliche Atembeschwerden sowie Ansammlungen von Flüssigkeit in Bauch- und Brustbereich auftreten können[60]. Störungen der Blutgerinnung sowie der Nierenfunktion können im schlimmsten Fall in Erscheinung treten[61].

In Deutschland wurde im Jahr 2007 in 0,4 % der IVF- und ICSI- Behandlungszyklen das Überstimulationssyndrom in seinen unterschiedlichen Ausprägungen verzeichnet[62]. Eine neuere Methode, die teilweise auf eine hormonelle Behandlung der Frau verzichtet und sich noch in der Forschungsphase befindet, stellt die In-vitro-Maturation dar. Hierbei werden der Frau für eine kürzere Phase und in einer niedrigeren Dosis als bei der IVF Hormone verabreicht[63]. Die Eizellgewinnung erfolgt bereits im unreifen Zustand nach dem 8. bis 10. Tag nach Einsetzen der Monatsblutung. Erst außerhalb des Körpers, im Labor, reifen die Eizellen innerhalb von 24 bis 48 Stunden heran[64].

b) Die Risiken der Punktion

Weiterhin stellen Komplikationen, die im Rahmen der Punktion bei der Eizellentnahme auftreten können, keine Seltenheit dar[65]. Hierbei können durch den Schnitt in die Nabelgrube die mit jedem operativen Eingriff verbundenen gesundheitlichen Beeinträchtigungen auftreten. Darüber hinaus wird die Punktion unter Vollnarkose vorgenommen, sodass ebenfalls mit deren Nebenwirkungen und Risiken zu rechnen ist. Wird die Punktion durch Einführung der Nadel in die Scheide durchgeführt, so ist zwar keine Vollnarkose erforderlich, weshalb die damit verbundenen Risiken und Nebenwirkungen wegfallen, jedoch ist die Prozedur mit Schmerzen verbunden und vaginale Blutungen sowie Blutungen

---

59 Ausgelöst wird das OHSS durch die Verabreichung des Hormons „humanes Choriongonadotropin“ (hCG), wodurch es zu einer übermäßigen Produktion von ovariellen Hormonen in Folge einer Vergrößerung der Eierstöcke kommen kann (*Revermann/Hüsing*, IV 1.1).

60 Schlussbericht der Enquete-Kommission „Recht und Ethik der modernen Medizin“, BT-Drucks. 14/9020, 39; *Wischmann*, S. 93; *Kiechle*, 12.5.2.

61 *Wischmann*, S. 93.

62 Die Häufigkeit liegt europaweit bei 0,9 % (*Revermann/Hüsing*, IV 1.1).

63 Deutsche Gesellschaft für Gynäkologie und Geburtshilfe e.V., abrufbar unter http://www.uni-protokolle.de/nachrichten/id/110915/, zuletzt abgerufen am 30.10.2014.

64 Informationsblatt zur IVM–Behandlung des Universitätsklinikums Lübeck, abrufbar unter http://www.kinderwunsch-luebeck.de/435.html, zuletzt abgerufen am 28.06.2012.

65 IVF–Register Jahresbericht 2010, S. 31.

im Darmbereich können auftreten[66]. Da es jedoch ein neues Verfahren ist, liegen keine Langzeitstudien hinsichtlich der Nebenwirkungen und Risiken für Mutter und Kind vor[67].

c) *Mehrlingsschwangerschaften*

Weiterhin ist das Risiko einer Mehrlingsschwangerschaft und der damit verbundenen Komplikationen bei IVF–Behandlungen im Vergleich zur natürlichen Befruchtung höher, da in der Regel nicht nur ein Embryo in die Gebärmutter einbracht wird, sondern, um die Chance einer Schwangerschaft zu erhöhen, gleich zwei bis drei implantiert werden und diese sich in einigen Fällen weiterentwickeln[68].

In Deutschland ist gemäß § 1 Abs. 1 Nr. 3 ESchG die Einbringung von höchstens drei Embryonen gestattet. Dadurch sollen Mehrlingsgeburten verhindert werden. Solche mit einer Mehrlingsschwangerschaft verbundenen Risiken können in Form von Bluthochdruck, Blutungen oder auch einer Kaiserschnittentbindung in Erscheinung treten. Ebenfalls kann eine Mehrlingsschwangerschaft Gefahren für die Kinder bergen. Ein besonderes Risiko stellt in diesem Zusammenhang das Risiko der Frühgeburt dar, die bei Schwangerschaften nach dem IVF–Verfahren doppelt so hoch sind wie nach einer natürlichen Befruchtung[69].

d) *Höheres Fehlbildungsrisiko bei der ICSI–Anwendung*

Findet die Befruchtung der Eizelle nicht in der Kulturschale statt, sondern wird im Rahmen des ICSI-Verfahrens eine einzelne Spermazelle unter dem Mikroskop in die Eizelle direkt injiziert, so können weitere Risiken und Nebenwirkungen hinzutreten. Das Risiko von Fehlbildungen und angeborenen Erkrankungen ist bei auf diese Weise gezeugten Kindern doppelt so groß wie bei Kindern, die durch eine natürliche Befruchtung gezeugt werden[70]. Ferner weisen Studien darauf hin, dass bei diesen Kindern die Häufigkeit von Chromosomenstörungen erhöht ist und Gen–Defekte wie das Beckwith–Wiedemann–Syndrom[71] und das Angelmann–

---

66 Schlussbericht der Enquete-Kommission „Recht und Ethik der modernen Medizin“, BT-Drucks. 14/9020, 33; IVF–Register Jahresbericht 2010, S. 31.

67 Informationsblatt zur IVM–Behandlung des Universitätsklinikums Lübeck, abrufbar unter http://www.kinderwunsch-luebeck.de/435.html, zuletzt abgerufen am 30.10.2014.

68 *Schulze*, Embryologie Basics, S. 72; IVF–Register Jahresbericht 2010, S. 17 f.

69 Schlussbericht der Enquete-Kommission „Recht und Ethik der modernen Medizin“, BT-Drucks. 14/9020, 40.

70 Das fertility center kiel, abrufbar unter http://www.fertilitycenter.de/de/risiken.htm#PsychischerStress, zuletzt besucht am 30.10.2014; *Murken/Grimm/Holinski/Zerres*, Humangenetik, S. 433; *Revermann/Hüsing*, IV 2.2.

71 Das mit dem *Beckwith–Wiedemann–Syndrom* geborene Kind weist mit größerer Häufigkeit Bauchwanddefekte sowie embryonale Tumorerkrankungen auf (so in: *Murken/Grimm//Holinski/Zerres*, S. 524).

Syndrom[72] häufiger nach einer IVF- oder ICSI-Behandlung auftreten als bei der natürlichen Zeugung[73].

II. Die Anwendung der intrauterinen bzw. intratubaren Insemination bei der Ersatzmutterschaft im engen Sinne

Kann die Wunschmutter weder Eizellen produzieren noch ein Kind austragen, kommt die Ersatzmutterschaft im engen Sinne in Betracht. Die intrauterine unterscheidet sich von der intratubaren Insemination nur im Ort der Einpflanzung der Spermazellen. Bei der intrauterinen Insemination (nachfolgend IUI genannt) findet die Befruchtung im Körper der Frau statt und sie zählt somit nicht zu den extrakorporalen Befruchtungsmethoden.

Zunächst wird der Eisprung der Frau entweder durch die Verabreichung von Medikamenten zu einem bestimmten Zeitpunkt hervorgerufen oder der Zeitpunkt des Eisprungs wird im Vorfeld bestimmt. Anschließend werden mithilfe eines dünnen Katheters aufbereitete Spermazellen des Mannes in die Gebärmutter gespritzt[74]. Bei der intratubaren Insemination wird die Spritze nicht in die Gebärmutter, sondern in den Eileiter gesetzt[75]. Die intratubare gilt als die erfolgversprechendere der beiden Methoden[76].

Diese Methode kommt für die Ersatzmutterschaft in den Konstellationen in Betracht, in denen die Eizelle der austragenden Mutter für die Befruchtung gewollt ist. Damit scheiden Fälle der Tragemutterschaft aus. Zu den mit den Methoden verbundenen Risiken zählt das Risiko der Mehrlingsschwangerschaften[77].

III. Ergebnis

Der Fortschritt in der Fortpflanzungsmedizin hat in den vergangenen drei Jahrzehnten Paaren mit dem bis dahin unerfüllbaren Kinderwunsch ganz neue Wege eröffnet. Besondere Bedeutung gewinnen die modernen Methoden bei Paaren, die den Wunsch nach einem mit ihnen zumindest teilweise verwandten Kind hegen, bei denen aber die Frau medizinisch nicht in der Lage ist, ein Kind auszutragen.

Nicht zu unterschätzen sind die gesundheitlichen Risiken und Nebenwirkungen der assistierten Fortpflanzungsmethoden, die zur Schwangerschaft der Ersatzmutter führen sollen und zusätzlich zu „normalen“ Schwangerschaftsproblemen

---

72 Beim *Angel–Syndrom* weist das Kind Befunde wie schwere Epilepsie mit den unterschiedlichsten Anfällen sowie eine schwere geistige Behinderung auf (so in: *Murken/Grimm//Holinski/Zerres*, S. 231).

73 *Murken/Grimm//Holinski/Zerres*, S. 433.

74 *Wischmann*, S. 75; *Kiechle*, 12.5.1.

75 *Noll*, Chinesische Medizin, S. 51.

76 *Baltzer/Friese/Graf/Wolff*, Praxis der Gynäkologie, S. 420.

77 *Noll*, Chinesische Medizin, S. 51.

hinzukommen. Andererseits weisen die Methoden, die bei Ersatzmutterschaften zur Anwendung kommen, keine größeren Gesundheitsrisiken auf als bei einer Frau, die im Wege der assistierten Behandlungsmethoden schwanger wird und das Kind nach der Geburt behält[78]. Voraussetzung hierfür ist, dass keine gesundheitsgefährdende Anzahl an IVF-Behandlungszyklen durchgeführt, keine zu hohe Hormondosis verabreicht und von einer Übertragung von mehr als drei Embryonen zur Vermeidung einer Mehrlingsschwangerschaft abgesehen wird. Es liegt beim Gesetzgeber, bei Erlass eines Gesetzes, das die Ersatzmutterschaft rechtlich erlauben soll, die Einhaltung eines strengen medizinischen Standards zu bestimmen.

78 Ähnlich: *Depenbusch/Schultze-Mosgau*, S. 298, Kapitel 26, 26.1.

3. Kapitel: Rechtliche Behandlung der Ersatzmutterschaft in Deutschland

In Deutschland wird das Thema Ersatzmutterschaft nicht umfassend von einem Gesetz geregelt. Vielmehr ist bei der Darstellung der rechtlichen Behandlung der Ersatzmutterschaft auf das ESchG, das AdVermiG sowie auf unterschiedliche Normen des BGB einzugehen. Erforderlich ist somit zur eingehenden Erläuterung des Themenbereichs eine Betrachtung der Normen sowohl auf strafrechtlicher und verwaltungsrechtlicher als auch zivilrechtlicher Ebene. Im folgenden Abschnitt der Arbeit werden zum einen die einschlägigen Gesetze aufgeführt und zum anderen wird das Augenmerk auf die Motive sowie Begründungen der gesetzgeberischen Entscheidungen gelegt.

Mit dem rasanten Fortschritt in der Humangenetik und den parallel dazu entwickelten neuen Möglichkeiten der Reproduktionsmedizin in den späten 70er und 80er Jahren sah sich der Gesetzgeber vor einer neuen gesetzgeberischen Herausforderung, bei der es galt, die Menschenwürde wirksam zu schützen und dabei zugleich Regelungen zu treffen, die Wertungswidersprüchen keinen Raum gaben[79]. Durch die neuen Methoden der Reproduktionsmedizin und der Humanmedizin wurden zuvor kaum vorstellbare Möglichkeiten wie das Auseinanderfallen von genetischer und austragender Mutter durch extrakorporale Befruchtung und Embryonentransfer, das Einfrieren von Embryonen[80] sowie die Produktion von Klonen, Tier-Mensch-Mischwesen und genetisch veränderten Embryonen eröffnet[81]. Spätestens mit der Geburt des ersten extrakorporal erzeugten Kindes, Emily Brown, im Jahre 1978, ergab sich gesetzgeberischer Handlungsbedarf[82].

Frühere Versuche des Gesetzgebers, den Umgang mit den modernen Reproduktionsmethoden gesetzlich zu erfassen, scheiterten an den sich ethisch widersprechenden Positionen. Die Diskussionen gipfelten in dem Vorhaben des Gesetzgebers, die künstliche Befruchtung (heterologe Insemination[83]) durch § 203 StGB-E mit dem Titel „Künstliche Samenübertragung“ strafrechtlich zu sanktionieren. Die Absätze 1 und 2 sollten jede Art von künstlicher Befruchtung jedoch nur bei nicht verheirateten Ehepaaren unter Strafe stellen, sodass nur die heterologe Insemination

79 *Laufs*, Handbuch des Arztrechts, § 129, Rn. 21; Günther/Taupitz/Kaiser/*Taupitz*, ESchG, Einf. B, Rn. 1.

80 Roxin/Schroth/*Liegsalz*, Medizinstrafrecht, S. 340 f.

81 Günther/Taupitz/Kaiser/*Taupitz*, ESchG 2008, Einf. B, Rn. 1.

82 *Roher*, Menschenwürde am Lebensanfang, S. 215, Günther/Taupitz/Kaiser/*Taupitz*, ESchG 2008, Einf. B, Rn. 3.

83 Eine heterologe Insemination liegt vor, wenn bei der Befruchtung Spendersamen und nicht wie bei der homologen Insemination Spermazellen des Partners verwendet werden (*Gruber*, Gynäkologie und Geburtshilfe, S. 38).

strafrechtlich geahndet werden sollte. Hintergrund des Gesetzesvorhabens waren moralische Gründe, die rege ethische Diskussionen auslösten, die das Gesetzesvorhaben schließlich zu Fall brachten[84].

A. Die strafrechtliche Ebene: Das Embryonenschutzgesetz

Das ESchG wurde am 13.12.1990 vom Gesetzgeber erlassen und trat am 01.01.1991 in Kraft[85]. Im Bereich der modernen Fortpflanzungsmedizin richtet sich die Strafbarkeit der Beteiligten wesentlich nach dem ESchG[86]. Vor Inkrafttreten des ESchG genoss der Embryo im Bereich des Strafrechts keinen Schutz durch strafrechtliche Normen[87]. Im Vorfeld zum Erlass des ESchG erschienen die verschiedensten Stellungnahmen und Vorschläge, zu denen der Bericht der Benda–Kommission 1985 gehörte[88]. Benannt wurde die Kommission nach ihrem Vorsitzenden, Ernst Benda, dem damaligen Präsidenten des Bundesverfassungsgerichts. Die mit dem ESchG in Kraft getretenen Bestimmungen sind zu einem wesentlichen Teil auf Vorschläge der Benda–Kommission zurückzuführen, die im Rahmen ihres Abschlussberichts im November 1985 veröffentlicht wurden[89].

Das ESchG gehört, wie bereits aus dem Gesetzesentwurf zum Schutz von Embryonen der Bundesregierung vom 25.10.1989 hervorgeht, nicht zum Kernstrafrecht, sondern zum Nebenstrafrecht, da sich die Straftatbestände überwiegend an Ärzte und Naturwissenschaftler und nicht wie beim Normadressaten des Kernstrafrechts an jedermann richten[90]. Grund für die Regelung des ESchG als strafrechtliches Nebenstrafrecht war, dass dem Bund bis zum Oktober 1994[91] zum Erlass des ESchG als Fortpflanzungsmedizingesetz auf Bundesebene nach Art. 74 GG die Gesetzgebungskompetenz fehlte[92].

Erforderlich wurde der Erlass des Embryonenschutzgesetzes, weil es bis dahin an einer strafrechtlichen Schutzvorschrift für extrakorporal erzeugte und nicht in

84 Roxin/Schroth/*Liegsalz,* Medizinstrafrecht, S. 342; Hierzu ausführlich: Günther/Keller/*Baumann*, Fortpflanzungsmedizin und Humangenetik, S. 177 ff.

85 BGBl. I 1990, 2746.

86 Roxin/Schroth/*Liegsalz*, Medizinstrafrecht, S. 341.

87 Roxin/Schroth/*Liegsalz*, Medizinstrafrecht, S, 344.

88 Arbeitsgruppe „In-vitro-Fertilisation, Genomanalyse und Gentherapie“ in: Bundesminister für Forschung und Technologie; Günther/Taupitz/Kaiser/*Taupitz*, ESchG 2008, Einf. B, Rn. 3, *Deutsch/Spickhoff,* Medizinrecht, Rn. 779.

89 Arbeitsgruppe „In-vitro-Fertilisation, Genomanalyse und Gentherapie“ in: Bundesminister für Forschung und Technologie, Günther/Taupitz/Kaiser/*Taupitz*, ESchG 2008, Einf. B, Rn. 3.

90 Begründung zum Entwurf des ESchG v. 25.10.1989, BT–Drucks. 11/5460, 7.

91 BGBl. I, 3146.

92 Günther/Taupitz/Kaiser/*Taupitz*, ESchG 2008, Einf. B, Rn. 17; Roxin/Schroth/*Liegsalz*, Medizinstrafrecht, S. 344; Zweiter Zwischenbericht der Enquete-Kommission „Recht und Ethik der modernen Medizin“, BT-Drucks. 14/7546, 23.

den Körper der Frau eingesetzte Embryonen fehlte. Da es sich beim Embryo nach herrschender Ansicht nicht um eine Sache im Sinne der eigentumsschützenden Normen des StGB handelt, sind diese Vorschriften nicht auf den Embryo anwendbar[93]. Ferner wird der extrakorporal befruchtete Embryo nicht von der Schutzwirkung der §§ 218 ff. StGB erfasst, weil diese die Einnistung des Embryos in die Gebärmutter der Frau[94] für die Entfaltung der Schutzwirkung voraussetzen[95]. Nach herrschender Ansicht sind die §§ 211 ff. StGB unanwendbar, da diese erst mit dem Beginn des Geburtsaktes und somit erst mit Einsetzen der Geburtswehen einschlägig seien[96].

I. Die Schutzrichtung des Embryonenschutzgesetzes

Im Kern besteht der Sinn und Zweck der insgesamt 28 Straftatbestände des ESchG in der Verhinderung von Missbräuchen von Methoden, die sich im Zuge des medizinischen Fortschritts im Bereich der Humangenetik sowie moderner Fortpflanzungstechniken eröffnet haben[97]. So hatte der Bundesrat in seiner Stellungnahme zum Entwurf des Bundestags zum Gesetz zum Schutz von Embryonen vom 25.10.1989 die Umbenennung des Gesetzes in „Gesetz zur Regelung der künstlichen Befruchtung bei Menschen und von Eingriffen in menschliche Keimzellen (Fortpflanzungsmedizingesetz)“ vorgeschlagen[98].

Besondere Beachtung seitens des Gesetzgebers sollten hinsichtlich des Erlasses des ESchG die Menschenwürde sowie das Kindeswohl finden. Gesetzliche Verbote sollten dort ausgesprochen werden, wo diese Rechtsgüter vom Gesetzgeber als höherrangig gegenüber dem Kinderwunsch von Wunscheltern angesehen wurden[99].

Sobald die Einnistung erfolgt ist, ist die Anwendbarkeit der Vorschriften des ESchG ausgeschlossen und die §§ 218 ff. StGB entfalten ihre Schutzwirkung[100]. Verfolgen die Regelungen der §§ 218 ff. StGB das Ziel, dem Leben des Embryos Schutz zu gewähren[101] , so handelt es sich beim ESchG um ein Gesetz, welches mit keiner Norm die Tötung eines Embryos strafrechtlich ahndet[102]. Vielmehr er-

---

93 Roxin/Schroth/*Liegsalz*, Medizinstrafrecht 2, S. 343.

94 Dieser Vorgang, bei dem die befruchtete Eizelle in die Gebärmutter gelangt und sich der Schleimhaut der Gebärmutter ansetzt, wird in der medizinischen Fachsprache Nidation genannt (*Bommas-Ebert/Teubner/Voß*, Kurzlehrbuch, S. 340).

95 *Fischer*, Strafgesetzbuch, § 218, Rn. 2.

96 *Fischer*, Strafgesetzbuch, Vor §§ 211–216, Rn. 2; Schönke/Schröder/*Eser/Sternberg-Lieben*, Vor §§ 211 ff., Rn. 13.

97 Günther/Taupitz/Kaiser/*Taupitz*, ESchG 2008, Einf. B, Rn. 21.

98 BT–Drucks. 11/5460, 4.

99 Begründung zum Entwurf des ESchG v. 25.10.1089, BT–Drucks. 11/5460, 6.

100 *Igl/Welti*, Gesundheitsrecht, § 1298.

101 *Schroth*, Anm. zu: BGH, Urt. v. 6. 7. 2010–5 StR 386/09, NJW 2010, 2672, 2674; *Igl/Welti*, Gesundheitsrecht, Rn. 1299.

102 *Igl/Welti*, Gesundheitsrecht, Rn. 1299, ähnlich auch *Hoyer*, FS Rolinski, der die Erfüllung des Tatbestandes des § 2 I ESchG bei Tötung eines Embryos aufgrund fehlender Implantationsmöglichkeit ablehnt.

streckt sich die Schutzwirkung des ESchG auf die Verhinderung des Missbrauchs moderner Reproduktionstechniken[103]. Ein weites Verständnis des ESchG ist mithin abzulehnen[104].

Um Missbräuche moderner Fortpflanzungstechniken zu verhindern, stellt das ESchG im Wesentlichen folgende Handlungen unter Strafe[105]:

1. Die Herbeiführung einer „gespaltenen Mutterschaft"[106] sowie die Unterstützung von Ersatzmutterschaften (§ 1 Abs. 1 Nr. 1, Nr. 2, Nr. 6 Alt. 1, Nr. 7, und Abs. 2)
2. Die gezielte missbräuchliche Herstellung und Verwendung menschlicher Embryonen zu Forschungszwecken oder anderen nicht der Erhaltung dienenden Zwecken (§ 1 Abs. 1 Nr. 2, Nr. 6 Alt. 2, und § 2)
3. Die Herbeiführung höhergradiger Mehrlingsschwangerschaften durch die Übertragung von mehr als drei Embryonen innerhalb eines Behandlungszyklus (§ 1 Abs. 1 Nr. 3, Nr. 4 und Nr. 5)
4. Die künstliche Befruchtung zur gezielten Wahl des Geschlechts des künftigen Kindes (§ 3)
5. Die Strafbarkeit der Präimplantationsdiagnostik (§ 3 a Abs. 1)
6. Eigenmächtige Befruchtung sowie Embryoübertragung (§ 4 Abs. 1 Nr. 1 und Nr. 2)
7. Die künstliche Befruchtung mit dem Samen eines Verstorbenen (§ 4 Abs. 1 Nr. 3)
8. Die künstliche Veränderung menschlicher Keimbahnzellen (§ 5)
9. Das Klonen (§ 6)
10. Die Erzeugung von Chimären und Hybriden (§ 7).

Gemäß § 9 ESchG dürfen sowohl die künstliche Befruchtung als auch die Präimplantationsdiagnostik unter den im § 3a Abs. 2 und Abs. 3 ESchG genannten Voraussetzungen, die Embryoübertragung auf eine Frau und die Konservierung eines menschlichen Embryos ausschließlich von einem qualifizierten Arzt vorgenommen werden. Grundsätzlich ist die Präimplantationsdiagnostik gemäß § 3 a Abs. 1 ESchG unter Strafe gestellt. Straffreiheit ist gegeben, wenn entweder die Frau, von der die Einzelle stammt, oder der Mann, dessen Spermazelle für die In-Vitro-Fertilisation vor der Übertragung des Embryos in die Gebärmutter verwendet wird, einen genetischen „Fehler" aufweist. Die Präimplantationsdiagnostik darf nur zur „Feststellung einer schwerwiegenden Schädigung" vorgenommen werden (§ 3 a Abs. 2 ESchG). Nachdem die Frau, bei der die Untersuchung durchgeführt wird, über die Folgen aufgeklärt wurde, ist die Einholung einer schriftlichen Einwilligung erforderlich. Erst wenn eine interdisziplinär zusammengesetzte Ethikkommission

103 Begründung zum Entwurf des ESchG v. 25.10.1089, BT-Drucks. 11/5460, 9; *Giesen*, Lexikon der Bioethik I, S. 777.

104 *Schroth*, Anm. zu: BGH, Urt. v. 6. 7. 2010–5 StR 386/09, NJW 2010, 2672, 2677.

105 Günther/Taupitz/Kaiser/*Taupitz*, ESchG 2008, Einf. B, Rn. 21.

106 Eine sogenannte gespaltene Mutterschaft liegt vor, wenn genetische und austragende Mutter auseinander fallen.

geprüft hat, darf der Eingriff von einem hierfür qualifizierten Arzt in einem für die Präimplantationsdiagnostik zugelassenen Zentrum erfolgen (§ 3 Abs. 2 S. 1 ESchG).

II. Einzelne Regelungen zur Ersatzmutterschaft

Das ESchG regelt die Ersatzmutterschaft im Wesentlichen in den Vorschriften § 1 Abs. 1 Nr. 1, Nr. 2, Nr. 6, Nr. 7, Abs. 2 sowie Abs. 3. Da diese Normen den Zweck verfolgen, eine sog. gespaltene Mutterschaft und somit das Auseinanderfallen von genetischer und austragender Mutter zu verbieten, sind Handlungen, die zur Ersatzmutterschaft führen würden, in Deutschland durch das ESchG strafrechtlich verboten[107]. Hierbei wird keine Unterscheidung zwischen der Ersatzmutterschaft im engeren Sinne und der Tragemutterschaft vorgenommen, da die Verwendung des Begriffes „Ersatzmutterschaft" durch den Gesetzgeber als Oberbegriff beide Konstellationen erfasst.

Die von § 1 ESchG erfassten Verbote richten sich im Wesentlichen gegen Ärzte, Biologen sowie Angehörige der Heilhilfsberufe, wobei auch andere Personen sich danach strafbar machen können[108]. Es sollen ausschließlich diejenigen zur strafrechtlichen Verantwortung gezogen werden, die die negativen Folgen eines Missbrauchs der modernen Fortpflanzungsmethoden und Möglichkeiten der Humangenetik in vollem Umfang erkennen[109]. So sind aufgrund des persönlichen Strafausschließungsgrundes gemäß § 1 Abs. 3 Nr. 1 ESchG die Eizellspenderin und -empfängerin in den Fällen des § 1 Abs. 1 Nr. 1, Nr. 2 und Nr. 6 ESchG nicht strafbar. Ebenso bleibt nach § 1 Abs. 3 Nr. 2 ESchG im Fall des § 1 Abs. 1 Nr. 7 ESchG sowohl die Ersatzmutter als auch die Frau, die das Kind nach dessen Geburt aufnehmen will („Wunschmutter"), straffrei. Da in § 1 Abs. 1 Nr. 1 ESchG im Plural von „Dritten", denen das Kind auf Dauer überlassen werden soll, gesprochen wird, ist davon auszugehen, dass sich die Geltung des persönlichen Strafausschließungsgrundes des § 1 Abs. 3 Nr. 2 ESchG auf beide Wunscheltern bezieht[110]. Als Begründung dieser Regelung wird vom Gesetzgeber angeführt, dass diese Personen im Gegensatz zu den Ärzten und den anderen genannten Personen häufig aus „altruistischen Gründen" handelten. Die volle Tragweite ihres Handelns sei ihnen nicht bewusst. Die Ersatzmutter könne nicht voraussehen, dass sich während der Schwangerschaft aufgrund einer sich entwickelnden Bindung zum Kind eine Konfliktsituation ergeben könnte. Das Handeln der Wunscheltern beruhe auf einem Kinderwunsch, dessen Erfüllung zwar nicht „billigenswert", aber nachvollziehbar sei[111]. Darauf, dass es fraglich sein könnte, inwiefern Wunscheltern, die die Ersatzmutter für ihre „Dienste" bezahlen, aus „altruistischen Gründen" handeln, geht der Gesetzgeber nicht ein.

---

107 *Schroeder*, FS Miyazawa, S. 533, 534.
108 Günther/Taupitz/Kaiser/*Taupitz*, ESchG 2008, § 1 Abs. 1, Nrn. 1, 2 Rn. 24.
109 Begründung zum Entwurf des ESchG v. 25.10.1989, BT-Drucks. 11/5460, 9.
110 Günther/Taupitz/Kaiser/*Taupitz*, ESchG 2008, § 1 Abs. 1 Nr. 7, Abs. 2, Rn. 31.
111 Begründung zum Entwurf des ESchG v. 25.10.1089, BT-Drucks. 11/5460, 9, 10.

Von den die Ersatzmutterschaft betreffenden Vorschriften des ESchG stellen die Tatbestände des §§ 1 Abs. 1 Nr. 2 und Nr. 7 ESchG Unternehmensdelikte dar, sodass bereits mit dem Eintritt ins Versuchsstadium zugleich eine vollendete Rechtsgutsverletzung vorliegt[112].

1. § 1 Abs. 1 Nr. 1 ESchG: „Verbot der Eizellspende"[113]

„Mit Freiheitsstrafe bis zu drei Jahren oder mit Geldstrafe wird bestraft, wer auf eine Frau eine fremde unbefruchtete Eizelle überträgt, (...)"

Mit § 1 Abs. 1 Nr. 1 ESchG, der die Übertragung einer fremden unbefruchteten Eizelle auf eine Frau unter Strafe stellt, verfolgt der Gesetzgeber das Ziel, das Auseinanderfallen von genetischer und austragender Mutter bereits im Vorfeld zu verhindern[114]. Damit ist die Eizellspende in jeglicher Form rechtswidrig[115]. Die strafrechtliche Sanktion der Herbeiführung der gespaltenen Mutterschaft bedeutet konkret, dass Frauen, deren Körper selbst keine Eizellen produzieren, keine Schwangerschaft mit einer fremden Spendereizelle haben können. Ebenfalls bedeutet diese Vorschrift, dass eine Frau auch nicht ein Kind für ein fremdes homosexuelles oder heterosexuelles Paar aus einer ihr nicht zuzuordnenden Eizelle austragen darf.

Eine danach strafbare Eizellspende würde unter anderem bei einer Transplantation von Eierstöcken nach dem Tod der Eierstockspenderin auf eine Frau ohne Eierstöcke oder mit befruchtungsunfähigen Eierstöcken sowie nach Entnahme von mehr als für die extrakorporale Befruchtung erforderlichen Eizellen im Rahmen einer beabsichtigten extrakorporalen Befruchtung in Betracht kommen. Diese überzähligen Eizellen könnten durch Einpflanzung der fremden Eizelle in den Eileiter einer anderen Frau, in der sodann die Befruchtung erfolgen kann, zur Schwangerschaft verhelfen[116].

Bei der Eizelle handelt es sich um eine fremde Eizelle, wenn sie nicht dem Körper der Frau zuzuordnen ist, der sie übertragen wird[117]. Diese Vorschrift dient dem Schutz der unbefruchteten Eizelle. Die Übertragung eines Embryos und einer bereits befruchteten Eizelle, wird hiernach somit nicht erfasst. Denn die Befruchtung einer Eizelle gilt spätestens dann als erfolgt, sobald die haploiden Chromosomensätze der Vorkerne sich vereinigen (Konjugation) und die erste gemeinsame Teilung (Furchung) des dadurch entstandenen diploiden Genoms erfolgt[118]. Die Voraussetzung

---

112 *Schroeder,* FS Miyazawa, 533, 546.

113 Die Titel zu den einzelnen §§ wurden aus *Deutsch/Spickhoff,* Medizinrecht übernommen.

114 Begründung zum Entwurf des ESchG v. 25.10.1089, BT-Drucks. 11/5460, 6.

115 Günther/Taupitz/Kaiser/*Taupitz,* ESchG 2008, § 1 Abs. 1 Nr. 1, Rn. 8.

116 Begründung zum Entwurf des ESchG v. 25.10.1089, BT-Drucks. 11/5460, 7; Günther/Taupitz/Kaiser/*Taupitz,* ESchG 2008, § 1 Abs. 1 Nr. 1, Rn. 2.

117 Günther/Taupitz/Kaiser/*Taupitz,* ESchG 2008, § 1 Abs. 1 Nr. 1, Rn. 17; Begründung zum Entwurf des ESchG v. 25.10.1089, BT-Drucks. 11/5460, 4.

118 Günther/Taupitz/Kaiser/*Kaiser,* ESchG 2008, Einf. A, Rn. 36.

der unbefruchteten Eizelle führt dazu, dass die Vorschrift die Übertragung einer extrakorporal befruchteten Eizelle im Rahmen eines IVF- bzw. ICSI- Verfahrens nicht erfasst. Der Gesetzgeber hatte mit dieser Norm die Intention, der Methode der sog. intrauterinen Insemination Rechnung zu tragen[119], welche es ermöglicht, einer Frau (der Tragemutter) die Eizelle einer fremden Frau (im Falle der Ersatzmutterschaft die Eizelle der Wunschmutter) sowie die Spermazelle eines Mannes (die Spermazelle des Wunschvaters) in die Gebärmutter zu übertragen, wo dann die Befruchtung stattfindet. In Anbetracht dessen, dass die tatbestandliche Handlung in der Übertragung der unbefruchteten Eizelle liegt und die Vollendung mit Abschluss der Übertragung gegeben ist, wird die Ersatzmutterschaft in der Form der Tragemutterschaft bereits vor der Entstehung eines Embryos und der Abgabe des Kindes an die Wunscheltern unter Strafe gestellt.

Für die Tragemutterschaft bedeutet diese Vorschrift, dass sich derjenige strafbar macht, der eine unbefruchtete Eizelle der Wunschmutter auf die Tragemutter überträgt. In der Regel handelt es sich beim Täter um einen Arzt.

Der Gesetzgeber hat sich bei § 1 Abs. 1 Nr. 1 ESchG für die Ausgestaltung als Tätigkeitsdelikt entschieden. Zur Strafbarkeit ist lediglich die Übertragung der Eizelle und kein darüber hinausgehender Erfolg erforderlich[120].

Für die Erfüllung des subjektiven Tatbestandes ist bedingter Vorsatz ausreichend[121]. Somit genügt es, wenn die Verwirklichung des Tatbestandes der Vorschrift zwar nicht angestrebt, jedoch für möglich gehalten wird[122].

Aus § 1 Abs. 4 ESchG ergibt sich die Straflosigkeit des Versuchs von § 1 Abs. 1 Nr. 1 ESchG.

2. § 1 Abs. 1 Nr. 2 ESchG : „Zulässiger Befruchtungszweck“

„Mit Freiheitsstrafe bis zu drei Jahren oder mit Geldstrafe wird bestraft, wer es unternimmt, eine Eizelle zu einem anderen Zweck künstlich zu befruchten, als eine Schwangerschaft der Frau herbeizuführen, von der die Eizelle stammt.“

Die Vorschrift des § 1 Abs. 1 Nr. 2 ESchG wurde mit gleichlautendem Wortlaut vom Regierungsentwurf eines Gesetzes zum Schutz von Embryonen übernommen[123]. Die Norm verfolgt zwei unterschiedliche Ziele.

Zum einen soll die Vorschrift verhindern, dass eine künstliche Befruchtung einer Eizelle zu Forschungszwecken durchgeführt wird.

Zum anderen gehört es zur gesetzgeberischen Intention, der gespaltenen Mutterschaft bereits im Vorfeld entgegenzuwirken, indem die künstliche Befruchtung einer Eizelle mit der Absicht der späteren Embryoübertragung unter Strafe gestellt wird. Das Verbot erstreckt sich auf alle Fälle der künstlichen Befruchtung der Frau im

---

119 Begründung zum Entwurf des ESchG v. 25.10.1089, BT-Drucks. 11/5460, 7
120 *Fischer*, Strafgesetzbuch,Vor § 13, Rn. 18.
121 Günther/Taupitz/Kaiser/*Taupitz*, ESchG 2008, § 1 Abs. 1 Nrn. 1, 2, Rn. 23.
122 *Fischer*, Strafgesetzbuch, § 15, Rn. 9.
123 BT-Drucks. 11/5460, 4.

Rahmen einer Abrede der Tragemutterschaft. Hat derjenige, der die künstliche Befruchtung einer menschlichen Eizelle vornimmt, Kenntnis darüber, dass der Embryo nach Befruchtung einer anderen Frau als der, von der die Eizelle stammt, eingesetzt werden soll, so macht er sich nach dieser Vorschrift strafbar. Das Verbot richtet sich sowohl gegen Ärzte als auch gegen andere Personen, die den Tatbestand des § 1 Abs. 1 S. 1 ESchG erfüllen. Welche Methode der künstlichen Befruchtung zur Anwendung kommt, ist für die Einschlägigkeit der Vorschrift irrelevant, solange die Befruchtung nicht durch Geschlechtsverkehr herbeigeführt wird[124].

Auf subjektiver Tatbestandsebene setzt die Norm voraus, dass mindestens bedingter Vorsatz[125] hinsichtlich der künstlichen Befruchtung einer menschlichen Eizelle sowie die spezielle Absicht[126] des § 1 Abs. 1 Nr. 2 ESchG vorliegen. § 1 Abs. 1 Nr. 2 ESchG wird auch als Alternativabsichtsdelikt bezeichnet, bei dem der subjektive Tatbestand als gegeben anzusehen ist, wenn der Täter zum Zeitpunkt der Vornahme der künstlichen Befruchtung keine alternative Absicht als die in § 1 Abs. 1 Nr. 2 ESchG vorgeschriebene hatte[127]. Folglich muss der Täter im Zeitpunkt der Tat entweder die Absicht gehabt haben, die Eizelle zu Forschungszwecken zu befruchten oder sie nach Befruchtung auf eine Frau zu übertragen, von der die befruchtete Eizelle nicht stammt.

Da § 1 Abs. 1 Nr. 2 ESchG durch den Gesetzgeber die Ausgestaltung als ein Unternehmensdelikt erfahren hat[128], genügt zur Verwirklichung des Tatbestandes der materielle Versuch der künstlichen Befruchtung. Der Rücktritt gemäß § 24 StGB ist somit bereits in dem Moment ausgeschlossen, in dem der Täter mit Befruchtungsvorsatz und der Absicht zur Herbeiführung der Schwangerschaft bei einer Frau, von der die Eizelle nicht stammt, im Rahmen des IVF-Verfahrens die Eizellen in die Petrischale mit den aufbereiteten Spermazellen hinzufügt oder bei der intrauterinen Insemination Spermazellen und die Eizelle einer fremden Frau in den Eileiter bzw. in die Gebärmutter überträgt[129].

Im Rahmen der Tragemutterschaft macht sich der Täter, bei dem es sich regelmäßig um einen Arzt handeln wird, strafbar, sobald er mit Befruchtungsvorsatz und der Absicht der Schwangerschaftsherbeiführung bei der Tragemutter die Eizellen der Wunschmutter entweder zu den aufbereiteten Spermazellen des Wunschvaters gibt oder diese und die Eizelle der Wunschmutter zur Befruchtung in den Eileiter oder in die Gebärmutter der Tragemutter überträgt.

---

124 Begründung zum Entwurf des ESchG v. 25.10.1089, BT–Drucks. 11/5460, 8.
125 Vgl. § 15 StGB.
126 Absicht, auch dolus directus 1. Grades genannt, liegt vor, wenn für den Täter die Verwirklichung des Tatbestandes das Ziel darstellt (*Lackner/Kühl*, § 15, Rn. 20; *Fischer*, Strafgesetzbuch, § 15, Rn. 6).
127 BGH Urt. v. 5 StR 386/09–6.7.2010, 7; Günther/Taupitz/Kaiser/*Taupitz*, ESchG 2008, § 1 Abs. 1 Nr. 2, Rn. 16 ff.
128 Begründung zum Entwurf des ESchG v. 25.10.1989, BT–Drucks. 11/5460, 8; Günther/Taupitz/Kaiser/*Taupitz*, ESchG 2008, § 1 Abs. 1 Nr. 1, Rn. 24.
129 Günther/Taupitz/Kaiser/*Taupitz*, ESchG 2008, § 1 Abs. 1 Nr. 2, Rn. 22.

Sowohl die Frau, die ihre Eizelle spendet, als auch die Frau, die die fremde Eizelle bei sich entweder bereits extrakorporal befruchtet oder unbefruchtet mit dem Vorhaben der intratubaren Insemination bei sich im Körper einsetzen lässt, kommt in den Genuss der Straffreiheit des § 1 Abs. 3 Nr. 1 ESchG[130].

3. § 1 Abs. 1 Nr. 6 ESchG: „Verbotene Entnahme"

„Mit Freiheitsstrafe bis zu drei Jahren oder mit Geldstrafe wird bestraft, wer einer Frau einen Embryo vor Abschluss seiner Einnistung in der Gebärmutter entnimmt, um diesen auf eine andere Frau zu übertragen oder ihn für einen nicht seiner Erhaltung dienenden Zweck zu verwenden, (...)"

Mit der Aufnahme dieser Vorschrift in das Gesetz sollte die Regelungslücke geschlossen werden, die sich aus dem Umstand ergeben hätte, dass sowohl die Übertragung als auch die Verwendung von Embryonen nicht nur nach extrakorporaler Befruchtung erfolgen kann, sondern auch nachdem die Eizelle im Mutterleib natürlich oder künstlich befruchtet wurde[131].

Genauer genommen werden zwei Verbote von der Norm erfasst. In der ersten Alternative, die das Verbot der Entnahme eines Embryos vor Einnistung in die Gebärmutter ausspricht, wurde vom Gesetzgeber das Ziel verfolgt, der Embryonenspende mit der Folge der gespaltenen Mutterschaft und der damit im Zusammenhang stehenden Tragemutterschaft bereits im Vorfeld einen Riegel vorzuschieben.

Eine vom Gesetzgeber bewusst offen gehaltene Lücke in der Strafbarkeit ergibt sich für die Konstellation, in der nach künstlicher Befruchtung der Embryo der genetischen Mutter aus gesundheitlichen Gründen oder aufgrund von Versterben nicht mehr eingesetzt werden kann[132]. Hierbei handelt es sich um eine Ausnahme vom grundsätzlichen Verbot der Embryonenspende. Der Gesetzgeber durchbricht mit dieser Regelung das von ihm angestrebte Ziel, eine gespaltene Mutterschaft durch rechtliche Sanktionen zu verhindern, und räumt damit dem Schutz des Embryos Vorrang ein.

Ferner gehört es zum Regelungszweck der Vorschrift in der zweiten Alternative zu verhindern, dass ein Embryo aus dem Mutterleib vor Einnistung zu Forschungszwecken entnommen wird[133]. Erfolgt die Abgabe des Embryos zu Forschungszwecken jedoch tatsächlich, so ist § 2 Abs. 1 ESchG einschlägig[134].

Für die Tragemutterschaft ist die Vorschrift des § 1 Abs. 1 Nr. 6 ESchG in der zweiten Alternative von Bedeutung. Für den Täter führt die Entnahme des sich vor

130 Günther/Taupitz/Kaiser/*Taupitz*, ESchG 2008, § 1 Abs. 1 Nr. 2, Rn. 26.

131 Keller/Günther/Kaiser/*Keller*, ESchG 1992, § 1 Abs. 1 Nr. 6, Rn. 3.

132 Keller/Günther/Kaiser/*Keller*, ESchG 1992, § 1 Abs. 1 Nr. 1, Rn. 10; Günther/Taupitz/Kaiser/*Taupitz*, ESchG 2008, § 1 Abs. 1 Nr. 6, Rn. 6 sowie Fn. 21.

133 Begründung zum Entwurf des ESchG v. 25.10.1989, BT-Drucks. 11/5460, 9.

134 Erbs/Kohlhaas/*Pelchen/Häberle*, ESchG, § 1 Abs. 1, Rn. 9; Von einer Idealkonkurrenz zu § 2 Abs. 1 ESchG gehen aus: Günther/Taupitz/Kaiser/*Taupitz*, ESchG 2008, § 2, Rn. 69.

Abschluss seiner Einnistung befindenden Embryos in der Gebärmutter der Wunschmutter zur darauffolgenden Übertragung des Embryos auf die Tragemutter zur Strafbarkeit.

Ab der Einnistung des Embryos in die Gebärmutter greifen die Vorschriften der §§ 218 ff. StGB ein, sodass eine Strafbarkeit nach § 1 Abs. 1 Nr. 6 ESchG ab diesem Zeitpunkt ausscheidet[135].

§ 1 Abs. 1 Nr. 6 ESchG kommt somit zwischen Befruchtung und Abschluss der Einnistung des Embryos zur Anwendung, wobei hinsichtlich des Abschlusses des Einnistungszeitpunktes wie bei § 218 Abs. 1 S. 2 StGB eine abstrakte Rückrechnung zur ungefähren Einschätzung des Zeitpunktes zu erfolgen hat[136].

Zur Strafbarkeit muss der Täter sowohl zumindest bedingten Vorsatz hinsichtlich aller objektiven Tatbestandsmerkmale als auch eine der von § 1 Abs. 1 Nr. 6 ESchG vorausgesetzten speziellen Absichten aufweisen. Der bedingte Vorsatz hinsichtlich des Einnistungszeitpunktes ist auch dann anzunehmen, wenn der Täter von einem späteren Einnistungszeitpunkt ausgeht, jedoch einen früheren Zeitpunkt der Einnistung für möglich hält und billigend in Kauf nimmt[137]. Zur Feststellung des Einnistungszeitpunktes wird auf den statistischen Durchschnitt zurückgegriffen und der Abschluss der Einnistung der befruchteten Eizelle in die Gebärmutter wird am 13. Tag nach der Empfängnis angenommen[138].

Der Nachteil des statistischen Durchschnitts liegt darin, dass Abweichungen nicht ausgeschlossen werden können und nach heutigem medizinischem Wissensstand der Einnistungszeitpunkt sich nicht festlegen lässt[139], sodass in der Praxis zur Festlegung des Einnistungszeitpunktes eine abstrakte Rückrechnung vorgenommen wird, wonach mit Ablauf des 13. Tages nach der Empfängnis die Einnistung als abgeschlossen gilt und die Empfängnis selbst auf zwei Wochen nach dem ersten Tag der letzten monatlichen Periode angesetzt wird[140]. Damit ist § 1 Abs. 1 Nr. 1 ESchG einschlägig und der objektive Tatbestand des § 218 Abs. 1 S. 2 StGB gilt als nicht erfüllt, wenn die Entnahme des Embryos der Frau innerhalb der ersten vier Wochen nach dem ersten Tag ihrer letzten monatlichen Periode erfolgt[141].

Zusätzlich zum Erfordernis des Vorsatzes hinsichtlich der objektiven Tatbestandsmerkmale hat die Absicht des Täters, den Embryo zur Übertragung auf eine

---

135 *Fischer*, § 218, Rn. 8.

136 Keller/Günther/Kaiser/*Keller* ESchG 1992, § 1 Abs. 1 Nr. 6, Rn. 12; Günther/Taupitz/Kaiser/*Taupitz*, ESchG 2008, § 1 Abs. 1 Nr. 6, Rn. 12.

137 Günther/Taupitz/Kaiser/*Taupitz*, ESchG 2008, § 1 Abs. 1 Nr. 6, Rn. 13.

138 *Lackner/Kühl*, Strafgesetzbuch Kommentar, § 218, Rn. 8; Schönke/Schröder/*Eser*, Strafgesetzbuch Kommentar, § 218, Rn. 11.

139 *Laufhütte/Wilkitzki*, Zur Reform der Strafvorschriften, JZ 1976, 329, 330; *Lackner/Kühl*, § 218, Rn. 8.

140 Schönke/Schröder/*Eser*, § 218, Rn. 15.

141 Schönke/Schröder/*Eser*, § 218, Rn. 15, 11; Günther/Taupitz/Kaiser/*Taupitz*, ESchG 2008, § 1 Abs. 1 Nr. 6, Rn. 12.

andere Frau als die, von der die Eizelle stammt, zu entnehmen oder die Eizelle zu einem fremdnützigen Zweck und somit nicht der Erhaltung des Embryos dienenden Zwecks zu verwenden, vorzuliegen[142]. Jeder Zweck, der zur Verringerung der Lebenschancen des Embryos führt, ist als ein solcher fremdnütziger anzusehen[143]. Hierbei hat dolus directus 1. Grades vorzuliegen[144].

4. *§ 1 Abs. 1 Nr. 7 ESchG: „Verbot der Ersatzmutterschaft"*

„Mit Freiheitsstrafe bis zu drei Jahren oder mit Geldstrafe wird bestraft, wer es unternimmt, bei einer Frau, welche bereit ist, ihr Kind nach der Geburt Dritten auf Dauer zu überlassen (Ersatzmutter), eine künstliche Befruchtung durchzuführen oder auf sie einen menschlichen Embryo zu übertragen."

§ 1 Abs. 1 Nr. 7 ESchG, mit dem der Gesetzgeber ebenfalls den Zweck verfolgte, der Entstehung der gespaltenen Mutterschaft und der damit verbundenen Ersatzmutterschaft bereits im Vorfeld zu begegnen[145], stellt die zentrale Norm des ESchG hinsichtlich der Regelung der Ersatzmutterschaft dar.

Die Vorschrift beinhaltet eine Definition der Ersatzmutterschaft „im weiten Sinne", nach der es sich bei der Ersatzmutter um eine Frau handelt, die sich dazu bereit erklärt, ihr Kind nach der Entbindung einem Dritten dauerhaft zu überlassen. In der ersten Alternative des Tatbestandes wird die Durchführung der künstlichen Befruchtung (Befruchtungstatbestand) und in der zweiten Alternative die Übertragung des menschlichen Embryos (Übertragungstatbestand) erfasst. Der Befruchtungstatbestand kann allein in Konstellationen einschlägig sein, in denen die intrauterine Insemination bzw. intratubare Insemination als Methode der künstlichen Befruchtung angewandt wird, da die Vorschrift in der ersten Alternative verlangt, dass die künstliche Befruchtung „bei" der Frau und somit in ihrem Körper vorgenommen wird und somit nicht extrakorporal. Die Strafbarkeit bei Übertragung im Rahmen eines IVF-Behandlungszyklus oder im Wege einer anderen extrakorporalen Befruchtungsmethode richtet sich nach dem Übertragungstatbestand[146].

Beide Tatbestandsalternativen setzen zur Erfüllung voraus, dass zum jeweiligen Zeitpunkt der Vornahme des tatbestandlichen Handelns bei der Frau, bei der entweder die künstliche Befruchtung im Körper vorgenommen wird oder auf die der menschliche Embryo übertragen wird, die Bereitschaft zur Abgabe des Kindes nach der Geburt an Dritte vorliegt[147]. Zu diesem Zeitpunkt müssen jedoch die „Dritten",

---

142 Günther/Taupitz/Kaiser/*Taupitz*, ESchG 2008, § 1 Abs. 1 Nr. 6, Rn. 14; Erbs/Kohlhaas/*Pelchen/Häberle*, ESchG, § 1 Abs. 1 Nr. 6, Rn. 9.

143 Keller/Günther/Kaiser/*Keller*, ESchG 1992, § 1 Abs. 1 Nr. 6, Rn. 19; *Roher*, 227.

144 Günther/Taupitz/Kaiser/*Taupitz*, ESchG 2008, § 1 Abs. 1 Nr. 6, Rn. 17.

145 Begründung zum Entwurf des ESchG v. 25.10.1989, BT-Drucks. 11/5460, 9.

146 Günther/Taupitz/Kaiser/*Taupitz*, ESchG 2008, § 1 Abs. 1 Nr. 7, Rn. 27.

147 Keller/Günther/Kaiser/*Keller*, ESchG 1992, § 1 Abs. 1 Nr. 7, Rn. 20; Günther/Taupitz/Kaiser/*Taupitz*, ESchG 2008, § 1 Abs. 1 Nr. 7, Rn. 20.

denen das Kind überlassen werden soll, nicht feststehen[148]. Nicht ausreichend ist die Fassung des Abgabeentschlusses der Frau nach Vornahme der Tathandlung[149]. Die Frage nach der Entgeltlichkeit ist für die Strafbarkeit nicht von Bedeutung.

Die von der Vorschrift geforderte Bereitschaft der Frau hat nicht auf einer Vereinbarung mit den „Dritten" zu beruhen. Dies ergibt sich zum einen aus dem Wortlaut der Norm und zum anderen daraus, dass im Zeitpunkt der Tathandlung noch nicht festzustehen hat, wer die „Dritten" sind[150].

Weiterhin hat die Bereitschaft der Frau zur Überlassung des Kindes nach der Geburt dauerhafter und somit nicht vorübergehender Natur zu sein[151].

Der Täter muss zur Erfüllung des subjektiven Tatbestandes der Vorschrift mindestens mit bedingtem Vorsatz eine der zwei Tatbestandsalternativen erfüllt haben. Damit ist der subjektive Tatbestand als gegeben anzusehen, wenn der Täter zwar keine genaue Kenntnis über die Ersatzmuttereigenschaft der Frau hat, diese sie jedoch für möglich hält sowie billigend in Kauf nimmt[152].

Der Gesetzgeber hat sich bei der Ausgestaltung des § 1 Abs. 1 Nr. 7 ESchG für ein Unternehmensdelikt gemäß § 11 Abs. 1 Nr. 6 StGB entschieden[153]. Mithin wird der Versuch der vollendeten Tat gleichgestellt.

Bei Zusammentreffen des § 1 Abs. 1 Nr. 7 ESchG mit § 14 b AdVermiG ist von der Subsidiarität der Vorschrift des AdVermiG auszugehen[154].

5. § 1 Abs. 2 ESchG: „Verbot der Imprägnation der Eizelle"

„Ebenso wird bestraft, wer künstlich bewirkt, dass eine menschliche Samenzelle in eine menschliche Eizelle eindringt, oder eine menschliche Samenzelle in eine menschliche Eizelle künstlich verbringt, ohne eine Schwangerschaft der Frau herbeiführen zu wollen, von der die Eizelle stammt."

Als Ergänzung zur Vorschrift des § 1 Abs. 1 Nr. 2 ESchG wird von der Schutzwirkung des § 1 Abs. 2 ESchG die imprägnierte Eizelle[155] erfasst. Die Eizelle wird

---

148 Keller/Günther/Kaiser/*Keller*, ESchG 1992, § 1 Abs. 1 Nr. 7, Rn. 21; Günther/Taupitz/Kaiser/*Taupitz*, ESchG 2008, § 1 Abs. 1 Nr. 7, Rn. 24.

149 Keller/Günther/Kaiser/*Keller*, ESchG 1992, § 1 Abs. 1 Nr. 7. Rn. 17 f.; Günther/Taupitz/Kaiser/*Taupitz*, ESchG 2008, § 1 Abs. 1 Nr. 7, Rn. 20; vgl. Stellungnahme des Bundesrates zum Entwurf des ESchG v. 25.10.1989, BT-Drucks. 11/5460, 16.

150 Günther/Kaiser/Taupitz/*Taupitz*, ESchG 2008, § 1 Abs. 1 Nr. 7, Rn. 4; a.A.: *Liermann*, FamRZ 1991, 1403, 1403.

151 Keller/Günther/Kaiser/*Keller*, ESchG 1992, § 1 Abs. 1 Nr. 7, Rn. 23; Günther/Taupitz/Kaiser/*Taupitz*, ESchG 2008, § 1 Abs. 1 Nr. 7, Rn. 25.

152 Keller/Günther/Kaiser/*Keller*, ESchG 1992, § 1 Abs. 1 Nr. 7, Rn. 30; Günther/Taupitz/Kaiser/*Taupitz*, ESchG 2008, § 1 Abs. 1 Nr. 7, Rn. 29.

153 Günther/Taupitz/Kaiser/*Taupitz*, ESchG 2008, § 1 Abs. 1 Nr. 7, Rn. 33.

154 Günther/Taupitz/Kaiser/*Taupitz*, ESchG 2008, § 1 Abs. 1 Nr. 7, Rn. 34.

155 Bei der imprägnierten Eizelle handelt es sich um eine Eizelle, in die zwar bereits eine Spermazelle eingebracht wurde, jedoch eine Vereinigung der Vorkerne noch nicht stattgefunden hat. Eine Befruchtung ist noch nicht erfolgt. Vgl. Günther/

im Unterschied zu § 1 Abs. 1 Nr. 2 ESchG bereits vor Vollziehung der Befruchtung vor einem Missbrauch geschützt[156].

Durch die Vorschrift soll zum einen sichergestellt werden, dass eine menschliche Spermazelle ausschließlich zum Zwecke der Herbeiführung einer Schwangerschaft zum Eindringen in eine menschliche Eizelle gebracht wird (Nr. 1)[157] oder durch Injektion bspw. im Wege des ICSI-Verfahrens in eine Eizelle eingebracht wird (Nr. 2). Zum anderen soll sie der gespaltenen Mutterschaft entgegenwirken[158]. § 1 Abs. 2 Nr. 2 ESchG bezieht sich speziell auf die Anwendung der ICSI im Rahmen eines IVF-Behandlungszyklus und stellt eine lex specialis zu der Nr. 1 dar[159].

Das Versuchsstadium, dessen Strafbarkeit sich für die Vorschrift des § 1 Abs. 2 ESchG nach § 1 Abs. 4 ESchG richtet, wird mit dem Eindringen der Spermazelle und damit in dem Moment, in dem die Spermazelle sich im Plasma der Eizelle befindet, überschritten. Dann tritt die Vollendung des § 1 Abs. 2 ESchG ein[160].

Zur Erfüllung des subjektiven Tatbestandes muss der Täter zumindest bedingten Vorsatz im Hinblick auf die Imprägnation der Eizelle vorweisen. Damit ist es als ausreichend anzusehen, wenn der Täter eine Unterbrechung der Befruchtung ernsthaft für möglich hält und billigend in Kauf nimmt[161].

Für die Konstellation der Tragemutterschaft hat die Vorschrift folgende Bedeutung: Unter der Voraussetzung der Erfüllung des subjektiven Tatbestandes macht sich der Täter, meist ein Arzt, gemäß Nr. 1 der Vorschrift strafbar, wenn er entweder im Rahmen der IVF- Behandlung die der Wunschmutter entnommenen Eizellen in die Kulturschale mit den aufbereiteten Spermazellen des Wunschvaters überführt, um mit den entstehenden Embryonen eine Schwangerschaft bei der Tragemutter herbeizuführen oder beim intratubaren bzw. intrauterinen Gametentransfer Eizelle sowie Spermazelle der Wunscheltern in den Eileiter bzw. in die Gebärmutter der Tragemutter zur Herbeiführung einer Schwangerschaft überträgt.

6. *Ergebnis*

Das strafrechtliche Verbot der Eizellspende erfasst nicht die Embryoübertragung auf eine Frau, die nicht als Ersatzmutter fungiert, sondern das Kind für sich selbst austragen will[162]. Damit ist außerhalb der Ersatzmutterschaft auf diesem Wege eine

---

Taupitz/Kaiser/*Taupitz*, ESchG 2008, § 1 Abs. 2, Rn. 2; *Pschyrembel*, Gynäkologie und Geburtshilfe, 216.

156 Günther/Taupitz/Kaiser/*Taupitz*, ESchG 2008, § 1 Abs. 2, Rn. 1, 2.

157 Bspw.: extrakorporal in einer Petrischale.

158 Stellungnahme des Bundesrates zum Entwurf des ESchG v. 25.10.1989, BT- Drucks. 11/5460, 9.

159 Günther/Taupitz/Kaiser/*Taupitz*, ESchG 2008, § 1 Abs. 2, Rn. 6.

160 Günther/Taupitz/Kaiser/*Taupitz*, ESchG 2008, § 1 Abs. 2, Rn. 10.

161 Günther/Taupitz/Kaiser/*Taupitz*, ESchG 2008, § 1 Abs. 2, Rn. 14.

162 Spickhoff/*Müller-Terpitz*, ESchG, § 1, Rn. 8.

„indirekte“ Eizellspende rechtlich zulässig. Es ist davon auszugehen, dass es sich dabei um eine vom Gesetzgeber nicht beabsichtigte Regelungslücke handelt.

Aufgrund der Straflosigkeit von Ersatzmutter und Wunscheltern bleiben Ersatzmutterschaften ohne Zuhilfenahme assistierter Reproduktionsmethoden nach ESchG straflos. Zu einer gespaltenen Mutterschaft in soziale und austragende/genetische Mutter kommt es auch in diesen Fällen, sodass sich die Frage nach dem entscheidenden unterscheidenden Kriterium stellt.

§ 1 Abs. 1 Nr. 2 ESchG verhindert die straffreie Vereinbarung von Tragemutterschaften. Die Konsequenz besteht darin, dass, solange die Eizellspende verboten bleibt, die rechtliche Zulässigkeit von Tragemutterschaften nicht denkbar ist, da die Tragemutterschaft, unabhängig davon, ob der Tragemutter eine Spendereizelle oder die Eizelle der Wunschmutter eingesetzt werden soll, die Eizellspende voraussetzt.

Mit der Strafbarkeit nach § 1 Abs. 1 Nr. 6 Alt. 1 ESchG wird die Regelungslücke geschlossen, die durch Möglichkeit der „Embryonenspende“ im Wege der künstlichen Befruchtung im Körper einer Frau mit anschließender Übertragung auf eine andere Frau entstünde. Mit § 1 Abs. 1 Nr. 6 ESchG wird für den gleichen zeitlichen Abschnitt die Verwendung des Embryos zu Forschungszwecken unter Strafe gestellt. Durch § 1 Abs. 1 Nr. 6 Alt. 1 ESchG wird die Ersatzmutterschaft in der Form der Tragemutterschaft strafrechtlich sanktioniert. Damit wird ein lückenloser strafrechtlicher Schutz von der Entstehung bis hin zur Nidation des Embryos gewährleistet.

Im Zeitpunkt der Nidation findet eine Ablösung des Schutzes durch die §§ 218 ff StGB statt. Nicht erfasst von der Strafbarkeit ist die „Embryoadoption“, bei der ein Embryo nach der IVF-Behandlung anstatt in die Gebärmutter der Eizellspenderin in die einer anderen Frau übertragen wird[163].

§ 1 Abs. 1 Nr. 7 ESchG stellt die Ersatzmutterschaft in allen Konstellationen unter strafrechtliche Sanktion. Es wird weder eine Unterscheidung zwischen kommerzieller und altruistischer Art noch zwischen Ersatzmutterschaft im engen Sinne und Tragemutterschaft vorgenommen.

Für die Ersatzmutterschaft bedeutet die Vorschrift des § 1 Abs. 2 ESchG, dass sich derjenige strafbar macht, der bei Anwendung des IVF-Verfahrens die Spermazelle des Wunschvaters mithilfe der ICSI in die Eizelle der Wunschmutter injiziert, um diese anschließend in die Gebärmutter der Tragemutter zu übertragen.

III. Die Auslandswirkung des ESchG

Bei der Ersatzmutterschaft mit Auslandsbezug ist das Territorialitätsprinzip[164] des § 3 StGB, wonach das deutsche Strafrecht auf im Inland begangene Taten

163 Günther/Taupitz/Kaiser/*Taupitz*, ESchG 2008, § Abs. 1 Nr. 6, Rn. 6; Spickhoff/*Müller-Terpitz*, ESchG § 1 Abs. 1 Nr. 6, Rn. 19.

164 Das Territorialitätsprinzip löste am 01.01.1975 das Personalprinzip ab, nach dem für die Geltung des deutschen Strafrechts für Deutsche der Begehungsort irrelevant war (*Joecks*, Strafgesetzbuch, Vor § 3, Rn. 4 f.).

anwendbar ist, einschlägig[165]. Für die Strafbarkeit hinsichtlich der Ersatzmutterschaft bedeutet dies, dass das ESchG auf die im Ausland durchgeführte Einnistung der künstlich befruchteten Eizelle bei der Tragemutter mit der Vereinbarung der Abgabe des Kindes nach der Geburt gegen Entgelt keine Anwendung findet, soweit die Tragemutterschaft in dem jeweiligen Land rechtlich zulässig ist. Dies gilt sowohl, wenn das Kind durch eine im Ausland erfolgte Ersatzmutterschaft nach Deutschland gebracht wird, als auch, wenn eine deutsche Frau ihren Körper im Ausland zwecks einer Ersatzmutterschaft zur Verfügung stellt. Besonders bei den als Unternehmensdelikt ausgestalteten Regelungen des ESchG stellt der Handlungsort den Tatort dar[166].

Im Bereich des Internationalen Privatrechts kommt den Normen des Embryonenschutzgesetzes aufgrund ihres öffentlich-rechtlichen Charakters begrenzte Bedeutung zu. Bei der Frage über die Anwendung des Embryonenschutzgesetzes durch ausländische Gerichte ist die Entscheidung somit den jeweiligen Gerichten selbst überlassen[167].

IV. Kritik am ESchG in der Literatur

Der Standort der rechtlichen Regelung der Ersatzmutterschaft stieß bereits vor Inkrafttreten in vielerlei Hinsicht auf Kritik. So prangerte der Bundesrat in seiner Stellungnahme zum Regierungsentwurf vom

25.10.1989[168] die Aufspaltung der Regelungen über die Durchführung der Ersatzmutterschaft im ESchG und der Vermittlung im AdVermiG an. Der Bundesrat verlieh seinem Wunsch nach einer umfassenden Regelung in seinem Vorschlag zur Änderung des Titels des Gesetzesentwurfes in „Entwurf eines Gesetzes zur Regelung der künstlichen Befruchtung bei Menschen und von Eingriffen in menschliche Keimzellen (Fortpflanzungsmedizingesetz)" Ausdruck[169]. Andere kritische Stimmen, die sich im Rahmen der Beratungen zum Entwurf eines Embryonenschutzgesetzes erhoben, bezogen sich auf die alleinige strafrechtliche Regelung der Materie und forderten „ein differenziertes System rechtlicher Instrumente – Berufsrecht, Zivilrecht, Strafrecht, Gesundheitsrecht"[170]. Gegen diese Forderungen sprach jedoch die damals dem Bundesgesetzgeber fehlende Zuständigkeit.

---

165 *Quaas/Zuck*, § 28, Rn. 66; Schönke/Schröder/*Eser*, § 3, Rn. 1.

166 *Deutsch*, NJW 1991, 721, 723 f.

167 *Deutsch*, NJW 1991, 721, 724.

168 Entwurf des ESchG v. 25.10.1989, BT-Drucks. 11/5460

169 Stellungnahme des Bundesrates zum Entwurf des ESchG v. 25.10.1989, BT- Drucks. 11/5460, 13; so auch: *Eser/Koch*, Rechtsprobleme biomedizinischer Fortschritte, Gedächtnisschrift Keller, S. 15, 17.

170 *Däubler-Gmelin*, Deutscher Bundestag, Plenarprotokoll 11/230, Stenographischer Bericht v. 24.10.1990, S. 18211, abrufbar unter http://dipbt.bundestag.de/dip21/btp/11/11230.pdf, zuletzt besucht am 30.10.2014.

Weiterhin taten andere Vertreter der Literatur ihr Bedauern darüber kund, dass der Gesetzgeber es versäumt habe, mit der Verankerung der Materie im Strafgesetzbuch die „Gleichwertigkeit von intrakorporal und extrakorporal erzeugtem Leben" zu verdeutlichen[171].

Ferner habe der Gesetzgeber die IVF-Behandlung ungeregelt gelassen, weshalb folglich auf die strafrechtliche Zulässigkeit zu schließen sei. Dabei galt es als wünschenswert, die IVF-Behandlung als eine zur natürlichen Befruchtung subsidiäre Methode zu regeln[172].

Bezüglich der Begründung der Regelungen im ESchG wurde vom Gesetzgeber die Berücksichtigung des Kindeswohls in den Mittelpunkt gerückt. Besonders die Vorschriften des ESchG, die im Wesentlichen die Ersatzmutterschaft betreffen[173], sollen der Verhinderung einer „gespaltenen Mutterschaft" zugunsten des Kindeswohls dienen[174]. Das Argument, dass eine gespaltene Mutterschaft zur Beeinträchtigung des Kindeswohls führe, sei *Taupitz'* Ansicht nach so nicht haltbar. Es lägen weder Studien darüber vor, dass eine Identifikation des Kindes im Pubertätsalter erschwert werde, noch, dass seelische Konflikte des Kindes bei Kenntnis über die Beteiligung von drei Elternteilen an seiner Zeugung die Folge seien[175]. Einwände wurden ebenfalls gegen den als übermäßig hoch empfundenen Strafrahmen erhoben[176]. Auf besondere Kritik stieß die strafrechtliche Gleichbehandlung unterschiedlich strafwürdig erscheinenden Unrechts. So werde hinsichtlich § 1 Abs. 1 Nr. 2 ESchG die Durchführung einer künstlichen Befruchtung mit dem Vorhaben, mit der befruchteten Eizelle keine Schwangerschaft herbeizuführen, gleichgestellt mit dem Fall, dass die befruchtete Eizelle einer Frau eingesetzt wird, die ein ihr genetisch fremdes Kind austragen möchte. Die Tötung des Embryos werde strafrechtlich mit der Lebenserhaltung des Embryos auf gleiche Stufe gestellt, indem § 1 Abs. 1 Nr. 2 ESchG sowohl die künstliche Befruchtung zu Forschungszwecken mit einer von vornherein bestehenden Tötungsabsicht als auch die künstliche Befruchtung einer Eizelle der Wunschmutter oder einer Spenderin zur Implantation in den Körper der Ersatzmutter erfasse und somit gleichstelle. Das erstere Verfahren sei ein „massiveres und qualitativ abweichendes Unrecht", da es um die Tötung des Embryos gehe und nicht – wie beim letzteren Fall – um die Entstehung eines Kindes[177].

171 *Eser/Koch*, Gedächtnisschrift Keller, S. 15, 17.

172 *Schmidt*, Deutscher Bundestag, Plenarprotokoll 11/230, Stenographischer Bericht v. 24.10.1990, S. 18214, abrufbar unter http://dipbt.bundestag.de/ dip21/btp/11/11230.pdf, zuletzt besucht am 30.10.2014; *Deutsch*, NJW 1991, S. 721, 723.

173 Diese sind: § 1 Abs. 1 Nr. 1, Nr. 2 und Nr. 5 ESchG.

174 Begründung zum Entwurf des ESchG v. 25.10.1989, BT–Drucks. 11/5460, 6.

175 Günther/Taupitz/Kaiser/*Taupitz*, ESchG 2008, § 1 Abs. 1 Nr. 1, Rn. 6; Roxin/Schroth/*Liegsalz*, S. 345.

176 *Deutsch*, NJW, 1991, 721, 724.

177 Günther/Taupitz/Kaiser/*Günther*, ESchG 2008, § 1 Abs. 1 Nr. 2, Rn. 6.

V. Zusammenfassung

Seit Inkrafttreten des ESchG am 01.01.1991 wurden keine größeren Veränderungen im Bereich der die Ersatzmutterschaften betreffenden Normen im ESchG vorgenommen. Eine Anpassung an die gesellschaftlichen, kulturellen sowie medizinischen Veränderungen blieb bislang aus. Die Aufteilung der Regelungen von Ersatzmutterschaften auf das ESchG und das AdVermiG war vornherein als verfehlt anzusehen, war jedoch aufgrund der zum Erlasszeitpunkt im Jahr 1989 fehlenden Gesetzgebungskompetenz nicht zu verhindern. Hieran sollte es dem Bund seit Oktober 1994 nach Art. 74 GG nicht mehr fehlen. Im Rahmen einer Gesetzesreform erscheint es sinnvoll, eine einheitliche Lösung von strafrechtlichen und zivilrechtlichen Normen unter Zulassung bestimmter Ersatzmutterschaftskonstellationen zu erlassen.

Widersprüchlich erscheint der absolute Schutz des Embryos durch das ESchG vor seiner Einnistung angesichts der Abtreibungsvorschriften nach §§ 218 ff. StGB, die dem Willen der Frau vor dem Recht des Embryos auf Erhaltung unter bestimmten Voraussetzungen Vorrang einräumt. Der strafrechtliche Schutz des Embryos vor Nidation ist mithin stärker als danach[178]. Es sind jedoch keine Gründe ersichtlich, die einen stärkeren Schutz des Embryos vor der Einnistung rechtfertigen würden.

Die einschlägigen Normen des ESchG erscheinen durch ihre ausnahmslose Natur vor dem Hintergrund des gesellschaftlichen Wandels seit Inkrafttreten im Jahr 1991 nicht mehr zeitgemäß. Ebenso wenig überzeugend ist das Argument der Kindeswohlgefährdung aufgrund der Aufspaltung der Mutterschaft. Es entspricht der Tatsache, dass die gebärende Mutter diejenige ist, die, bedingt durch die Schwangerschaft, eine starke Verbundenheit zum Kind aufbaut[179]. Dies schließt nicht endgültig den Aufbau einer Beziehung zu den Wunscheltern aus[180].

B. Verwaltungsrechtliche Ebene: Das Adoptionsvermittlungsgesetz

Im Zuge der Novellierung des AdVermiG vom 02.07.1976[181] ist am 01.12.1989 das AdVermiG[182] mit einer neuen Benennung[183] in Kraft getreten. Mit der Novellierung

---

178 *Schroeder*, FS Miyazawa, S. 533, 538.

179 Vgl.: *Bernhard*, S. 289 ff. Zu einem ähnlichen Ergebnis gelangen *Bokelmann/Bokelmann* unter Bezugnahme auf zahlreich durchgeführte Studien im Bereich der Adoption von Kindern und der frühkindlichen Verhaltensforschung (*Bokelmann/Bokelmann*, S. 15 ff. und 25 ff.).

180 Ähnlich: *Mayer*, RabelsZ 78 (2014), 551, 565.

181 BGBl. I 1949; Das Gesetz wurde im Zuge der Reform des Adoptionsrechts des BGB eingeführt und hat seit Inkrafttreten zwei Novellierungen erfahren.

182 Vom 27.11. 1989 (BGBl. I 2014 ff.).

183 Seit Inkrafttreten heißt das Gesetz „Gesetz über die Vermittlung der Annahme als Kind und über das Verbot der Vermittlung von Ersatzmüttern“. Die offizielle Abkürzung lautet „Adoptionsvermittlungsgesetz – AdVermiG“.

sollte dem Umstand Rechnung getragen werden, dass mit dem Fortschritt der Reproduktionsmedizin die kommerzielle, aber auch nichtkommerzielle Vermittlung der Ersatzmutterschaft und somit auch die Tragemutterschaft ermöglicht wurde.

Spätestens mit der Gründung der ersten Ersatzmuttervermittlungsagentur in Frankfurt am Main im März 1988[184] trat die Strafbarkeitslücke zum Vorschein und die Rufe nach legislativem Handeln wurden lauter. Kommerziellen Vermittlern wurde bereits vor Novellierung des AdVermiG durch diverse gerichtliche Entscheidungen Einhalt geboten. Bei der Begründung der Rechtswidrigkeit der kommerziell betriebenen Vermittlungsagenturen hat sich die Judikative auf unterschiedliche Rechtsgrundlagen berufen. Zum einen wurde das Verbot auf den Verstoß gegen die damals geltenden Regelungen der §§ 6 Abs. 1 S. 1 sowie 14 Abs. 1 Nr. 2 AdVermiG[185] und zum anderen auf die Verletzung der Menschenwürde des vermittelten Kindes gemäß Art. 1 Abs. 1 GG gestützt. Das Kind werde durch die Vermittlung gegen Entgelt als Wirtschaftsgut behandelt[186]. Zum Schutze des Kindes müsse der Schutzbereich des Art. 1 Abs. 1 GG zugunsten der Säuglinge bereits

„vor der Erlangung der Möglichkeit selbstverantwortender Entscheidung" eröffnet sein[187].

I. Beweggründe des Gesetzgebers zum Neuerlass des AdVermiG am 01.12.1989 im Bereich der Ersatzmutterschaft

Mit dem Inkrafttreten des Gesetzes sollte die Missbilligung der Ersatzmutterschaft durch die Rechtsordnung ihren Niederschlag im AdVermiG finden. Die Ersatzmutterschaft ließe sich weder mit der Werteordnung des Grundgesetzes vereinbaren noch seien die zu erwartenden psychischen sowie sozialen Auswirkungen einer solchen Konstellation zu begrüßen[188]. Durch die Änderungen sollte ein Beitrag zur Unterbindung der Ersatzmutterschaft bereits im Vorfeld durch Pönalisierung der Vermittlung von Ersatzmutter und Wunscheltern geleistet werden[189]. Besondere Bedeutung wurde der Verhinderung kommerzieller Vermittlungsagenturen eingeräumt[190].

---

184 VG Frankfurt, Beschl. v. 19.7.1988 – V/2 H 1258/88, FamRZ 1989, 209, 210.

185 OLG Hamm, Beschl. v. 7.4.1983–3 Ss OWi 2007/82, NJW 1985, 2205, 2205.

186 VG Frankfurt, Beschl. v. 19.7.1988 – V/2 H 1258/88, FamRZ 1989, 209, 210.

187 VG Frankfurt, Beschl. v. 19.7.1988 – V/2 H 1258/88, FamRZ 1989, 209, 211.

188 Begründung zum Entwurf eines Gesetzes zur Änderung des AdVermiG v. 09.03.1989, BT–Drucks. 11/4154, 1; Beschlussempfehlung zum Entwurf eines Gesetzes zur Änderung des AdVermiG v. 29.09.1989, BT-Drucks. 11/5283; Kabinettsbericht zur künstlichen Befruchtung beim Menschen v. 23.02.1988, BT- Drucks. 11/1856, 9.

189 Begründung zum Entwurf eines Gesetzes zur Änderung des AdVermiG v. 09.03.1989, BT–Drucks. 11/4154, 6, 7.

190 Kabinettsbericht zur künstlichen Befruchtung beim Menschen v. 23.02.1988, BT-Drucks. 11/1856, 8.

II. Einzelne Regelungen zur Ersatzmutterschaft

Der Regelung der Ersatzmutterschaft wurde im Zuge der Novellierung der gesamte zweite Abschnitt (§§ 13 a–13 d) des AdVermiG gewidmet. Mit der Verwendung der Begrifflichkeit der „Ersatzmutterschaft" hat der Gesetzgeber im Rahmen der Gesetzgebung die Konstellation der Tragemutterschaft miteinbezogen, sodass sämtliche Vorschriften des AdVermiG, die Ersatzmutterschaften betreffen, ebenso die Tragemutterschaft erfassen[191].

§ 13 a AdVermiG enthält, wie bereits dargestellt, neben § 1 Abs. 1 Nr. 7 ESchG eine weitere Legaldefinition der Ersatzmutterschaft. Die im Rahmen der Arbeit als „Wunscheltern" bezeichneten Personen werden in dieser Norm „Bestelleltern" genannt. Die Verwendung dieser Begrifflichkeit seitens des Gesetzgebers ist jedoch irreführend, da von der Vorschrift nicht nur Eltern, die sich zur Aufnahme bereit erklären, sondern auch Einzelpersonen, die den entsprechenden Willen äußern, erfasst werden[192]. Sowohl bei Zusammenführen von Bestelleltern und der Ersatzmutter als auch beim „Nachweis zu einer in § 13 a bezeichneten Vereinbarung" liegt eine Vermittlung nach § 13 a AdVermiG vor.

Die Vorschrift des § 13 c AdVermiG verbietet die Ersatzmuttervermittlung. Im Gegensatz zur Adoptionsvermittlung besteht dieses Verbot ohne Ausnahmeregelungen. Mit dieser Regelung soll die Ersatzmutterschaft bereits im Vorfeld rechtlich unterbunden werden[193]. Ferner enthalten § 14 und § 14 b AdVermiG Buß- und Strafvorschriften bei Verstoß gegen §§ 13 a–13 d AdVermiG. Die Strafvorschriften wurden erst im Zuge der Novellierung wiedereingeführt[194].

Mit § 13 d AdVermiG, welcher eine Nachbildung des § 6 Abs. 1 S. 1 AdVermiG darstellt, wird ein Anzeigenverbot ausgesprochen. Hiernach stellt jede öffentliche Erklärung, mit der das Ziel verfolgt wird, eine Ersatzmutter oder „Bestelleltern" zu suchen oder anzubieten, gemäß § 14 Abs. 1 Nr. 2 c) AdVermiG eine Ordnungswidrigkeit dar. Zwar werden explizit Zeitungsberichte und -anzeigen aufgezählt, doch ist dem Telos der Vorschrift nach davon auszugehen, dass entsprechende Anzeigen im Internet ebenfalls erfasst sind. Die frühzeitige Unterbindung der Ersatzmutterschaft steht ebenfalls bei dieser Norm im Vordergrund[195]. Der Verstoß gegen das Anzeigenverbot kann Geldbußen in Höhe von 5000,00 € nach sich ziehen[196]. Derjenige, der die Anzeige aufgibt, hat zur Erfüllung des subjektiven Tatbestandes zumindest bedingten Vorsatz aufzuweisen[197]. Von § 14 b AdVermiG wird die Strafbewehrung für die verbotene Ersatzmuttervermittlung

191 Begründung zum Entwurf eines Gesetzes zur Änderung des AdVermiG v. 09.03.1989, BT-Drucks. 11/4154, 7.

192 Erbs/Kohlhaas/*Wache*, AdVermiG, § 13 b, Rn. 2.

193 Begründung zum Entwurf eines Gesetzes zur Änderung des AdVermiG v. 09.03.1989, BT-Drucks. 11/4154, 9.

194 Wiesner/*Oberloskamp*, AdVermiG, § 14 b, Rn. 1.

195 Begründung zum Entwurf eines Gesetzes zur Änderung des AdVermiG v. 09.03.1989, BT-Drucks. 11/4154, 9.

196 Vgl. § 17 Abs. 1 OWiG.

197 Erbs/Kohlhammer/*Wache*, AdVermiG, § 14, Rn. 7.

erfasst. Der Gesetzgeber hat sich für einen abgestuften Strafrahmen für unentgeltliche, entgeltliche und gewerbs- und geschäftsmäßige Vermittlung entschieden[198].

§ 14 b Abs. 1 AdVermiG richtet sich gegen die unentgeltliche Ersatzmuttervermittlung. Dementsprechend niedrig fällt die Strafe im Vergleich zur entgeltlichen Ersatzmuttervermittlung gemäß Abs. 2 AdVermiG mit einer Freiheitsstrafe von bis zu einem Jahr oder Geldstrafe aus. Zur Erfüllung des Tatbestandes des Abs. 2 S. 1 AdVermiG mit der Ahndung eines Verstoßes mit einer Freiheitsstrafe von bis zu zwei Jahren oder Geldstrafe muss der Täter für die Ersatzmuttervermittlung ferner einen Vermögensvorteil erlangen bzw. sich einen solchen von den „Bestelleltern" oder der „Tragemutter" versprechen lassen. Beim Vermögensvorteil ist die Selbstbetroffenheit des Täters erforderlich[199].

Mit einer Freiheitsstrafe von bis zu fünf Jahren oder Geldstrafe wird die Ersatzmuttervermittlung sanktioniert bei erwerbs- bzw. gewerbsmäßigem Handeln.

Ersatzmutter und Wunscheltern[200] kommen bei der Ersatzmuttervermittlung in den Genuss des persönlichen Strafausschließungsgrundes gemäß § 14 b Abs. 3 AdVermiG[201]. Zu den Gründen für diese Entscheidung des Gesetzgebers lassen sich im Gesetzesentwurf zum AdVermiG keine Anhaltspunkte finden[202]. Es ist jedoch davon auszugehen, dass sie die gleichen sein werden, die den Gesetzgeber dazu bewogen haben, den persönlichen Strafausschließungsgrund gemäß § 1 Abs. 3 Nr. 2 ESchG einzuführen.

III. Kritik der Literatur am AdVermiG

Erhebliche Kritik erntete die Verankerung der Regelungen zur Ersatzmuttervermittlung im AdVermiG. Zum einen wurde die Aufteilung der strafrechtlichen Sanktionsvorschriften hinsichtlich der Ersatzmutterschaft auf das ESchG und AdVermiG als unnötig angesehen und folglich eine Zusammenführung mit dem sich damals ebenfalls im Gesetzgebungsverfahren befindlichen ESchG gefordert[203]. Ebenfalls wurden die §§ 218 ff. StGB als angemessener Standort für Vorschriften zur Ersatzmutterschaft sowie Ersatzmuttervermittlung gewertet[204].

---

198 Beschlussempfehlung und Bericht des 13. Ausschusses zum Gesetzesentwurf, BT-Drucks. 11/5283, 3.

199 Erbs/Kohlhaas/*Wache*, AdVermiG, § 14 b, Rn. 2.

200 Vgl. Legaldefinition in § 13 b AdVermiG.

201 Erbs/Kohlhaas/*Wache*, AdVermiG, § 14 b, Rn. 3.

202 Begründung zum Entwurf eines Gesetzes zur Änderung des AdVermiG v. 09.03.1989, BT–Drucks. 11/4154, 10.

203 Stellungnahme des Bundesrates zum Regierungsentwurf ESchG (BT–Drucks. 11/5460); so auch Günther/Taupitz/Kaiser/*Günther*, ESchG 2008, Einf., Rn. 63; *Bach*, FamRZ 1990, 574, 574; Protokoll der 597. Sitzung des Bundesrates v. 10.2.1989, S. 25, Anlage 9 (BR-Drucks. 608/88).

204 *Lüderitz*, NJW 1990, 1633, 1636; *Eser/Koch*, Gedächtnisschrift Keller, S. 15, 17; dagegen Günther/Taupitz/Kaiser/*Günther*, ESchG 2008, Einf., Rn. 64, der das Nebenstrafrecht für den richtigen Standort hält.

Zum anderen sind starke Zweifel an der Richtigkeit des persönlichen Strafausschließungsgrundes des § 14 b Abs. 3 AdVermiG erhoben worden, da trotz Vorrang des Kindeswohls, der als Grund für die Straflosigkeit der Wunscheltern und Ersatzmutter angeführt wurde, ein strafwürdiges Unrecht bestehe. *Bach* bezweifelt, dass die „psychosoziale Notlage" der Wunscheltern und die „materielle Zwangslage der Ersatzmutter ihr Handeln zu rechtfertigen vermag[205]. Zwar wird selten das Verbot von Vermittlungstätigkeiten selbst kritisiert, doch stellt sich die Frage, ob die Höhe des Strafrahmens für die Vermittlung von Ersatzmutterschaften, die sich nach § 14b AdVermiG richtet und bis zu drei Jahre Freiheitsstrafe ermöglicht, angemessen ist. Besonders mit Blick auf den Strafrahmen für die Ausbeutung von Prostituierten gemäß § 180 a StGB und auf die Strafbarkeit der Zuhälterei gemäß § 181 a StGB mit bis zu drei Jahren (bzw. bis zu 5 Jahren) Freiheitsstrafe ist es fraglich, ob eine Vergleichbarkeit der Verwerflichkeit der jeweiligen Tathandlungen gegeben ist[206].

Nicht zuletzt steht die Bezugnahme des Gesetzgebers auf einen von ihm gesehenen Widerspruch zwischen der Ersatzmutterschaft und der Werteordnung des Grundgesetzes in der Kritik[207]. Aufgrund der Behauptung der Verfassungswidrigkeit werde jeglichen kontroversen Diskussionen der Raum genommen, was dadurch anderweitige Regelungsvorschläge unmöglich mache[208].

IV. Ergebnis

Mit den die Ersatzmutterschaften betreffenden Normen des AdVermiG ist ein Gesetz erlassen worden, das die Vermittlungstätigkeit und das Anzeigen im Zusammenhang mit sowohl altruistischen als auch kommerziellen Ersatzmutterschaftsvereinbarungen mit einem mit der Ausbeutung von Prostituierten gleichstehenden Strafrahmen unter Strafe stellt.

Die Vorschriften des AdVermiG führen zur Erschwerung der Durchführung von Ersatzmutterschaften. Durch die Straffreiheit von Ersatzmutter und Wunscheltern ist es vorstellbar, dass verzweifelte Wunscheltern, unabhängig davon, ob sie hetero- oder homosexuell sind, sich eine Ersatzmutter im Familien- oder Freundeskreis suchen, die das Kind für sie heimlich austrägt. Schwierigkeiten ergeben sich für die medizinische Durchführung. Es ist schwer denkbar, dass viele Ärzte, selbst gegen Geld, eine Strafbarkeit riskieren und ihre ärztliche Approbation nach § 3 Bundesärzteordnung aufs Spiel setzen würden[209], um bei einer Ersatzmutter die Gameten der Wunscheltern einzupflanzen.

---

205 *Bach*, FamRZ 1990, 574, 575.

206 *Lüderitz*, NJW 1990, 1633, 1636.

207 Begründung zum Entwurf eines Gesetzes zur Änderung des AdVermiG v. 9.3.1989, BT-Drucks. 11/4154, 1; *Lüderitz*, NJW 1990, 1633, 1636.

208 *Lüderitz*, NJW 1990, 1633, 1636.

209 Der Widerruf würde nach § 5 Abs. 2 iVm. § 3 Abs. 1 Nr. 2 Bundesärzteordnung erfolgen.

Denkbar wäre jedoch, dass die Ersatzmutter sich selbst zu Hause mit dem Samen des Wunschvaters befruchtet oder eine Befruchtung im Wege des Geschlechtsverkehrs stattfindet. Die zweite Alternative wird sehr unwahrscheinlich sein. Vor allem dann erscheint die zweite Alternative als unrealistisch, wenn die Ersatzmutter aus dem Kreise der Familie stammt. Doch selbst, wenn all diese Hürden genommen werden könnten, würde die Ersatzmutter im Krankenhaus als Mutter des Kindes eingetragen werden. Diese Entwicklung stellt sich zudem zunehmend als ein Problem für die deutschen Standesämter heraus[210].

C. Die zivilrechtliche Ebene

I. Die Sittenwidrigkeit von Parteivereinbarungen

1. Darstellung der unterschiedlichen Ansichten

In der Grundkonstellation liegt der Ersatzmutterschaft eine zivilrechtliche Vereinbarung zugrunde. Zum Kerninhalt gehören in der Regel die Übereinstimmung über das Einsetzen der mit der von den Wunscheltern stammenden Eizelle in den Körper der Ersatzmutter bzw. über die Durchführung der intrauterinen Insemination sowie über die Abgabe des genetisch von den Wunscheltern stammenden Kindes nach der Geburt. Im Gegenzug wird regelmäßig ein Entgelt bzw. eine Aufwandsentschädigung vereinbart, die an die Ersatzmutter gezahlt wird.

Vor Inkrafttreten des ESchG und des AdVermiG im Jahr 1991 herrschte Unsicherheit hinsichtlich der Behandlung privatrechtlicher Parteivereinbarungen, die eine Ersatzmutterschaft zum Inhalt hatten.

So wurde ein Verstoß der zwischen Ersatzmutter und den Wunscheltern getroffenen Parteivereinbarung gegen ein gesetzliches Verbot gemäß § 134 BGB abgelehnt[211]. Damals fehlte es an einem geeigneten gesetzlichen Verbot. Von einigen Vertretern in der Literatur wurden ebenfalls erhebliche Zweifel an einer Sittenwidrigkeit einer solchen Parteivereinbarung gemäß § 138 Abs. 1 BGB geäußert[212]. Von der Rechtsordnung werde die Entstehung eines Menschen grundsätzlich nicht verboten. Ferner stelle die Weggabe des Kindes nach der Geburt von der Ersatzmutter an die Wunscheltern keine Verfügung dar, sondern lediglich einen „Verzicht auf die Ausübung der Elternrechte", der auch im Rahmen der Adoption rechtlich akzeptiert sei[213].

Einen anderen Standpunkt bereits vor Inkrafttreten der erwähnten Gesetze im Jahr 1991 haben die Gerichte vertreten, die die Sittenwidrigkeit der Tragemutter-

---

210 BVerfG, Beschl. v. 22. 8. 2012–1 BvR 573/12, NJW – RR 2013, 1.

211 OLG Hamm, Beschl. v. 2.12. 1085–11 W 18/85, NJW 1986, 781; *Coester-Waltjen*, NJW 1982, 2528, 2531; *Coester-Waltjen*, JuS 1987, 193, 196.

212 *Coester-Waltjen*, NJW 1982, 2528, 2531.

213 *Coester-Waltjen*, NJW 1982, 2528, 2531 f. anders: OLG Hamm, Beschl. v. 2.12.1985–11 W 18/85, JZ 1986, 441, 443 (mit Anm. Kollhosser).

schaftsvereinbarungen gemäß § 138 Abs. 1 BGB mit der Begründung der Verletzung der Würde des Kindes sowie der Kindeswohlgefährdung annahmen[214].

Kritisch gegenüber der generellen Annahme der Sittenwidrigkeit einer solchen Parteivereinbarung äußerte sich *Medicus*, der jedoch die Verbindlichkeit einer Vereinbarung ablehnte. Die Sittenwidrigkeit sei ausschließlich für Fälle anzunehmen, in denen ein rechtsgeschäftlich vereinbartes Schuldversprechen vorliege. Die Unwirksamkeit einer Ersatzmutterschaftsvereinbarung folge vielmehr aus der fehlenden Privatautonomie als aus der Sittenwidrigkeit gemäß § 138 Abs. 1 BGB[215].

Seit Inkrafttreten der die Ersatzmutterschaft regelnden Gesetze hat sich eine einheitliche Ansicht hinsichtlich der Unwirksamkeit der Ersatzmutterschafts-Parteivereinbarungen gemäß § 134 BGB herausgebildet. Somit ist jede Parteivereinbarung, die die Vermittlung einer Ersatzmutterschaft oder die Durchführung der künstlichen Befruchtung mit der Vereinbarung der Abgabe des Kindes nach Geburt an die Wunscheltern zum Inhalt hat, als unwirksam anzusehen[216].

Danach sind jedoch zivilrechtliche Konstellationen denkbar, die nicht gegen § 134 BGB iVm. dem ESchG und dem AdVermiG verstoßen. Die Behandlung dieser Fälle lässt die Frage aufkommen, ob solche Ersatzmutterverträge gemäß § 138 Abs. 1 BGB als sittenwidrig einzustufen sind. Ein solcher Fall könnte in Konstellationen gegeben sein, in denen eine Ersatzmutter ein Kind aus altruistischen Motiven heraus für ein ungewollt kinderloses Wunschelternpaar austrägt und höchstens eine Aufwandsentschädigung als Gegenleistung erhält.

In der Literatur wird zwischen Parteivereinbarungen, die ein an die Ersatzmutter zu entrichtendes Entgelt vorsehen, und solchen, die von einer solchen Gegenleistung für die Austragung und Abgabe des Kindes an die Wunscheltern absehen, unterschieden.

Wird eine Vereinbarung über ein Entgelt getroffen, in der die Summe der Aufwandsentschädigung überschritten wird und der Betrag somit eine Art Vergütung der Ersatzmutter für ihre Dienste darstellt, wird die Sittenwidrigkeit der Parteivereinbarung allgemein anerkannt[217].

Kontrovers diskutiert wird der Fall, in dem eine Vereinbarung zwischen Wunscheltern und Ersatzmutter vorliegt, die kein Entgelt bzw. ein Entgelt nur in Höhe einer angemessenen Aufwandsentschädigung enthält. So wird teilweise auch bei solchen Verträgen die Sittenwidrigkeit angenommen[218]. Von anderen Stimmen wird die Annahme der Sittenwidrigkeit bei unentgeltlichen Parteivereinbarungen zwar abgelehnt, doch sprechen sich auch die Vertreter dieser Ansicht gegen die Durchsetzbarkeit vertraglicher Rechte wie die Abgabe des Kindes nach der Geburt an die

---

214 OLG Hamm, Beschl. v. 2.12.1985–11 W 18/85, JZ 1986, 441, 443 (mit Anm. Kollhosser).

215 *Medicus*, Jura 1986, 302, 306.

216 *Coester*, FS Jayme, S. 1243, 1251.

217 OLG Hamm, Beschl. v. 2.12. 1985 11 W 18/85, NJW 1986, 781, 781; *Coester*, FS Jayme, S. 1243, 1251; keine Unterscheidung macht MüKo/*Wellenhofer*, § 1591, Rn. 11.

218 *Laufs*, JZ 1986, 769, 775; *Liermann*, FamRZ 1991, 1403.

Wunscheltern aus[219]. Zwar handele es sich grundsätzlich um einen wirksamen schuldrechtlichen Vertrag, dem es jedoch an der „Rechtspflicht zur Übernahme oder Übertragung des Kindes" fehle[220]. Aus § 1747 Abs. 2 BGB ergebe sich, dass es sich bei der Erklärung der Ersatzmutter, das Kind nach der Geburt an die Wunscheltern abzugeben, um eine unvollkommene Verbindlichkeit, der es an der Erzwingbarkeit fehle, handele[221].

2. Zusammenfassung

Die allgemeine Erklärung der Sittenwidrigkeit nach § 138 Abs. 1 BGB sowohl für die altruistische als auch für die kommerzielle Form der Ersatzmutterschaft erscheint durch den Vollzug der soziokulturellen Veränderung innerhalb der Gesellschaft in den letzten Jahrzehnten zweifelhaft. Die Sittenwidrigkeit nach § 138 Abs. 1 BGB als „Generalklausel" stellt keinen festen, unveränderbaren Wert dar. Nach allgemeiner Definition liegt ein sittenwidriges Rechtsgeschäft vor, wenn es „gegen das Anstandsgefühl aller billig und gerecht Denkenden verstößt"[222]. Dabei sind die in der Gesellschaft „anerkannten Moralanschauungen" maßgeblich[223]. Die Moralanschauungen stellen jedoch keine Konstante dar, sondern sind vielmehr Veränderungen unterworfen. Die Gründe, die zur Veränderung der Rechtsüberzeugung führen können, sind vielfältig. Vorliegend könnten die liberale Rechtslage im Ausland sowie Gesetzesänderungen, die ehemals sittenwidrige Rechtsgeschäfte betreffen, zur Veränderung der moralischen Sichtweise auf altruistische Ersatzmutterschaften geführt haben[224]. Wunscheltern, denen aus biologischen Gründen die Elternschaft verwehrt bleibt, sehen in den modernen Fortpflanzungsmethoden, vor allem in Verbindung mit Ersatzmutterschaften, eine Chance auf genetisch mit ihnen verbundenen Nachwuchs[225]. Es lässt sich beobachten, dass immer häufiger von deutschen Wunscheltern im Ausland durchgeführte Ersatzmutterschaften Gegenstand von deutschen Gerichtsentscheidungen sind[226].

Solange die Vereinbarung einer Ersatzmutterschaft auf dem freien Willen der Parteien beruht und kein über die Ausgabendeckung hinausgehendes monetäres Element aufweist, ist die generelle Annahme der Sittenwidrigkeit derartiger Verträge abzulehnen.

---

219 *Deutsch/Spickhoff*, Medizinrecht, Rn. 770; *Coester*, FS Jayme, S. 1243, 1251.

220 *Coester-Waltjen*, NJW 1982, 2528, 2522.

221 *Coester*, FS Jayme, S. 1243,1251; *Coester-Waltjen*, NJW 1982, 2528, 2533.

222 RG 48, 124.

223 Palandt/*Ellenberger*, § 138, Rn. 2.

224 BGH NJW 1983, S. 2692, 2693; Staudinger/*Sack/Fischinger*, § 138, Rn. 92.

225 Zu den psychischen Folgen von ungewollter Kinderlosigkeit vgl.: *Diefenbach*, S. 18 ff.

226 Vgl.: VG Köln, Urt. v. 20.02.2013–10 K 6710/11; AG Neuss, Beschl. v. 14.05.2013–45 F 74/13, BeckRS 2014, 01983; AG Friedberg, Beschl. v. 01.03.2013–700 F 1142/12.

Es ist hervorzuheben, dass eine Legalisierung der altruistischen Ersatzmutterschaft in Deutschland durch eine gut durchdachte Gesetzesformulierung nicht an der Sittenwidrigkeit zu scheitern hat.

II. Die deliktsrechtliche Seite

1. Darstellung der Rechtslage

Die Normen des ESchG können grundsätzlich in Verbindung mit § 823 Abs. 2 BGB einschlägig sein, da es sich bei ihnen um Schutzgesetze iSd. deliktsrechtlichen Norm handelt[227]. Der Arzt, der bei einer Ersatzmutterschaft die künstliche Befruchtung durchführt, kann sich somit schadensersatzpflichtig gegenüber dem gezeugten Kind machen. In der Regel wird es jedoch an einem Schaden fehlen. Die Geburt eines Menschen kann keinen ersatzfähigen Schaden darstellen[228]. Nach einhelliger Ansicht können ebenfalls evtl. „Unterhaltsschäden" bei Ersatzmutterschaften weder von Seiten der Ersatzmutter noch von Seiten der Wunscheltern in Anlehnung an § 823 Abs. 2 BGB geltend gemacht werden[229].

2. Schwierigkeiten bei Zulassung der altruistischen Ersatzmutterschaft

Angenommen, der Gesetzgeber würde im Zuge einer Gesetzesnovellierung die altruistische Ersatzmutterschaft für rechtlich zulässig erklären, so würde die rechtliche Ausgestaltung der deliktsrechtlichen Ebene eine Herausforderung darstellen. Es wären rechtlich sowie ethisch vielschichtige und komplexe Fragen zu beantworten, wie beispielsweise, ob den Wunscheltern ein Schadensersatzanspruch eingeräumt werden sollte, wenn Behinderungen infolge des unachtsamen Verhaltens der Ersatzmutter während der Schwangerschaft auftreten. Vor dem Hintergrund der „wrongful-life"-Entscheidung des BVerfG[230] ist ein solcher Anspruch jedoch abzulehnen.

Denkbar ist ebenfalls, dass die Wunscheltern aufgrund einer Trennung während der Schwangerschaft der Ersatzmutter das Interesse am Kind verlieren. Wie ist ein solcher Fall rechtlich zu handhaben?

III. Die statusrechtliche Zuordnung des Kindes bei Anwendbarkeit deutscher Zuordnungsvorschriften

Wird eine Ersatzmutterschaft trotz etwaiger strafrechtlicher Konsequenzen zwischen deutschen Wunscheltern und einer in Deutschland oder im Ausland lebenden Ersatzmutter vereinbart, stellt sich die Frage nach der statusrechtlichen Zuordnung des Kindes.

---

227 *Deutsch,* NJW 1991, 721, 723; *Coester-Waltjen,* FamRZ 1992, 369, 371.
228 BGH, Urt. v. 18. 1. 1983 – VI ZR 114/81, FamRZ 1983, 373.
229 *Coester-Waltjen,* FamRZ 1992, 369, 371.
230 BVerfGE 88, 203, 295 f.; NJW 1993, 1751, 1763 f.

1. *Die Mutter-Kind-Zuordnung*

Das Bürgerliche Gesetzbuch in seiner ursprünglichen Fassung enthielt keine ausdrückliche Regelung zur statusrechtlichen Zuordnung des Kindes zur Mutter. Der Gesetzgeber ging vom altrömischen Grundsatz „mater semper certa est“[231] aus. Bedingt wurde diese Annahme dadurch, dass vor der Zeit der Entwicklung und Anwendung künstlicher Befruchtungsmethoden ein Auseinanderfallen von genetischer und gebärender Mutter nicht im Bereich des medizinisch Möglichen lag. Mit dem Fortschritt in der modernen Reproduktionsmedizin wurde der altrömische Grundsatz zu Fall gebracht. Genetische und austragende Mutter können auseinanderfallen und der Grundsatz der Untrennbarkeit der Abstammung eines Kindes von einer Mutter und der Geburt durch eine Frau waren nicht mehr gewährleistet[232].

Der Gesetzgeber hat mit Inkrafttreten des ESchG und des AdVermiG im Jahre 1989 Regelungen getroffen, die eine solche gespaltene Mutterschaft verhindern und somit der Tragemutterschaft Einhalt gebieten sollten, doch stellte sich die Frage nach der statusrechtlichen Zuordnung des Kindes zur Mutter regelmäßig bei von deutschen Paaren im Ausland oder trotz strafrechtlichen Verbots im Inland durchgeführten Tragemutterschaften[233]. Eine Klarstellung des Personenstands des Kindes durch den Gesetzgeber erschien mithin geboten[234].

Am 01.07.1998 wurde im Zuge der Kindschaftsrechtsreform vom 16.12.1997 der § 1591 BGB zur Regelung der mütterlichen Abstammung eingeführt[235]. § 1591 BGB bestimmt mit der Formulierung „Mutter eines Kindes ist die Frau, die es geboren hat“ unmissverständlich die Geburt als Anknüpfungspunkt für die statusrechtliche Zuordnung und mithin die gebärende Frau als Mutter des Kindes. Die genetische Abstammung ist jedoch ausnahmsweise dann von Bedeutung, wenn nach dem Telos der Norm auf diese abzustellen ist[236].

Für die Tragemutterschaft bedeutet dies, dass die Tragemutter zwar nicht die genetische Mutter, aber rechtlich gesehen die Mutter des Kindes ist[237]. Es besteht dann keine rechtliche Verwandtschaft zwischen dem Kind und der genetischen Mutter[238]. Mit der Entscheidung des Gesetzgebers für den § 1591 BGB durchbrach

231 D. 2, 4, 5 (Paulus), (zu deutsch: Die Mutter ist immer sicher).

232 MüKo/*Wellenhofer*, § 1592, Rn. 1; *Gerecke/Valentin*, GS Eckert, S. 233, 237; Vgl. zum Mutter-Kind-Rechtsverhältnis: *Valentin*, Biologische Abstammung, S. 52 ff.

233 *Gaul*, FamRZ 1997, 1441, 1463; MüKo/*Wellenhofer*, § 1591, Rn. 1; Begründung zum Entwurf eines Gesetzes zur Reform des Kindschaftsrechts BT–Drucks. 13/4899, 82.

234 Begründung zum Entwurf eines Gesetzes zur Reform des Kindschaftsrechts BT–Drucks. 13/4899, 51, 82.

235 BGBl. I, S. 2942.

236 So bei § 173 StGB oder § 1307 BGB; *Gerecke/Valentin*, GS Eckert, S. 233, 238; *Muscheler*, Familienrecht, § 31, Rn. 528.

237 Begründung zum Entwurf eines Gesetzes zur Reform des Kindschaftsrechts BT–Drucks. 13/4899, 82.

238 Staudinger/*Rauscher*, § 1591, Rn. 17.

er bewusst das im § 1589 Abs. 1 S. 1 BGB geregelte Abstammungsprinzip, nach dem die genetische Abstammung entscheidend ist[239]. Die Einfügung des § 1591 BGB durch den Gesetzgeber war trotz dieser Durchbrechung die logische Konsequenz auf zivilrechtlicher Ebene, nachdem bereits strafrechtlich im ESchG und AdVermiG die gespaltene Mutterschaft durch entsprechende Normen verhindert werden sollte.

Die rechtliche Zuordnung durch § 1591 BGB ist unanfechtbar[240]. Weder Tragemutter noch die genetische Mutter des Kindes oder das geborene Kind können diese anfechten[241]. Erst recht kann keine vertragliche Parteivereinbarung über die rechtliche Bestimmung der Mutterschaft getroffen werden[242]. Dies ergibt sich aus dem klaren Wortlaut der Norm des § 1591 BGB sowie aus dem Gesetzgeberwillen[243]. Zudem ist eine Statusklage beruhend auf einer genetischen Verbindung zwischen Wunschmutter und Kind mangels Rechtsverhältnisses weder nach § 169 Nr. 1 FamFG noch nach § 256 ZPO zulässig[244].

Der genetischen Wunschmutter, die rechtlich die Mutterschaft für das Kind übernehmen möchte, steht der Weg der Adoption gemäß § 1741 Abs. 1 S. 1 BGB frei[245].

2. *Zwischenergebnis*

Nach gegenwärtiger deutscher Gesetzeslage ist die das Kind austragende Frau die rechtliche Mutter. Selbst, wenn nicht die austragende Mutter, sondern die Wunschmutter oder eine Eizellspenderin die genetische Verbindung zum Kind aufweist und die austragende Frau mit der Übertragung der rechtlichen Mutterschaft einverstanden ist, besteht keine Korrekturmöglichkeit des Status. Für ein homosexuelles männliches Paar in einer eingetragenen Partnerschaft besteht nicht die Möglichkeit, im Wege der Ersatzmutterschaft rechtlich den Elternstatus eines Kindes zu erhalten. Die einzige Möglichkeit zur Erlangung des Status der rechtlichen Mutterschaft besteht in der Adoption des Kindes. Die Geburt des Kindes als Anknüpfungspunkt zur Bestimmung seiner rechtlichen Zuordnung zur Mutter ist aus Gründen der Statusklarheit und der eindeutigen Zuordnungsmöglichkeit in einer Situation, in der das Kind schutzbedürftig und auf die mütterliche Zuwendung angewiesen ist, gutzuheißen[246]. Bedenken ergeben sich jedoch hinsichtlich der gesetzlich verwehrten

---

239 Staudinger/*Rauscher*, § 1589, Rn. 2 und § 1591, Rn. 11; Begründung zum Entwurf eines Gesetzes zur Reform des Kindschaftsrechts BT-Drucks. 13/4899, 82; *Gaul*, FamRZ 1997, 1441, 1463.

240 *Gernhuber/Coester-Waltjen*, § 51, Rn. 7–9; Zur Zulassung der Mutterschaftsanfechtung: *Kaiser*, FS Brudermüller, S. 357, 366.

241 Staudinger/*Rauscher*, § 1591, Rn. 15 und Rn. 19.

242 *Schwab*, § 49, Rn. 519; Staudinger/*Rauscher*, § 1591, Rn. 15.

243 Begründung zum Entwurf eines Gesetzes zur Reform des Kindschaftsrechts v. 13.06.1996, BT-Drucks. 13/4899, 82.

244 *Gaul*, FamRZ 1997, 1441, 1464; Jauernig/*Berger/Mansel*, § 1591, Rn. 2.

245 *Gernhuber/Coester-Waltjen*, Familienrecht, § 53, Rn. 4–6.

246 MüKo/*Wellenhofer*, § 1591, Rn. 4.

Korrekturmöglichkeit[247], zumal dem genetischen Vater das Recht auf gerichtliche Feststellung eingeräumt wird.

3. *Die Vater-Kind-Zuordnung*

a) *Das Kind wird von unverheirateter Ersatzmutter ausgetragen*

aa) Die Annahmemöglichkeit des Wunschvaters bei lediger Ersatzmutter

In der Regel ist bei einer Ersatzmutterschaft der Wunschvater mit der Wunschmutter und nicht mit der Ersatzmutter verheiratet. Befindet sich die Ersatzmutter bei Geburt des den Wunscheltern zugehörigen Kindes nicht in einer bestehenden Ehe, so kann der Wunschvater die rechtliche Vaterschaft sich durch Anerkennung der Vaterschaft nach §§ 1592 Nr. 2, 1594 ff. BGB erlangen oder sie kann ihm bei genetischer Verwandtschaft mit dem Kind durch gerichtliche Feststellung gemäß §§ 1592 Nr. 3, 1600 d BGB zugesprochen werden[248].

Der genetische Wunschvater, der vor der Geburt des Kindes seine Vaterschaft zu dem Kind gemäß § 1594 Abs. 4 BGB erklärt, bleibt an seine Anerkennung gebunden. Dies gilt selbst dann, wenn die Ersatzmutter nach Geburt des Kindes entgegen der Vereinbarung in der Ersatzmutterschaftsvereinbarung sich gegen die Freigabe des Kindes zur Adoption entscheidet und die Wunschmutter nicht zur rechtlichen Mutter des Kindes wird[249]. Erst mit der Anerkennung der Vaterschaft nach der Vornahme der künstlichen Befruchtung ist der genetische Vater als rechtlicher Vater gemäß § 1600 Abs. 5 BGB anzusehen und eine Anfechtung der Vaterschaft fällt weg[250]. Die Anerkennung bedarf gemäß § 1595 BGB der Zustimmung der Ersatzmutter.

Ist der Wunschvater nicht genetischer Vater des Kindes, aber erkennt er gemäß § 1592 Nr. 2 BGB trotz Kenntnis darüber die Vaterschaft an, wird er rechtlicher Vater des Kindes[251].

Erfolgt die Vaterschaftszuordnung gemäß § 1592 Nr. 3 BGB durch rechtskräftigen Beschluss des Gerichts, besteht durch Stellen eines unbefristeten Restitutionsantrags die Möglichkeit der Korrektur. Hierzu ist die Vorlage eines neuen Abstammungsgutachtens mit dem Nachweis über die genetische Abstammung des Kindes vom

---

247 MüKo/*Wellenhofer*, § 1591, Rn. 35, 4.

248 Dazu *Coester*, FS Jayme, S. 1243, 1248; *Coester-Waltjen*, Verhandlungen des sechsundfünfzigsten Deutschen Juristentages – Berlin 1986, B 84; Staudinger/*Rauscher*, Anh. zu § 1592, Rn. 19.

249 Staudinger/*Rauscher*, § 1600, Rn. 73; *Rauscher* schlägt die teleologisch einschränkende Auslegung des § 1600 Abs. 5 BGB vor, um zum Anfechtungsrecht des Wunschvaters in solchen Fällen zu gelangen, verwirft den Gedanken jedoch selbst wieder mit der Argumentation, dass es nicht der Intention des Gesetzgebers entsprechen könne, dem Kind auch den biologischen Wunschvater zu nehmen.

250 Staudinger/*Rauscher*, § 1600, Rn. 74.

251 Staudinger/*Rauscher*, Anh. zu § 1592, Rn. 19. Hiernach bleibt dem rechtlichem Vater das Anfechtungsrecht, welches jedoch gemäß § 1600 Abs. 5 BGB ausgeschlossen sein könnte.

genetischen Wunschvater als Restitutionsgrund gemäß § 185 Abs. 1 FamFG erforderlich[252].

bb) Zwischenergebnis

Handelt es sich um eine Ersatzmutterschaft, bei der der Wunschvater genetisch mit dem Kind verwandt ist, besteht unabhängig davon, von wem die Eizelle stammt, die Möglichkeit, dass der Wunschvater die Vaterschaft anerkennt und die Wunschmutter anschließend das Kind adoptiert. Selbst bei fehlender genetischer Verbindung zum Vater würde dieses Verfahren eine Lösung zur Übertragung der rechtlichen Elternschaft darstellen, vorausgesetzt, die Ersatzmutter ist ledig und sie erteilt ihre Zustimmung zur Anerkennung.

b) Das Kind wird in einer bestehenden Ehe der Ersatzmutter ausgetragen

Wird ein Kind von einer Ersatzmutter ausgetragen, während sie sich in einer rechtskräftigen Ehe befindet, ist gemäß §§ 1592 Nr. 1, 1593 BGB der Ehemann der Ersatzmutter der Vater des Kindes[253]. Dies gilt auch, wenn eine heterologe Insemination durchgeführt wurde und die Spermazelle nicht vom Ehemann stammt. Maßgeblicher Zeitpunkt ist die Geburt und nicht die Zeugung[254]. Zurückzuführen ist die Regelung des § 1592 Nr. 1 BGB auf den altrömischen Grundsatz „pater vero is est, quem nuptiae demonstrant“[255]. Bei der Frage nach dem Anfechtungsrecht des Vaters nach heterologer Insemination sind zwei Fälle zu unterscheiden, wobei die Anfechtbarkeit der Vaterschaft durch den Ehemann grundsätzlich gemäß §§ 1600 ff. BGB gegeben ist.

aa) Die Einwilligung des Ehemannes wird erteilt

Dem Ehemann, der im Vorfeld seine Einwilligung zur künstlichen Befruchtung mit dem Samen eines anderen Mannes erteilt hatte, wird die Vaterschaftsanfechtung sowohl durch die Ersatzmutter als auch durch den Ehemann der Ersatzmutter verwehrt. Dies ergibt sich seit Inkrafttreten des KindRG[256] am 01.07.1998 aus § 1600 Abs. 5 BGB. Die Zustimmungserklärung unterliegt dem Gesetz nach keiner Formvoraussetzung und kann mündlich oder auch konkludent erteilt werden[257]. Zur

252 Staudinger/*Rauscher*, § 1592, Nr. 35.

253 BGHZ 87, 169, 171; Staudinger/*Rauscher*, Anh. § 1592, Rn. 20; *Coester*, FS Jayme, S. 1243, 1248.

254 Prütting/Wegen/Weinreich/*Friederici*, § 1592, Rn. 1.

255 D. 2, 4, 5 (Paulus): Vater ist derjenige, der mit der Mutter des Kindes verheiratet ist, *Dellert*, Die anonyme Kindesabgabe, S. 66; MüKo/*Wellenhofer*, § 1592, Rn. 6; *Gaul*, FS Gernhuber, S. 619, 629.

256 Entwurf BT-Drucks. 13/4899.

257 *Roth*, JZ 2002, 651, 653. Der Gesetzgeber hat sich mit der Entscheidung für die formlose Einwilligung über die Forderungen der Initiative Hamburg/Sachsen-Anhalt (BR-Drucks. 369/99) hinweggesetzt.

Nichtanwendbarkeit des § 1600 Abs. 1 BGB führt die Scheidung vor Geburt des Kindes trotz Einwilligung durch den Ehemann vor Geburt[258].

Gesetzlich nicht geregelt ist das Recht zur Anfechtung der Vaterschaft durch die genetischen Wunscheltern unter Zugrundelegung einer Ersatzmutterschaftsvereinbarung. Da der Gesetzgeber mit diversen Regelungen deutlich die Absicht, Ersatzmutterschaften zu verhindern, zum Ausdruck gebracht hat, ist die Nichtregelung eines solchen Anfechtungsrechts als gewollt anzusehen[259]. Für den genetischen Wunschvater ergibt sich jedoch aus § 1594 Abs. 2 BGB, dass er die Vaterschaft nicht anerkennen kann, wenn eine anderweitigeVaterschaft durch Ehe oder Anerkennung begründet wurde[260]. Erst recht wird ihm kein Recht zur Anfechtung der Vaterschaft des Ehemannes der Ersatzmutter zustehen. Dem Wunschvater, selbst wenn er genetisch mit dem Kind verwandt ist, steht kein Anfechtungsrecht der Vaterschaft des Ehemannes der Ersatzmutter zu, da er in der Regel nicht derjenige sein wird, der der Ersatzmutter beigewohnt hat (vgl. § 1600 Abs. 1 Nr. 2 BGB) und es sich bei Ersatzmutterschaften regelmäßig um Fälle der modernen Reproduktionsmethoden handelt. Es besteht jedoch das Recht des Kindes auf Anfechtung der Vaterschaft (§ 1600 Abs. 1 Nr. 4 BGB). Erfolgt eine Anfechtung der Vaterschaft des Ehemannes der Ersatzmutter, stellt sich die Rechtslage wie bei der Konstellation dar, in der das Kind von einer nichtverheirateten Ersatzmutter ausgetragen wird. Der Wunschvater kann somit zur rechtlichen Vaterschaft durch Anerkennung nach §§ 1592 Nr. 2, 1594 ff. BGB oder durch gerichtliche Feststellung gemäß §§ 1592 Nr. 3, 1600 d BGB gelangen[261]. Es ist jedoch zu bezweifeln, dass es zur Anfechtung des Kindes in einer solchen Konstellation kommt.

Es steht dem genetischen Wunschvater die Möglichkeit der Adoption des Kindes offen[262].

bb) Zwischenergebnis

Die einzig praktikable Lösung zur Übertragung der Vaterschaft besteht vorliegend in der Adoption.

---

258 Staudinger/*Rauscher*, § 1600, Rn. 74.

259 Kritisch hingegen: Staudinger/*Rauscher*,, Anh. zu § 1592, Rn. 20, 22, der von einem Anfechtungsrecht des genetischen Vaters ausgeht und sich für die Anwendung von § 1600 Abs. 5 BGB lediglich auf die Fälle ausspricht, in denen die Durchführung der heterologen Befruchtung zulässig ist. Diese Zulässigkeit fehlt jedoch bei der Tragemutterschaft sowohl nach ESchG als auch nach dem AdVermiG.

260 Seit dem Beschluss des BVerfG, Beschl. v. 09.04.2003–1 BvR 1493/96 u. 1724/01 (FamRZ 2003, 816, 820 f.), in dem dem biologischen Vater ebenfalls Rechte aus Art. 6 Abs. 2 S. 1 GG zugesprochen werden, wird für den genetischen Vater vermehrt das Recht zur Erlangung der rechtlichen Vaterschaft durch Verdrängung eines anderen Mannes aus der Position der Vaterschaft verlangt (so *Coester*, FS Jayme, S. 1243, 1248).

261 *Coester*, FS Jayme, S. 1243, 1248.

262 OLG Stuttgart, Beschl. v. 7.2.2012–8 W 13/13 = BeckRS 2012, 04123.

cc) Der Ehemann hat keine Einwilligung erteilt

In dieser Konstellation steht dem Ehemann, der nach § 1592 Nr. 1 BGB rechtlicher Vater des Kindes ist, die Anfechtung nach § 1600 Abs. 1 Nr. 1 BGB zu. War die Anfechtung erfolgreich, entspricht die Rechtslage der, die besteht, wenn das Kind von einer unverheirateten Tragemutter ausgetragen wird[263].

In der Regel sind Fragestellungen zum Anfechtungsrecht des Ehemannes der Tragemutter in Verbindung mit Tragemutterschaftsvereinbarungen in Deutschland aufgrund der strafrechtlichen Verbote im ESchG und AdVermiG von geringer praktischer Relevanz. Häufig stellt sich jedoch die Frage nach der Vaterschaftszuordnung, wenn deutsche Eltern die Tragemutterschaft im Ausland durchführen.

dd) Zwischenergebnis

Die Rechtslage entspricht der, die besteht, wenn es sich um eine ledige Ersatzmutter handelt. Insgesamt ergeben sich größere rechtliche Schwierigkeiten bei einer verheirateten Ersatzmutter.

c) Zusammenfassung zur Vaterschaft

Im Vergleich zur rechtlichen Mutterschaft besteht für den Wunschvater grundsätzlich die Möglichkeit, dem von der Ersatzmutter ausgetragenen Kind rechtlich zugeordnet zu werden. Vorausgesetzt wird, dass die Ersatzmutter im Zeitpunkt der Geburt unverheiratet ist. Die Zuordnung erfolgt nicht automatisch mit der Geburt wie bei der rechtlichen Mutterschaft, sondern muss vom Wunschvater anerkannt oder vom Gericht in einem Feststellungsverfahren angeordnet werden. Als Konsequenz können Wunscheltern, die zur Erfüllung ihres Kindeswunsches im Wege der Ersatzmutterschaft ins Ausland gehen oder einen Arzt in Deutschland von ihrem Vorhaben überzeugen können, zumindest teilweise die Elternschaft des Kindes übertragen bekommen. Der genetische Vater kann in einem solchen Fall die Vaterschaft anerkennen[264].

4. Die Erlangung der rechtlichen Elternschaft im Wege der Adoption als Alternative

a) Die Adoption bei Austragung des Kindes in einer bestehenden Ehe der Tragemutter

Gebärt die Tragemutter das Kind, ist sie unabhängig davon, ob sie zum Geburtszeitpunkt verheiratet oder ledig ist, gemäß § 1591 BGB die rechtliche Mutter[265]. Aufgrund der Unanfechtbarkeit dieser Zuordnung besteht nach Geburt des Kindes keine verwandtschaftliche Beziehung zwischen dem Kind und der genetischen

263 *Coester*, FS Jayme, S. 1243, 1248.
264 So in OLG Düsseldorf, Beschl. v. 26.4.2013 – I – 3 Wx 211/12.
265 *Harder*, JuS 1986, 505, 510; *Schumacher*, FamRZ 1987, 313, 321.

Wunschmutter[266]. Die Ehe dient gemäß §§ 1592 Nr. 1, 1593 BGB für die Zuordnung des Vaters als Anknüpfungspunkt. Insbesondere durch ihren Publizitätscharakter schafft sie klare Rechtsverhältnisse[267]. Vater des Kindes nach dessen Geburt ist somit der Ehemann der Ersatzmutter[268]. Kommt es zu keiner Anfechtung[269], besteht für die Wunscheltern zur Erlangung der rechtlichen Mutter- bzw. Vaterschaft die Möglichkeit der gemeinsamen Adoption gemäß § 1741 Abs. 2 S. 2 BGB[270]. Zu den Voraussetzungen einer gemeinsamen Adoption gemäß § 1741 Abs. 2 S. 2 BGB gehört das Vorliegen der erforderlichen Einwilligungen. Zum einen muss gemäß § 1746 Abs. 1 S. 1, 2 iVm.

§ 104 Nr. 2 BGB die Einwilligung des Kindes in Form der Einwilligung seines gesetzlichen Vertreters[271] sowie zum anderen gemäß § 1747 BGB die Einwilligung der Tragemutter und des rechtlichen Vaters vorliegen[272]. Schließlich muss gemäß § 1752 Abs. 1 BGB das Familiengericht die Kindesannahme beschließen[273]. Die andere Möglichkeit besteht in der gemeinsamen Adoption durch die Wunscheltern gemäß § 1742 BGB.

b) Die Adoption bei Austragung des Kindes von einer nichtverheirateten Ersatzmutter

Wird das Kind von einer nichtverheirateten Ersatzmutter ausgetragen, ist für den Wunschvater zur Erlangung der rechtlichen Vaterschaft eine Adoption nicht erforderlich. Einen einfacheren und gängigeren Weg stellt die Anerkennung gemäß §§ 1592 Nr. 2, 1594 ff. BGB oder die gerichtliche Feststellung gemäß §§ 1592 Nr. 3, 1600 d BGB dar[274], wobei in Tragemutterschaftskonstellationen regelmäßig eher eine Anerkennung durch den Wunschvater als eine gerichtliche Feststellung zu erwarten ist[275].

Das Sorgerecht erlangt der Wunschvater jedoch nicht lediglich durch die Anerkennung oder die Feststellung der Vaterschaft. Vielmehr muss gemäß §§ 1626 a Abs. 2, 1672 Abs. 1 BGB eine Übertragung der Alleinsorge durch das Familiengericht

---

266 *Quantius*, FamRZ 1998, 1145, 1151.
267 *Schumacher*, FamRZ 1987, 313, 322.
268 Staudinger/*Rauscher*, Anh. zu § 1592, Rn. 20.
269 Hat der Ehemann der heterologen Insemination mit der Spermazelle des Wunschvaters zugestimmt, ist sein Anfechtungsrecht sowie das der Tragemutter nach § 1600 Abs. 5 BGB ohnehin ausgeschlossen.
270 *Coester*, FS Jayme, S. 1243, 1249; *Harder*, JuS 1986, 505, 511; *Coester-Waltjen*, Jura 1987, 629, 632.
271 Staudinger/*Frank*, § 1746, Rn. 5.
272 Jauernig/*Berger/Mansel*, § 1750, Rn. 10.
273 Jauernig/*Berger/Mansel*, § 1752, Rn. 1; Soergel/*Liermann*, § 1752, Rn. 1.
274 Staudinger/*Rauscher*, Anh. § 1592, Rn. 19; so auch OVG Berlin-Brandenburg, Beschl. v. 06.07.2011 – OVG 5 S 13/11, BeckRS 2011, 54132.
275 *Coester*, FS Jayme, S. 1243, 1250.

erfolgen. Eine solche bedingt die Einholung der Zustimmung der Ersatzmutter[276]. Unwahrscheinlich ist in Fällen der Ersatzmutterschaft, dass von Ersatzmutter und rechtlichem Vater die Ausübung eines gemeinsamen Sorgerechts gemäß § 1626 a Abs. 1 Nr. 1 BGB beantragt wird[277].

Da die rechtliche Mutterschaft gemäß § 1591 BGB der Ersatzmutter zugeordnet wird und der Grundsatz sowohl nach dem Wortlaut als auch nach dem eindeutigen Willen des Gesetzgebers[278] unanfechtbar[279] ist, bleibt der Wunschmutter der Weg der Anerkennung bzw. der gerichtlichen Feststellung zur Erlangung der rechtlichen Mutterschaft verschlossen[280]. Aus den gleichen Gründen ist eine analoge Anwendung der Vorschriften über die Anfechtung der Vaterschaft abzulehnen[281].

Die Wunschmutter ist nach der Erlangung der rechtlichen Vaterschaft des Wunschvaters als seine Ehefrau gemäß § 1590 Abs. 1 S. 1 BGB mit dem Kind verschwägert[282]. Zwischen der Wunschmutter als Stiefmutter und dem Kind bestehen jedoch geringere Rechtswirkungen als zwischen einer rechtlichen Mutter und dem Kind[283]. So kommt im Verhältnis zwischen genetischer Wunschmutter und Kind weder das gesetzliche Erbrecht zur Anwendung noch hat das Kind etwaige gesetzliche Unterhaltsansprüche, die es der Wunschmutter gegenüber geltend machen könnte[284]. Steht dem rechtlichen Wunschvater das alleinige Sorgerecht zu, besteht die Möglichkeit der Einräumung eines Mitentscheidungsrechts gemäß § 1687 b BGB zugunsten der Wunschmutter als Ehefrau des rechtlichen Vaters des Kindes. Die Wunschmutter kann auf diese Weise das sog. „kleine Sorgerecht" erlangen[285]. In der Regel wird der Wunschmutter dieses „kleine Sorgerecht", welches lediglich zur „Mitentscheidung in Angelegenheiten des täglichen Lebens des Kindes" berechtigt, nicht ausreichen, da diese Befugnisse gemäß § 1687 b Abs. 4 BGB enden, sobald sich der rechtliche Vater und die Stiefmutter sich nicht nur vorübergehend trennen[286].

---

276 MüKo/*Wellenhofer,* § 1626 a, Rn. 29.

277 Bamberger/Roth/*Veit,* § 1626 a, Rn. 4; *Coester,* FS Jayme, S. 1443, 1250.

278 Entwurf BT-Drucks. 13/4899, 82.

279 *Gaul* spricht sich für ein Anfechtungsrecht der Mutterschaft durch die Tragemutter aus (*Gaul,* FamRZ 1997, 1441, 1463). Ähnlich *Coester-Waltjen,* FamRZ 1992, 369, 371. Anderer Ansicht: *Coester-Waltjen,* FamRZ, 1984, 233 (Dieser Meinungswechsel ist vermutlich darauf zurückzuführen, dass im Jahr 1983 weder das ESchG noch das AdVermiG sich mit der Ersatzmutterschaft befassten). *Kollhosser,* JA 1985, 553, 556.

280 Staudinger/*Rauscher,* § 1591, Rn. 16.

281 MüKo/*Wellenhofer,* § 1591, Rn. 14; Staudinger/*Rauscher* § 1591, Rn. 16; *Quantius,* FamRZ 1998, 1145, 1151; *Harder,* JuS 1986, 505, 510.

282 Erman/*Hammermann,* § 1590, Rn. 1.

283 Hk-BGB/*Kemper,* § 1590, Rn. 3; MüKo/*Maurer,* § 1741, Rn. 40.

284 Bamberger/Roth/*Hahn,* § 1590, Rn. 5.

285 Bamberger/Roth/*Veit,* § 1687 b, Rn. 2 f.

286 Bamberger/Roth/*Veit,* § 1687 b, Rn. 12.

Zu einem rechtlich günstigeren Ergebnis für die Wunscheltern führt die Stiefkindadoption gemäß 1741 Abs. 2 S. 3 BGB seitens der Wunschmutter[287]. Notwendige Voraussetzungen für die Stiefkindadoption sind zum einen die Einwilligung beider rechtlicher Eltern, somit die der Tragemutter und des Wunschvaters nach Erlangung der rechtlichen Vaterschaft, und zum anderen die Bejahung nach Prüfung der Gewährleistung des Kindeswohls gemäß § 1741 Abs. S. 1 BGB[288]. Auch bei dieser Konstellation können sich die Wunscheltern für einen Antrag auf eine gemeinsame Adoption nach § 1741 Abs. 2 BGB entscheiden.

c) Adoption durch die Partner einer Lebensgemeinschaft nach dem LPartG

Die Adoption durch die Partner einer Lebensgemeinschaft ist weder durch das LPartG noch im BGB geregelt[289]. Da § 9 Abs. 7 S. 2 LPartG nicht auf den § 1742 BGB verweist, sind die Partner einer eingetragenen Lebensgemeinschaft hinsichtlich einer Adoption nicht mit Partnern einer ehelichen Lebensgemeinschaft gemäß § 1353 BGB gleichgestellt[290]. Weiterhin lässt sich dem eindeutigen Wortlaut des § 1741 Abs. 2 S. 2 BGB entnehmen, dass die gemeinschaftliche Adoption den Ehegatten einer ehelichen Lebensgemeinschaft vorbehalten ist[291]. Bei der Adoption von eingetragenen Lebenspartnern ist somit zwischen der gemeinschaftlichen Adoption und der Einzeladoption zu unterscheiden. Eine Einzeladoption ist in der Ausgestaltung rechtlich möglich, dass entweder ein Partner gemäß § 9 Abs. 7 LPartG das Kind seines Lebenspartners adoptiert[292] oder ein Kind allein adoptiert[293]. Dass dieses adoptierte Kind anschließend vom anderen Lebenspartner angenommen wird, verhindert der fehlende Verweis auf § 1742 BGB durch das LPartG[294].

---

287 *Coester*, FS Jayme, S. 1243, 1250; Staudinger/*Frank*, § 1441, Rn. 59.

288 Staudinger/*Frank*, § 1741, Rn. 48.

289 MüKo/*Maurer*, § 1741, Rn. 49.

290 MüKo/*Maurer*, § 1742, Rn. 13.

291 Staudinger/*Frank*, § 1741, Rn. 56.

292 Durch das Gesetz zur Überarbeitung des Lebenspartnerschaftsrechts v. 15.12.2004 (BGBl. I S. 3396) ergänzt worden; MüKo/*Maurer*, § 1741, Rn. 49.

293 So auch das LG Frankfurt a.M., Beschl. v. 03.08. 2012–2-09 T 50/11. Das Gericht hat der Stiefkindadoption durch den einen Lebenspartner zugestimmt, nachdem dem anderen Lebenspartner die rechtliche Vaterschaft für ein im Rahmen einer Ersatzmutterschaft geborenes Kind vom Familiengericht Baltimore zugesprochen wurde.

294 Mit der Entscheidung des Nr. 442 EGMR, Große Kammer, Urt. v. 22.01.2008 – Beschwerde Nr. 43546/02: E. B../. Frankreich, FamRZ 2008, 845 wurde die Genehmigungsverweigerung aufgrund der sexuellen Orientierung für unzulässig erklärt. Eine Ablehnung des Adoptionsantrages mit dem Verweis auf das „kleine Sorgerecht" erfolgte durch das AG Düsseldorf, Beschl. v. 19.11.2010–96 XVI 21/09. Dieser Beschluss wurde vom LG Düsseldorf mit Beschl. v. 15.03.2012–25 T 758/10 abgeändert. Die Adoption wurde nach § 9 Abs. 7 LPartG, §§ 1754 Abs. 1, 3, 1755 Abs. 2 BGB ausgesprochen.

Eine neue Entwicklung zeichnet sich mit der Entscheidung des Bundesverfassungsgerichts zur Sukzessivadoption durch Partner einer eingetragenen Lebenspartnerschaft ab. Das Bundesverfassungsgericht hat das Verbot der Sukzessivadoption durch eingetragene Lebenspartner, das sich aus § 9 Abs. 7 LPartG ergibt, für verfassungswidrig erklärt und den Gesetzgeber aufgerufen, eine Änderung des Gesetzes vorzunehmen[295]. Damit wird es zeitnah rechtlich möglich sein, dass ein Partner ein Kind annehmen kann, welches anschließend auch vom anderen Partner einer eingetragenen Lebenspartnerschaft angenommen werden kann.

d) Zwischenergebnis

Die Adoption stellt für die ungewollt kinderlosen Ehepaare und Partner einer eingetragenen Lebenspartnerschaft den einzigen rechtlichen Weg zur Erlangung der rechtlichen Elternschaft für ein Kind dar, wenn eine Zuordnung des Kindes nicht stattfinden kann.

Das Bundesverfassungsgericht hat mit seiner Entscheidung zur Sukzessivadoption (§ 1742 BGB) durch eingetragene Lebenspartner einen weiteren bedeutenden Beitrag auf dem Weg zur Gleichstellung von homosexuellen Lebenspartnern geleistet. Eingetragene Lebenspartner können in Zukunft ein Kind, das weder mit dem einen noch mit dem anderen Partner genetisch verwandt ist, sukzessiv annehmen. Es ist nur noch eine Frage der Zeit, bis Partnern einer eingetragenen Lebenspartnerschaft das Recht zur Volladoption gesetzlich eingeräumt wird.

e) Etwaige Adoptionshindernisse

aa) Eine Bewertung der Ersatzmutterschaftsvereinbarung im Rahmen der Kindeswohlprüfung in der Rechtsprechung

Damit das Gericht gemäß § 1752 Abs. 1 BGB den Beschluss über die Adoption des Kindes durch die Wunscheltern fassen kann, hat es zusätzlich zum Vorliegen der erforderlichen Einwilligungen gemäß § 1741 Abs. 1 S. 1 BGB zu prüfen, ob die Adoption dem Kindeswohl dienlich ist und ob die Entstehung eines Eltern-Kind-Verhältnisses prognostiziert werden kann[296]. Hinsichtlich der Frage, ob die Vereinbarung einer Ersatzmutterschaft bei der Bewertung des Kindeswohls negativ ins Gewicht fällt, liegen die unterschiedlichsten Ansichten vor[297]. Es gibt Stimmen, die sich kritisch zur Annahme des Kindeswohls und der Überzeugung von der Entstehung einer Eltern- Kind-Beziehung äußern[298].

---

295 BVerfG, Urt. v. 19.02. 2013–1 BvL 1/11, 1 BvR 3247/09, NJW 2013, 847.

296 Jauernig/*Berger/Mansel*, § 1750, Rn. 2, 4; vgl. zum Kindeswohlbegriff in Verbindung mit Ersatzmutterschaften: *Diel*, S. 98 ff., 47 ff.

297 *Coester*, FS Jayme, S. 1243, 1249; hierauf hingewiesen wurde auch schon vom OLG Hamm, Beschl. v. 02.12. 1985–11 W 18/85, FamRZ 1986, 159, 161.

298 MüKo/*Maurer*, § 1741, Rn. 25; ähnlich *Benicke*, StAZ 2013, 101, 111; *Engel*, ZEuP 2014, 538, 557 ff.

Die Bedenken bestehen jedoch meist in den Fällen der Ersatzmutterschaft, in denen die genetische Beziehung entweder nur zum Wunschvater oder überhaupt keine genetische Verwandtschaft zwischen Kind und den zur Adoption willigen Wunscheltern gegeben ist. Dem Kind steht gemäß § 61 Abs. 2 Personenstandsgesetz das Recht auf Einsicht in die Personenstandsbücher zu, was dazu führen könnte, dass es später bei Kenntniserlangung sich als Objekt behandelt fühlen könnte.

Weiterhin wird angeführt, dass durch eine bloße Blutsverwandtschaft zum Vater bei einer Einzeladoption durch die genetisch mit dem Kind nicht verwandte Wunschmutter das Kind einer ähnlich schwierigen Situation wie bei einer Stiefkindadoption ausgesetzt sein würde[299].

Eine vor der Geburt des Kindes vereinbarte Abgabe des Kindes wird zwar einheitlich als sittenwidrig gemäß § 138 BGB angesehen, weshalb die Ersatzmutterschaftsvereinbarung zu keiner Verpflichtung der Ersatzmutter zur Abgabe des Kindes nach der Geburt führen kann[300], doch stünde eine solche Vereinbarung nicht im Widerspruch zum Kindeswohl. Vielmehr bezeugten der Vertrag und die mit der Tragemutterschaft verbundenen Bemühungen und Kosten, dass es sich um ein Wunschkind handele. Die genetische Abstammung des Kindes von den Wunscheltern bekräftige zusätzlich die Erwartung, dass sich ein Eltern-Kind-Verhältnis entwickele. Entscheidend sei die Erhaltung bzw. Förderung des Kindeswohls[301].

---

299 OLG Hamm Beschl. v. 02.12. 1985–11 W 18/85, FamRZ 1986, 159, 161; AG Hamm, Beschl. v. 22.02.2011 – XVI 192/08 = Becks RS 2011, 25140; Ablehnung des Kindeswohls vom AG Düsseldorf, Beschl. vom 19.11.2010 - XVI 21/09. Dieser Beschluss wurde jedoch vom LG Düsseldorf mit Beschluss v. 15.03.2012–25 T 758/10 aufgehoben. Bei der Frage nach der Erforderlichkeit der Adoption für das Kindeswohl sei auf den Einzelfall abzustellen. Hierbei erfolgt vom Gericht der Verweis auf BT–Drucks. 13/8511, 75. Der Zivilkammer erschien es trotz der Vereinbarung der Ersatzmutterschaft als ungerecht, die Kinder einem rechtlich nicht abgesicherten Status auszusetzen und trotz Vorliegen der „tiefen Verbundenheit“ zwischen Wunschvätern und Kindern die Adoption zu verweigern. Bei der Prüfung des Kindeswohls sei ferner eine Zukunftsprognose vorzunehmen. Das AG Düsseldorf hätte zum einen verkannt, dass das „kleine Sorgerecht“ (§ 1687 b BGB) nicht ausreichend der „umfassenden Für- und Vorsorge“ der Kinder dienen könne. Zum anderen dürften die Kinder nicht dafür bestraft werden, dass ihre Geburt auf einer sittenwidrigen Ersatzmutterschaftvereinbarung beruht. Ähnlich sieht es *Friederici* in der Anm. zum AG Hamm, Beschl. v. 22.02.2011 – XVI 192/08, FamRZ 2011, 551; JurisPK – BGB/*Heiderhoff*, § 1741, Rn. 18; MüKo/*Maurer*, § 1741, Rn. 25.

300 *Coester*, FS Jayme, S. 1243, 1249.

301 Erman/*Saar*, § 1741, Rn. 13; Staudinger/*Frank* § 1741, Rn. 35; *Coester-Waltjen*, FamRZ 1992, 369, 371; AG Gütersloh, Beschl. v. 17. 12. 1985–5 XVI 7/85, 719.

bb) § 1741 Abs. 1 S. 2 BGB als Adoptionshindernis

Zu einem negativen Familiengerichtsbeschluss gemäß § 1752 Abs. 1 BGB könnte § 1741 Abs. 1 S. 2 BGB führen[302]. Dieser Satz wurde in § 1741 Abs. 1 BGB im Rahmen der Kindschaftsrechtsreform von 1997 eingefügt[303]. Die Regelung erschwert eine Adoption, wenn eine Mitwirkung an einer gesetzes- oder sittenwidrigen Vermittlung oder Verbringung zum Zwecke der Adoption des Kindes vorliegt oder ein Dritter damit „beauftragt oder belohnt" wird[304], indem nicht nur die Förderung des Kindeswohls durch die Adoption zu prüfen ist. Vielmehr muss das Familiengericht zu der Überzeugung gelangen, dass die Adoption für das Wohl des Kindes erforderlich und somit das Kindeswohl durch Versagung der Adoption bedroht ist[305].

Mit Einfügen dieser Regelung wollte der Gesetzgeber einerseits Forderungen der Praxis nach Normen, die dem Kindeshandel präventiv entgegenwirken, gerecht werden. Andererseits sollte die Möglichkeit gegeben werden, auch in solchen Fällen des gesetzes- und sittenwidrigen Handels einer Adoption zur Verwirklichung des Kindeswohls und unter Berücksichtigung der Einzelfallumstände stattzugeben[306].

Liegt die Vermittlung der Tragemutterschaft, das Verbringen des Kindes von der Tragemutter zu den Wunscheltern, die Beauftragung und Belohnung zur Vornahme dieser Handlungen vor, so greift § 1741 Abs. 1 S. 2 BGB im Rahmen der Kindeswohlprüfung ein[307], weshalb die Prüfung der Erforderlichkeit zu erfolgen hat.

Ob die Adoption des Kindes durch die Annehmenden erforderlich ist, ist nach den Einzelfallumständen zu beurteilen. Einen wesentlichen Aspekt der Erforderlichkeitsprüfung stellt die Frage dar, ob sich zwischen dem Kind und den Annahmewil-

---

302 Nach *Diel* handele es sich bei der Anwendbarkeit von § 1741 Abs. 1 S. 2 BGB auf Ersatzmutterschaften um die herrschende Ansicht (*Diel*, S. 100).

303 Staudinger/*Frank*, § 1741, Rn. 29.

304 Zur verfehlten Formulierung der Norm vgl.: *Gernhuber/Coester-Waltjen*, § 68 IV, Rn. 36.

305 Erman/*Saar*, § 1741 Abs. 1, Rn. 13; Hk-BGB/*Kemper*, § 1741, Rn. 5; BT-Drucks. 13/8511, 72, 75.

306 BT-Drucks. 13/8511, 72, 75.

307 So AG Hamm, Beschl. v. 22.2.2011 – XVI 192/08 = Becks RS 2011, 25140; AG Düsseldorf, Beschl. v. 19.11.2010–96 XVI 21/09, welches beim Ersatzmutterschaftsvertrag einen Verstoß gegen § 1 Abs. 1 Nr. 2 und Nr. 7 ESchG annimmt; Staudinger/*Frank*, § 1741, Rn. 34, Soergel/*Liermann*, § 1741, Rn. 34; anderer Ansicht: Bamberger/Roth/*Enders*, § 1741, Rn. 25 f., für den die Vermittlung einer Ersatzmutterschaft weder gegen § 1 S. 3 AdVermiG noch gegen die Vorschriften des ESchG verstößt; ebenfalls sieht das LG Frankfurt a. M. im Beschl. v. 03.08. 2012, T 50/11 den Ersatzmutterschaftsvertrag als von § 1741 Abs. 1 S. 2 BGB nicht erfasst; Die Frage der Erfassung von § 1741 Abs. 1 S. 2 BGB hält offen: *Gernhuber/Coester-Waltjen*, § 68 IV, Rn. 36.

ligen (Wunscheltern) bereits eine intensive Eltern-Kind-Beziehung entwickelt hat, weil sich etwa das Kind seit der Geburt in Obhut der Wunscheltern befindet[308]. Die Rückführung des Kindes zur Tragemutter oder die Adoption durch andere Dritte muss für die Wahrung des Kindeswohls abträglich sein[309]. Durch das Abstellen auf den Einzelfall wird dem Gericht selbst im Fall der Annahme der Sittenwidrigkeit des Tragemutterschaftsvertrages der Raum zur am Kindeswohl orientierten Entscheidung gewährt[310].

f) Kritische Stellungnahme

aa) Die Adoption bei heterosexuellen Paaren

Grundsätzlich stellt die Adoption eines Kindes eine bewährte Lösung für ungewollt kinderlose Paare dar. Die Gründe, warum sich Wunscheltern dennoch für die Ersatzmutterschaft zumeist im Ausland entscheiden, sind vielfältig. Häufig sind es die langen Wartelisten, das fortgeschrittene Alter der Wunscheltern oder der Wunsch nach einem Kind, das mit ihnen genetisch verwandt ist[311]. Teilweise zieht sich ein Adoptionsverfahren über Jahre hin, was für ungewollt kinderlose Paare nervenaufreibend ist. Mithin ist eine Adoption nicht immer ein Instrument, das bei ungewollter Kinderlosigkeit Abhilfe schafft. Adoption im Zusammenhang mit Ersatzmutterschaften erweist sich nach der gegenwärtigen Rechtslage aufgrund der strafrechtlichen Sanktionierung und der Sittenwidrigkeit als ein schwieriges Unterfangen.

bb) Die Adoption bei homosexuellen Paaren

Für homosexuelle Partner war bis zum Urteil des Bundesverfassungsgerichts zur Sukzessivadoption durch eingetragene Lebenspartner eine Adoption eines fremden Kindes rechtlich nicht möglich[312]. Aufgrund der bis dahin rechtlich untersagten Adoption eines fremden Kindes und des großen Kinderwunsches vieler männlicher homosexueller Partner kommt nach *Hertling* für 55,9 % der Paare mit Kinderwunsch neben der Adoption auch eine Ersatzmutterschaft zur Erfüllung des Kinderwunsches in Betracht[313].

---

308 BT-Drucks. 13/8511, 75; Bamberger/Roth/*Enders*, § 1741, Rn. 27; Ähnlich *Kaiser*, FS Brudermüller, S. 367, 361.

309 MüKo/*Maurer*, § 1741, Rn. 36; Erman/*Saar*, § 1741, Rn. 15.

310 So auch AG Hamm, Beschl. v. 22.02.2011 – XVI 192/08 = BeckRS 2011, 25140; *Giesen*, Anm. zu C. Re, The Times 15 January (1985) 15. Fam. Law, 191, 1 C. L. 454 a 8 C. L. 211 (High Court, Familiy Division, Justice Latey), JZ 1985, 1055, 1055; Bamberger/Roth/*Enders*, § 1741, Rn. 26.

311 *Van den Akker*, Human Reproduction Update, Vol. 13, 2007, 53, 55 f.

312 Kritisiert wurde dieses Verbot unter Anderem von *Kreß*, ZRP 2012, 234, 235.

313 *Hertling*, S. 295.

cc) Vergleichbarkeit der Adoption mit der Ersatzmutterschaft

Beim direkten Vergleich von Adoption und Ersatzmutterschaft stellt sich die Frage, welche Unterschiede für die grundverschiedene Haltung des Gesetzgebers maßgeblich sein könnten. Besonders die restriktive Handhabung bei der altruistischen Ersatzmutterschaft wirft angesichts der rechtlich erlaubten Adoption Fragen auf. Sowohl bei altruistischer Ersatzmutterschaft als auch bei einer Kindesadoption wird das Kind anstatt von der austragenden Mutter von einer anderen Frau erzogen. Austragende Mutter und soziale Mutter fallen in beiden Fällen auseinander. Bei der Ersatzmutterschaft ist die soziale Mutter häufig mit dem Kind ebenfalls genetisch verwandt. Aus welchem Grund sieht der deutsche Gesetzgeber eine Korrekturmöglichkeit hinsichtlich der rechtlichen Mutterschaft zugunsten der Adoptivmutter vor, nicht aber zugunsten der Wunschmutter bei Beauftragung einer altruistisch handelnden Ersatzmutter?

Festzuhalten ist, dass es der Intention des Gesetzgebers entspricht, soweit wie möglich, ein Auseinanderfallen der Mutterschaft aus Kindeswohlgründen rechtlich zu unterbinden. Bei der Adoption wird die Entscheidung zur Übertragung der Elternschaft erst nach der Geburt bzw. nach Entstehung des Embryos getroffen. Die Gründe für die Entscheidung zur Freigabe des Kindes variieren[314]. Gemeinsam ist allen Fällen der Umstand, dass das Kindeswohl bereits gefährdet ist und ein Auseinanderfallen aufgrund dessen in Kauf genommen wird.

Bei der Ersatzmutterschaft wird der Wille zur Abgabe des Kindes nach der Geburt schon vor Entstehung des Embryos gefasst. Eine Spaltung der Mutterschaft ist vorprogrammiert. Durch die rechtliche Erschwerung der Ersatzmutterschaft kann dem Auseinanderfallen von vornherein Einhalt geboten werden[315].

g) Ergebnis

Die Adoption erweist sich nicht für alle Paare mit unerfülltem Kinderwunsch als das richtige Alternativmodell zu Ersatzmutterschaften[316]. Für einige Paare ist die genetische Verbindung zum Kind von überragender Bedeutung. Für andere besteht faktisch aufgrund der restriktiven Gesetze in Deutschland oder der langen Warteliste für Adoptionsinteressierte nicht die Möglichkeit zur Erlangung der Elternschaft. Denkbar wäre allenfalls, dass Ersatzmutterschaften gegenwärtig in Deutschland vereinbart würden, ohne dass diese öffentlich bekannt werden. Vordergründig könnte eine Adoption angemeldet werden.

Ungewollt kinderlosen Eltern mit dem Wunsch nach einem genetisch mit ihnen verwandten Kind sollte es gestattet werden, die Ersatzmutterschaft in Form der Tragemutterschaft in Betracht zu ziehen.

---

314 *Zingeler*, S. 29.

315 Eine zutreffende Beschreibung gibt *Wetz*: „Im Unterschied zur Adoption geht es bei der künstlichen Befruchtung selbstverständlich nicht darum, elternlose Kinder, sondern kinderlose Eltern zu versorgen!“ (*Wetz*, S. 158).

316 Ähnlich: *Mayer*, RabelsZ 78, 2014, 551, 586.

IV. Der Status eines im Ausland geborenen Kindes im Rahmen einer Ersatzmutterschaft

1. Die Anerkennung der Elternschaft der Wunscheltern durch ein ausländisches Gericht – §§ 108 f. FamFG

Wurde ein Kind im Ausland von einer ausländischen Ersatzmutter zur Welt gebracht und anschließend von einem Gericht im jeweiligen Land statusrechtlich den deutschen Wunscheltern zugeordnet, stellt sich die Frage, ob eine verfahrensrechtliche Anerkennung der ausländischen Gerichtsentscheidung gemäß §§ 108 f. FamFG stattfinden kann[317]. Grundsätzlich anerkennungsfähig sind dabei alle Entscheidungen, die rechtskräftig sind und von einem staatlichen Organ im Ausland getroffen wurden. Bei dem Organ hat es sich um ein weisungsfreies zu handeln[318]. Einem Antrag auf Anerkennung kann nicht stattgegeben werden, wenn durch die ausländische Entscheidung ein Verstoß gegen den deutschen ordre public gemäß Art. 6 EGBGB gegeben ist[319]. Dies ergibt sich aus § 109 Abs. 1 Nr. 4 FamFG. Hierbei bedarf es eines Verstoßes, der von bedeutendem Gewicht ist und sich gegen „wesentliche Grundsätze des deutschen Rechts" richtet[320]. Soweit ein Inlandsbezug der Entscheidung vorliegt, ist auf die Wertevorstellungen in Deutschland abzustellen[321].

Die Annahme eines solchen Verstoßes gegen den deutschen „ordre public", die in der Regel zu einem Scheitern der verfahrensrechtlichen Anerkennung der gerichtlich entschiedenen Elternstellung der Wunscheltern führt, wird kontrovers diskutiert und in der gerichtlichen Praxis bislang unterschiedlich entschieden.

Das KG Berlin hatte über ein Urteil des Superior Court of the State of California zu entscheiden, durch welches die rechtliche Elternschaft der deutschen eingetragenen Lebenspartner feststellt wurde. Bei einem der Partner handelte es sich zugleich um den genetischen Vater des Kindes, der vor dem Generalkonsulat in San Francisco die Vaterschaft unter Zustimmung der Ersatzmutter anerkannte. Während das KG die Anerkennung der Vaterschaft des genetischen Wunschvaters für vereinbar mit dem ordre public ansah, nahm es beim zweiten Elternteil einen Verstoß gegen wesentliche Grundsätze des deutschen Rechts an, da diese Zuordnung sich aus dem Ersatzmutterschaftsvertrag ergeben würde. Da der deutsche Gesetzgeber sich gegen die Zulassung von Ersatzmutterschaften entschieden habe und zu den wesentlichen Grundsätzen des deutschen Rechts die Regelung des § 1591 BGB ge-

---

317 Zu den Voraussetzungen der Anerkennungszuständigkeit vgl.: *Benicke*, StAZ 2013, 105; *Mayer*, RabelsZ 78, 2014, 551, 570 ff.; Zur verfahrensrechtlichen Anerkennung bei im Ausland durchgeführten Ersatzmutterschaften vgl.: *Duden*, StAZ 2013, 164 ff.

318 *Nagel/Gottwald*, § 12, Rn. 138, 142; Bassenge/Roth/*Althammer*, FamFG, § 108, Rn. 3 f.

319 *Bork/Jacoby/Schwab*, § 19, Rn. 15; Bassenge/Roth/*Althammer*, FamFG, § 109, Rn. 5.

320 MüKo/*Rauscher*, FamFG, § 109, Rn. 37.

321 Keidel/*Zimmermann*, FamFG, § 109, Rn. 18.

höre, sei ein solches Ergebnis nicht tragbar[322]. Teilweise findet diese Auffassung unter Bezugnahme auf eine nicht erkennbare Beeinträchtigung des Kindes durch die Nichtanerkennung Zuspruch. Allein dieser Lösungsansatz werde dem Willen des Gesetzgebers, Ersatzmutterschaften zu verhindern, gerecht[323]. Weiterhin sei dem generalpräventiven Aspekt der Vorrang zu gewähren, da befürchtet wird, dass das Ersatzmutterschaftverbot ansonsten überflüssig werden könnte und der Fortpflanzungstourismus attraktiv werden würde. Es entspräche der Natur generalpräventiver Maßnahmen, dass sie häufig die von den Vorschriften betroffene Gruppe belasten würde. Im Rahmen der Abwägung zwischen dem „individuellen und dem allgemeinen Kindeswohl" sei dem letzteren der Vorrang zu gewähren[324].

Insbesondere in der Literatur stößt die Annahme eines ordre public-Verstoßes angesichts der Konsequenzen eines solches Urteils für das Wohl des konkret betroffenen Kindes auf heftige Kritik. Zum einen wird angeführt, dass die Entscheidung des Gesetzgebers gegen die Zulässigkeit von Ersatzmutterschaften nicht bereits per se den Verstoß gegen den ordre public gemäß

§ 109 Abs. 1 Nr. FamFG im Rahmen von Ersatzmutterschaften begründen könne. Es sei vielmehr geboten, eine Einzelfallabwägung vorzunehmen, bei der dem Kindeswohlaspekt als „Bestandteil des *ordre public*" besondere Beachtung zu schenken sei. Generalpräventive Maßnahmen würden in dem Moment, in dem das Kind im Ausland von einer Ersatzmutter zur Welt gebracht wurde, obsolet werden. Wenn deutsche Gerichte die Anerkennung der ausländischen Gerichte, in denen der Elternstatus der Wunscheltern festgestellt wurde, ablehnen und das Kind aufgrund dessen staatenlos wird[325], bedeute dies eine erhebliche Kindeswohlgefährdung[326]. Eine solche Entscheidung sei wiederum unvereinbar mit dem gesetzgeberischen Willen, das Kindeswohl als „primär maßgebliches Kriterium und Ziel" im Kindschaftsrecht anzusehen[327].

Zugunsten des Kindeswohls hat sich das AG Friedberg entschieden. Der Entscheidung lag der Sachverhalt zugrunde, dass ein deutsches Wunschelternpaar in der Ukraine eine verheiratete Tragemutter beauftragt hatte. Nach der Geburt stellte ein ukrainisches Gericht rechtskräftig die Elternschaft der Wunscheltern fest. Das AG Friedberg sah unter Bezugnahme auf den „Schutz des Kindeswohls" keinen

322 KG Berlin, Beschl. v. 01.08.2013–1 W 413/12, IPRax 2014, 72, 73 f.

323 *Engel*, ZEuP 2014, 538, 559.

324 *Benicke*, StAZ 2014, 101, 111. Eine Ausnahme sollte nach *Benicke* nur dann gemacht werden, wenn der Inlandsbezug gering ausfällt, weil die Wunscheltern weder ihren gewöhnlichen Aufenthaltsort in Deutschland haben noch die deutsche Staatsangehörigkeit besitzen; *Engel*, ZEuP 2014, 538, 558; *Heiderhoff*, NJW 2014, 2673, 2676.

325 Vgl. zu der Bedeutung der Staatenlosigkeit in Ersatzmutterschaftssachverhalten: *Lin*, Cardozo J. Int'l & Comparative L. 2012–2013, 545, 558 ff.

326 *Mayer*, RabelsZ 78, 2014, 551, 571 ff.; *Mayer*, IPRax 2014, 57, 59 f.; *Dethloff*, JZ 2014, 922, 926; *Heiderhoff*, NJW 2014, 2673, 2674.

327 *Mayer*, RabelsZ 78, 2014, 551, 565.

Verstoß gegen § 19 Abs. 1 Nr. 1 FamFG. Es hat richtigerweise erkannt, dass die Wunscheltern sowohl seine genetischen als auch sozialen Eltern sind und eine Nichtanerkennung dem Wunsch des Gesetzgebers nach „Sicherstellung seiner Versorgung" nicht gerecht werden könne[328].

2. Die Anerkennung der Elternschaft der Wunscheltern gemäß Art. 19 Abs. 1 EGBGB

Erfolgt die Elternschaft der Wunscheltern nicht aus einem ausländischen Gerichtsbeschluss, sondern aus einer gesetzlichen Vorschrift, führt dies zur Anwendbarkeit der kollisionsrechtlichen Norm. Art. 19 Abs. 1 EGBGB. In der Regel spielt in der Praxis allein der Anknüpfungspunkt des Art. 19 Abs. 1 S. 1 EGBGB eine Rolle. Danach bestimmt sich die Abstammung eines Kindes grundsätzlich nach dem Recht des Landes, in dem es seinen gewöhnlichen Aufenthalt hat[329]. Zur Bestimmung des gewöhnlichen Aufenthaltes ist auf den Ort, an dem das Kind sich dauerhaft befindet und seine sozialen Beziehungen hat, abzustellen[330]. Die Geburt allein ist als Bestimmungskriterium für den gewöhnlichen Aufenthaltsort nicht ausreichend, wenn das Kind zeitnah nach der Geburt das Geburtsland verlässt[331]. Selbst in Fällen, in denen das Kind seinen gewöhnlichen Aufenthaltsort in einem Land hatte, in dem das jeweilige Gesetz den Wunscheltern die Elternschaft zuwies, haben die deutschen Gerichte bislang die Anwendung der Gesetze unter Bezugnahme auf die Unvereinbarkeit mit dem ordre public gemäß Art. 6 EGBGB abgelehnt. So hat das VG Köln[332] zunächst festgestellt, dass das durch eine indische Leihmutter geborene Kind nach der Einreise nach Israel dort seinen gewöhnlichen Aufenthaltsort hat. Daran ändere die Tatsache, dass der genetisch mit dem Kind verwandte Wunschvater die deutsche Staatsangehörigkeit besitzt, nichts. Weiterhin verdeutlicht das Gericht, dass, selbst wenn nach ausländischem Recht die mit dem Kind genetisch verwandten Wunscheltern diesem durch eine ausländische Gerichtsentscheidung statusrechtlich zugeordnet werden würden, eine solche Regelung aufgrund eines ordre public-Verstoßes unanwendbar wäre[333].

---

328 AG Friedberg, Beschl. v. 01.03.2013–700 F 1142/12, IPRax 2013, 1994, 1995; ähnlich entschieden hat: AG Neuss, Beschl. v. 14.05.2013–45 F 74/13.

329 Zur den weiteren Anknüpfungspunkten des Art. 19 Abs. 1 EGBGB vgl.: *Dethloff*, JZ 2014, 922, 929; *Benicke*, StAZ 2013, 101, 106; *Mayer*, RabelsZ 78, 2014, 551, 579.

330 Der BGH verwendet diesbezüglich die Terminologie des „Daseinsmittelpunktes" (BGH, NJW 1975, 1068).

331 *Benicke*, StAZ 2013, 101, 107 (Fn. 45 f.).

332 VG Köln, Urt. v. 13.11.2013–10 K 2043/12, BeckRS 2013, 58322.

333 Ähnlich das VG Berlin, Beschl. v. 05.09.2012–23 L 283.12, IPRax 2014, 80 f. Im Rahmen dieser Entscheidung lehnt das VG Berlin trotz des sechsmonatigen Aufenthaltes des Kindes in der Ukraine die Annahme des gewöhnlichen Aufenthaltsortes ab. Vgl. vertiefend dazu: *Mayer*, RabelsZ 78, 2014, 551, 580; *Heiderhoff*, NJW 2014, 2673, 2677; *Dethloff*, JZ 2014, 922, 929.

3. *Die Unvereinbarkeit der Annahme eines ordre public-Verstoßes mit Art. 8 EMRK*

Der Europäische Gerichtshof für Menschenrechte hat sich kürzlich in zwei Fällen mit der Frage über die Vereinbarkeit der Nichtanerkennung ausländischer Gerichtsentscheidungen mit Art. 8 EMRK bei Ersatzmutterschaften befasst. Sowohl der Entscheidung „Affaire Mennesson c. France“ als auch der Entscheidung „Affaire Labassée c. France“ lag der folgende Sachverhalt zugrunde: Zwei französische Ehepaare hatten sich für Ersatzmutterschaft in den USA entschieden. Den verheirateten Tragemüttern wurden jeweils mit der Spermazelle des jeweiligen Wunschvaters befruchtete anonym gespendete Eizellen eingepflanzt. Während das Wunschelternpaar Mennesson bereits während der Schwangerschaft der Tragemutter vom Supreme Court California zu den rechtlichen Eltern erklärt wurde, stellte das Tribunal von Minnesota auf Antrag des Wunschvaters Labassée die rechtliche Vaterschaft für das Kind fest und sprach ihm das alleinige Sorgerecht zu. Es erfolgte die Eintragung der Wunscheltern ins Geburtenregister von Kalifornien bzw. von Minnesota. Die Wunschmutter Labassée sah von vornherein davon ab, einen Antrag auf Zuordnung der rechtlichen Mutterschaft zu stellen. In beiden Sachverhalten verzichteten die Tragemütter sowie die jeweiligen Ehemänner auf ihre Elternrechte. In der Folgezeit wurden die Kindern nach Frankreich gebracht. Nachdem die französischen Behörden und Gerichte sowohl die Anerkennung der gerichtlichen Entscheidungen als auch die Transkribierung der in Kalifornien bzw. Minnesota vorgenommenen Eintragungen ins Geburtenregister am französischen ordre public scheitern ließen[334] , entschied die Cour de cassation in der letzten Instanz über die Sachverhalte. Diese befasste sich lediglich mit der Frage der Transkribierung und lehnte diese mit gleicher Entscheidungsbegründung ab[335].

Der EGMR verkündete am 26.06.2014 sein Urteil in der Sache Affaire Mennesson c. France und Affaire Labassée c. France. Die Entscheidungsgründe decken sich[336]. Zunächst verdeutlicht der EGMR, dass grundsätzlich den Gesetzgebern der einzelnen Mitgliedsstaaten ein weiter Ermessensspielraum hinsichtlich der Regelung von Ersatzmutterschaften zustehe. Als Begründung wird insbesondere die moralische Komplexität des Themas angeführt. Zu einer Reduzierung des Ermessensspielraums würden abstammungsrechtliche Fragen führen[337]. Eine Verletzung der Rechte der Wunsch-

334 In der Affaire Labassée c. France wurde am 3.12.2003 vom Tribunal d'instance Tourcoing ein „acte de notoriété“ ausgestellt. Vgl. dazu: EMRK, Beschwerde Nr. 65941/11: Labassée c. France, m. Anm. *Frank*, FamRZ 2014, 1526 f.

335 EGMR, Beschwerde Nr. 65192/11: Mennesson c. France und Beschwerde Nr. 65941/11: Labassée c. France, m. Anm. *Frank*, FamRZ 2014, 1526 ff.; Pressemitteilung des EGMR-Kanzlers in englischer Sprache, FamRZ 2014, 1349 ff.

336 EGMR, Beschwerde Nr. 65192/11: Mennesson c. France und Beschwerde Nr. 65941/11: Labassée c. France, m. Anm. *Frank*, FamRZ 2014, 1525, 1527.

337 EGMR, Beschwerde Nr. 65192/11: Mennesson c. France und Beschwerde Nr. 65941/11: Labassée c. France, m. Anm. *Frank*, FamRZ 2014, 1525, 1525.

eltern aus Art. 8 EMRK auf Achtung ihres Familienlebens wurde aufgrund der Entscheidungen der Cour de Cassation abgelehnt. Zu einem anderen Ergebnis ist der EGMR hinsichtlich der aus Art. 8 EMRK folgenden Rechte der Kinder gekommen. Die Cour de Cassation habe durch Nichtzulassung der Vaterschaftsanerkenntnis oder einer Adoption trotz der genetischen Verbindung „den ihm zustehenden Ermessensspielraum überschritten" und damit das Recht der Kinder auf Achtung des Privatlebens verletzt. Die Entscheidung führe dadurch zu einer erheblichen Beeinträchtigung der Identitätsfindung des Kindes[338]. Da das französische, anders als das deutsche Recht, keine Möglichkeiten zur Herstellung eines Rechtsverhältnisses zwischen dem Kind und den Wunscheltern bei Durchführung einer Ersatzmutterschaft vorsieht, bleibt die Bedeutung dieser EGHR-Entscheidungen für den deutschen Gesetzgeber eingeschränkt[339].

4. Der BGH-Beschluss zur Anerkennung ausländischer Gerichtsentscheidungen

Dass die Annahme eines ordre public-Verstoßes im Ergebenis untragbar ist und das Kindeswohl in einem besonders hohen Maß gefährdet, hat ebenfalls der BGH mit seinem Beschluss vom 10.12.2014 entschieden. Nachdem ihm der bereits erörterte Beschluss des Kammergerichts vom 01.08.2013 vorgelegt wurde[340], hat dieser die Entscheidung aufgehoben. Ein homosexuelles Paar aus Berlin hatte zuvor die Dienste einer Ersatzmutter in Kalifornien in Anspruch genommen. Noch während der Schwangerschaft der Ersatzmutter wurde ihnen auf Antrag durch den kalifornischen Superior Court of the State of California, County Placer die rechtliche Elternschaft zugesprochen. Der biologisch mit dem Kind verbundene Partner erkannte die Vaterschaft für das Kind nach seiner Geburt beim Generalkonsulat in San Francisco an. Die Durchführung der Eintragung ins Geburtenregister wurde vom deutschen Standesamt verweigert[341]. Der BGH hat entschieden, dass das kalifornische Urteil „nach § 108 FamFG in vollem Umfang" anzuerkennen sei, da eine Unvereinbarkeit mit dem ordre public und somit die Voraussetzungen des § 109 Abs. 1 Nr. 4 FamFG weder hinsichtlich der Eintragung des genetisch nicht verwandten Partners noch im Hinblick auf den genetisch mit dem Kind verwandten Partner gegeben seien. Hierbei sei nicht der Maßstab des deutschen, sondern der „großzügigere anerkennungsrechtliche ordre public international" heranzuziehen. Zur Verhinderung „hinkender Rechtsverhältnisse" sei der ordre public- Ver-

338 EGMR, Beschwerde Nr. 65192/11: Mennesson c. France und Beschwerde Nr. 65941/11: Labassée c. France, m. Anm. *Frank*, FamRZ 2014, 1525, 1526; Eine ähnliche Entscheidung hat das VerfGH Wien, Urteil v. EUG 11.10.2012 – B 99/12–8, B 100/12–8 getroffen.

339 EGMR, Beschwerde Nr. 65192/11: Mennesson c. France und Beschwerde Nr. 65941/11: Labassée c. France, m. Anm. *Frank*, FamRZ 2014, 1525, 1527.

340 Vgl. Rn. 321.

341 BGH, Beschl. v. 10.12.2014 – XII ZB 463/13, Rn. 1 ff.

stoß nur in Ausnahmefällen anzunehmen[342]. Ein solcher sei nicht ersichtlich, soweit, wie im vorliegenden Fall, eine genetische Verbindung zwischen mindestens einem Wunschelternteil gegeben ist und die Ersatzmutter auf freiwilliger Basis die Entscheidung zur Ersatzmutterschaft und zur Abgabe des Kindes an die Wunscheltern getroffen hat[343]. Bei Erfüllung dieser Voraussetzungen sei die Verletzung der Grundrechte der Ersatzmutter oder des Kindes durch die Anerkennung der ausländischen Entscheidung abzulehnen. Vielmehr sei das Kindeswohl bei Nichtanerkennung der Entscheidung gefährdet und eine Garantie der ihm aus Art. 2 Abs. 1 iVm. 6 Abs. 2 GG zustehenden Rechte nicht möglich. Da in der Regel bei einer Ersatzmutterschaftsvereinbarung die Wunscheltern diejenigen sind, die die Verantwortung für die gesunde Entwicklung des Kindes übernehmen wollen und die Ersatzmutter aufgrund der ausländischen Gerichtsentscheidung nicht mehr rechtliche Mutter des Kindes ist, ergäbe sich durch die Nichtanerkennung eine Verletzung des Rechts des „Kindes auf die Zuordnung zu beiden Eltern“. Unter Bezugnahme auf die EGMR-Entscheidungen[344] sieht der BGH ebenfalls einen Eingriff in das Recht des Kindes aus Art. 8 Abs. 1 EMRK. Danach werde dem Kind das Recht auf zwei Elternteile zugesprochen[345].

Der BGH hat richtigerweise erkannt, dass generalpräventiven Erwägungen nicht der Vorrang vor dem Einzelschicksal des Kindes, das bereits in eine solche Situation geboren wurde, eingeräumt werden darf, sondern vielmehr das Kindeswohl im konkreten Fall im Mittelpunkt zu stehen hat: „Steht – wie ausgeführt – das Kindeswohl im Mittelpunkt der Betrachtung, so ist stattdessen festzuhalten, dass das Kind auf die Umstände seiner Entstehung keinen Einfluss hat und dafür nicht verantwortlich gemacht werden kann.“[346].

D. Kritische Stellungnahme zur deutschen Rechtslage

I. Fehlende rechtliche Regelung der Ersatzmutterschaft in einem Gesetzbuch

Ein die modernen Reproduktionsmethoden umfassend regelndes Fortpflanzungsmedizingesetz lässt trotz der erlangten Gesetzeskompetenz des Bundes im Jahr 1994 auf sich warten[347]. Die rechtlichen Vorschriften zur Ersatzmutterschaft sind über mehrere Gesetzbücher verteilt. Es fehlt an der Übersichtlichkeit[348]. Inhaltlich besteht ebenfalls dringender Handlungsbedarf des Gesetzgebers.

---

342 BGH, Beschl. v. 10.12.2014 – XII ZB 463/13, Rn. 19 ff.

343 BGH, Beschl. v. 10.12.2014 – XII ZB 463/13, Rn. 34, 49.

344 Vgl.: EGMR, Beschwerde Nr. 65192/11: Mennesson c. France und Beschwerde Nr. 65941/11: Labassée c. France, m. Anm. *Frank*, FamRZ 2014.

345 BGH, Beschl. v. 10.12.2014 – XII ZB 463/13, Rn. 54 ff.

346 BGH, Beschl. v. 10.12.2014 – XII ZB 463/13, Rn. 56.

347 Vortrag *Taupitz* bei der Plenarsitzung des Deutschen Ethikrats am 22.07.2010, abrufbar unter http://www.ethikrat.org/dateien/pdf/praesentation-2010-07-22-taupitz-embryonenschutzgesetz.pdf, zuletzt besucht am 30.10.2014.

348 *Goeldel*, S. 145.

II. Strafrechtliches Verbot: gesellschaftlich überholt

Die gegenwärtige Rechtslage mit dem strafrechtlichen Verbot der Ersatzmutterschaft erscheint angesichts der gesellschaftlichen und rechtlichen Entwicklungen in Deutschland überholt[349]. Seit Inkrafttreten des ESchG sind über 22 Jahre vergangen, in denen sich ein Wertewandel vollzogen hat.

In den letzten Jahrzehnten hat es bereits andere Sachverhalte gegeben, deren Legalisierung über eine lange Zeit undenkbar war. Durch den Vollzug des gesellschaftlichen Wertewandels hat sich der Gesetzgeber letztlich doch für eine Reform entschieden. Hierzu gehört das Gesetz zur Regelung der Rechtsverhältnisse der Prostituierten vom 20.10.2001[350]. Im Jahr 1991 war die Begründung einer wirksamen Forderung durch den Abschluss eines Vertrages über Geschlechtsverkehr gegen Geld (§ 1 ProstG) noch unvorstellbar. Zuvor wurde ein solcher Vertrag wegen Sittenwidrigkeit nach § 138 BGB als pauschal sittenwidrig eingestuft[351]. Die Menschenwürde wurde als verletzt angesehen[352]. Der Gesetzgeber hat seine Haltung jedoch insofern geändert, als er mit dem Erlass des ProstG seine Ablehnung gegenüber der Annahme der pauschalen Sittenwidrigkeitserklärung von Verträgen dieser Art zum Ausdruck brachte[353].

Ebenfalls war damals die eingetragene Lebenspartnerschaft (Lebenspartnerschaftsgesetz) und auch die Adoption eines mit keinem von beiden verwandten Kindes durch eingetragene Lebenspartner, wie sie nun durch die Entscheidung des Bundesverfassungsgerichts zur Sukzessivadoption[354] möglich sein wird, undenkbar[355].

Eine vergleichbare Entwicklung im Bereich der Fortpflanzungsmedizin hat sich hinsichtlich der PID ergeben. Nachdem lange Zeit die Zulässigkeit der PID umstritten war[356] hat der BGH mit seiner Grundsatzentscheidung vom 06.Juli.2010 die PID für rechtlich zulässig erklärt[357].

349 Ähnlich Vortrag *Taupitz* bei der Plenarsitzung des Deutschen Ethikrats am 22.07.2010, abrufbar unter http://www.ethikrat.org/dateien/pdf/praesentation-2010–07-22-taupitz-embryonenschutzgesetz.pdf, zuletzt abgerufen am 30.10.2014.

350 Nachfolgend ProstG genannt.

351 BT-Drucks. 14/5958, 4.

352 Noch im Jahr 1965 hat das BVerwG die Prostitution mit Berufsverbrechern verglichen (BVerwGE 22, 286, 289).

353 BT-Drucks. 14/5958, 4; Zum „Wegfall der Sittenwidrigkeit der Prostitution" vgl. MüKo/*Armbrüster*, § 1 ProstG, Rn. 19.

354 BVerfG, Urt. v. 19.02.20–1 BvL 1/11, 1 BvR 3247/09, NJW 2013, 847.

355 Ein eheähnliches Institut wie die eingetragene Lebenspartnerschaft nach dem LPartG wurde erst im Jahr 2001 eingeführt (BT-Drucks. 14/3751, 33).

356 Enquete-Kommission des Deutschen Bundestages, BT-Drucks. 14/9020, Schlussbericht v. 14.05.2002, S. 27 ff. Eine detailliertere Auseinandersetzung mit den unterschiedlichen Ansichten zur PID vor Gesetzeserlass in Laufs/Kern/*Laufs*, § 129 Fortpflanzungs- und Genmedizin, Rn. 35.

357 BGH, Urt. v. 06.07.2010–5 StR 386/09; vertiefend zur PID vgl. *Böckenförde- Wunderlich,* Präimplantationsdiagnostik als Rechtsproblem.

Die Akzeptanz neuer Lebensmodelle hat zugenommen. Sog. Patchwork-Familien sind keine Seltenheit und auch keine gesellschaftlich missachtete Lebensform mehr. Das klassische Familienbild von Mutter, Vater und Kindern und einer ein Leben lang andauernden Ehe stellt nicht mehr das einzige anerkannte Lebensmodell dar[358]. Eine Pluralisierung der Lebensformen ist zunehmend insbesondere in der Altersgruppe zwischen 20 und 35 zu verzeichnen[359].

Die vorausgehende Erörterung verdeutlicht, dass ein einst moralisch bedenklicher Sachverhalt nicht ewig für rechtlich unzulässig erklärt werden muss. Vielmehr beweisen die Gesetze zur PID und zur eingetragenen Lebenspartnerschaft, dass langjährig abgelehnte Auffassungen, die vorrangig moralisch und ethisch für unvertretbar gehalten wurden, innerhalb kürzester Zeit aufgrund des sich in der Gesellschaft vollziehenden Wandels rechtliche Anerkennung finden können.

Eine ähnliche Wandlung ist in den kommenden Jahren ebenfalls für die Ersatzmutterschaften denkbar[360]. Die Nachfrage nach Ersatzmutterschaften ist in Deutschland vorhanden. Die Zahl der deutschen Gerichtsentscheidungen, deren Gegenstand eine von deutschen Wunscheltern (sowohl Ehepartner als auch eingetragene Lebenspartner) im Ausland beauftragte Ersatzmutter ist, ist in den letzten Jahren angestiegen. Deutsche Wunscheltern zieht es mit ihrem unerfüllten Kinderwunsch häufig nach Indien[361], in die USA[362] und die Ukraine[363].

III. Die Förderung des globalisierten „Ersatzmutterschaftstourismus“

Der Ersatzmutterschaftstourismus deutscher Wunscheltern ins Ausland birgt Gefahren für das Kindeswohl. Vor allem hinsichtlich der Staatsangehörigkeit des Kindes ergeben

358 *Mathe,* Medizinische Soziologie und Sozialmedizin, S. 140 f.; vgl. Donat/Froböse/Pates/*Donat,* S. 58.

359 Bundeszentrale für politische Bildung, Pluralisierung der Lebensformen: Mehr Vielfalt und kleinere Haushalte, abrufbar unter: http://www.bpb.de/politik/grundfragen/deutsche-verhaeltnisse-eine- sozialkunde/138033/pluralisierung-der-lebensformen, zuletzt abgerufen am 16.10.2013; *Schneider/Limmer/Ruckdeschel,* Mobil, flexibel, gebunden, S. 29.

360 Vortrag *Taupitz* bei der Plenarsitzung des Deutschen Ethikrats am 22.07.2010, abrufbar unter http://www.ethikrat.org/dateien/pdf/praesentation-2010-07-22-taupitz-embryonenschutzgesetz.pdf, zuletzt abgerufen am 30.10.2014.

361 VG Köln, Urt. v. 20.02.2013–10 K 6710/11; OLG Düsseldorf, Beschl. v. 26.04.2013 – I 3 Wx 211/12–3 Wx 211/12 (Vorinstanz: AG Düsseldorf, 28.02.2012/96 III 24/11); OVG Berlin-Brandenburg, Beschl. v. 06.07.2011–5 S 13/11 (Vorinstanz: VG Berlin, Beschl. v. 15.4.2011 23 L 79.11/ 23 l 79/11).

362 OLG Stuttgart, Beschl. v. 07.02.2012–8 W 46/12; LG Frankfurt a. M., Beschl. v. 03.08.2012–2-09 T 50/11; AG Hamm, Beschl. v. 20.02.2011 – XVI 192/08; FG München, Beschl. v. 21.02.2000–16 V 5568/99; KG Berlin, Beschl. v. 1.8.2013–1 W 413/12; VG Berlin, Beschl. v. 05.09.2012–23 L 283/12; LG Düsseldorf, Beschl. v. 15.03.2012–25 T 758/10; AG Düsseldorf, Beschl. v. 19.11.2010–96 XVI 23/09.

363 VG Berlin, Beschl. v. 5.9.2012–23 L 283/12.

sich rechtliche Probleme, wenn deutsche Paare im Ausland sich von einer Ersatzmutter ein Kind austragen und dafür eine ihren Namen tragende Geburtsurkunde ausstellen lassen.

Mit der im Ausland ausgestellten Urkunde stellen die Wunscheltern in der Regel einen Antrag auf Passerteilung beim Deutschen Generalkonsulat im jeweiligen Land. Bei Verdacht auf Vorliegen einer Ersatzmutterschaftsvereinbarung wurde die Ausstellung des deutschen Reisepasses bislang verweigert. Dafür fehle dem Kind die nach § 36 Abs. 1 S. 1 PStG erforderliche Staatsangehörigkeit. Anwendbar ist gemäß Art. 19 Abs. 1 S. 1 EGBGB das deutsche Abstammungsrecht, sofern das Kind bereits nach Deutschland gebracht wurde[364]. Befindet sich das Kind noch im Ausland, ergibt sich aus § 19 Abs. 1 S. 1 EGBGB die Anwendung des ausländischen Rechts[365].

Dem Kind wird die deutsche Staatsangehörigkeit ebenfalls über Art. 19 Abs. 1 S. 2 EGBGB verwehrt. Hierzu müsste ein Elternteil deutscher Staatsangehöriger sein[366].

Am Erwerb der deutschen Staatsangehörigkeit des Kindes durch Geburt nach § 4 Abs. 1 S. 1 StAG fehlt es, da nach dem deutschem Recht die Mutter nach § 1591 BGB die Ersatzmutter ist. Die Vaterschaft kann bei einer verheirateten Ersatzmutter auch nicht durch den deutschen Wunschvater nach § 1592 Nr. 2 BGB anerkannt werden, solange der Ehemann der Ersatzmutter als rechtlicher Vater nicht angefochten hat (§ 1594 Abs. 2 BGB)[367].

Schwierig wird es erst recht, wenn zur Vaterschaftsanerkenntnis die Einwilligung der Ersatzmutter erforderlich ist, jedoch Zweifel darüber bestehen, ob es sich bei der erklärenden Frau tatsächlich um die Ersatzmutter handelt[368].

Das kann verheerende Folgen für das Kind haben. Die gegenwärtige Rechtslage führt in Fällen, in denen das ausländische Recht die Wunscheltern zu den rechtlichen Eltern erklärt, dazu, dass es staatenlos wird.

Der Antrag der Wunscheltern in Deutschland auf Nachbeurkundung der Geburt nach Art. 36 Abs. 1 S. 1 PStG wird von den Standesämtern ebenfalls aufgrund der fehlenden Staatsangehörigkeit abgelehnt. So hat auch das OLG Stuttgart im Fall eines von einer in Kalifornien lebenden Ersatzmutter geborenen Kindes entschieden. In diesem Fall wurde gemäß Art. 19 EGBGB das deutsche Abstammungsrecht für anwendbar erklärt. Danach würden die Voraussetzungen des § 36 Abs. 1 S. 1 EGBGB

---

364 OLG Stuttgart, Beschl. v. 07.02.2012–8 W 46/12 (Die Verfassungsbeschwerde wurde wegen Unzulässigkeit nicht vom BVerfG zur Entscheidung angenommen, BVerfG, Beschl. v. 22.08.2012–1 BvR 573/12); Dazu kritisch *Christoph Benicke* bei der Fachtagung und Mitgliederversammlung der Deutschen Standesbeamtinnen und Standesbeamten e. V. (BDS), die im November 2012 in Bad Salzschlirf stattfand (abrufbar unter http://www.standesbeamte.de/ archiv_fachtagung_2012.html, zuletzt abgerufen am 11.12.2014).

365 VG Köln, Urt. v. 20.2.2013–10 K 6710/11 – juris, Rn. 33.

366 VG Berlin, Beschl. v. 15.4.2011 – VG 23 L 79.11, 23 l 79/11, bestätigt vom OVG Berlin-Brandenburg, Beschl. v. 06.07.2011 – OVG 5 S 13/11, BeckRS 2011, 54132.

367 VG Köln, Urt. v. 20.2.2013–10 K 6710/11 – juris, Rn. 29.

368 OLG Düsseldorf, Beschl. v. 26.4.2013 – I – 3 Wx 211/12.

nicht vorliegen[369]. Anders sieht die Rechtslage aus, wenn der Wunschvater genetisch mit dem Kind verwandt, die Ersatzmutter unverheiratet ist und der Wunschvater die Vaterschaft mit Zustimmung der Ersatzmutter anerkennt. Bei Erfüllung dieser Kriterien hat nach der Entscheidung des OLG Düsseldorf der Wunschvater in das Geburtenregister eingetragen zu werden[370].

Wie hoch die Dunkelziffer von Ersatzmutterschaften ist, die deutsche Paare im Ausland vereinbart haben, lässt sich lediglich vermuten. Als Anhaltspunkt können die steigenden bei Standesämtern gemeldeten Ersatzmutterschaftsfälle dienen[371]. Angesichts dessen fordert der Präsident des Bundesverbands der Deutschen Standesbeamten, *Jürgen Rast*, die Legalisierung der altruistischen Ersatzmutterschaft[372].

Zwar handelt es sich bei Ersatzmutterschaften um einen Bereich, der selbst bei Legalisierung der altruistischen Form die Gefahr des Missbrauchs birgt. Die gegenwärtige Rechtslage bietet aber bereits für andere ethisch heikle Themen Lösungsansätze. Vergleiche zur Lebendorganspende und zur Prostitution verdeutlichen, dass der Gesetzgeber durchaus in der Lage ist, Sachverhalte dieser Art rechtlich derart zu regeln, dass die Person frei über ihren Körper verfügen kann und zugleich die Missbrauchsgefahr durch rechtliche Regularien möglichst minimiert wird. Trotz dieser Bestimmungen besteht ein Restrisiko, welches bei der Prostitution und der Lebendorganschaft vom Gesetzgeber anscheinend in Kauf genommen wird und bei Ersatzmutterschaften nicht[373].

E. Die Ersatzmutterschaft im Lichte des deutschen Verfassungsrechts

I. Die Herleitung und Eröffnung des Schutzbereichs des Rechts auf Fortpflanzung für die Wunscheltern

Von besonderer Bedeutung ist die Frage der Verfassungsmäßigkeit des strafrechtlichen Verbots von Ersatzmutterschaften. Wunscheltern, die ausschließlich im Wege der Ersatzmutterschaft zu einem Kind gelangen können, weil die Wunschmutter

369 OLG Stuttgart, Beschl. v. 07.02.2012–8 W 46/12 (Die Verfassungsbeschwerde wurde für wegen Unzulässigkeit nicht vom BVerfG zur Entscheidung angenommen, BVerfG, Beschl. v. 22.08.2012–1 BvR 573/12).

370 OLG Düsseldorf, Beschl. 26.4.2013 – I – 3 Wx 211/12; ähnlich KG Berlin, Beschl. v. 01.08.2013–1 W 413/12.

371 So war die Ersatzmutterschaft das Hauptthema bei der Fachtagung und Mitgliederversammlung der Deutschen Standesbeamtinnen und Standesbeamten e. V. (BDS), die im November 2012 in Bad Salzschlirf stattfand http://www.standesbeamte.de/archiv_fachtagung_2012.html, zuletzt abgerufen am 11.12.2014).

372 Ärzte Zeitung (Debatte um Leihmutterschaft entbrannt, abrufbar unter: http://www.aerztezeitung.de/politik_gesellschaft/medizinethik/article/866304/deutschland-debatte-leihmutterschaften-entbrannt.html, zuletzt abgerufen am 30.10.2014).

373 Ähnlich *Kreß*, ZRP 2013, 240, 243.

aus medizinischen Gründen nicht in der Lage ist, ein Kind auszutragen, könnten in ihrem Recht auf Fortpflanzung verletzt sein[374]. Das Recht auf Fortpflanzung[375] wird auch als das „Grundrecht auf reproduktive Selbstbestimmung“[376] sowie als das „Recht auf reproduktive Autonomie“[377] bezeichnet. Darunter fällt auch das Recht auf Inanspruchnahme der assistierten Reproduktionsmethoden[378]. Teilweise wird das Recht auf Fortpflanzung aus dem Selbstbestimmungsrecht nach Art. 2 Abs. 1 iVm. Art. 1 Abs. 1 GG hergeleitet[379].

Zur genaueren Untersuchung einer gegebenenfalls vorliegenden Verfassungswidrigkeit ist zwischen den unterschiedlichen Konstellationen der Ersatzmutterschaft zu unterscheiden. Liegt eine Ersatzmutterschaft ieS vor, bei der weder die genetische Verbindung zum Wunschvater noch zur Wunschmutter gegeben ist, kann auch keine Verletzung des Rechts auf Fortpflanzung, soweit das Grundrecht aus dem Selbstbestimmungsrecht nach Art. 2 Abs. 1 iVm. Art. 1 Abs. 1 GG abgeleitet wird, vorliegen[380]. Anders sieht der Fall der Tragemutterschaft aus, bei der Gameten entweder von einem Wunschelternteil oder von beiden beigetragen werden können und die Wunschmutter aus medizinischen Gründen nicht zum Austragen eines Kindes fähig ist. Bei einer solchen Sachlage liegt durch das Verbot von Ersatzmutterschaften eine Verletzung des Rechts auf Fortpflanzung der Wunschmutter vor.

Das Recht auf Fortpflanzung könnte ebenfalls aus dem Recht auf Schutz der Familie gemäß Art. 6 Abs. 1 GG abgeleitet werden[381]. Das Recht auf Fortpflanzung ist „das Recht, grundsätzlich von staatlichen Regelungen unabhängig eine Familie gründen zu können, (...) und zwar auch im Wege der medizinisch assistierten Zeugung“[382]. Durch die im ESchG und AdVermiG verankerten Vorschriften wird Wunscheltern gerade die Familiengründung unter Inanspruchnahme assistierter Reproduktionsmethoden erheblich erschwert.

Aus Art. 6 Abs. 1 GG ergibt sich für die Wunscheltern ebenfalls das Recht auf Familiengründung[383]. Vom Recht auf Familiengründung werden auch die Ersatzmutterschaftkonstellationen erfasst, in denen keine genetische Verbindung zwi-

---

374 Fortpflanzungsmedizingesetz, Augsburg-Münchner-Entwurf, S. 33; Spickhoff/*Müller-Terpitz*, Art. 6, Rn. 1; Zur ausführlichen Erörterung der verfassungsrechtlichen Gesichtspunkte der Ersatzmutterschaft vgl.: *Settekorn*.

375 *Ramm*, JZ 1989, 870, 861.

376 Fortpflanzungsmedizingesetz, Augsburg-Münchner-Entwurf, S. 31.

377 *Wiesemann/Biller-Adorno*, Medizinethik für die neue AO, S. 33.

378 Maunz-Dürig/*Herdegen*, Art. 1 Abs. 1 GG, Rn. 100, 102.

379 BFH NJW 1998, S. 854 f., BFH Urt. v. 18.6.1997 – IIIR 84/96; Fortpflanzungsmedizingesetz, Augsburg-Münchner-Entwurf, S. 31; *Reinke*, Fortpflanzungsfreiheit, S. 190; Hömig/*Antoni*, Art. 1, Rn. 18.

380 Fortpflanzungsmedizingesetz, Augsburg-Münchner-Entwurf, S. 31 f.

381 Münch/Kunig/*Coester-Waltjen*, Art. 6, Rn. 49; Spickhoff/*Müller-Terpitz*, GG, Art. 6, Rn. 1; Dreier/*Brosius-Gersdorf*, § 6, Rn. 121.

382 Münch/Kunig/*Coester-Waltjen*, Art. 6, Rn. 49.

383 BVerwGE, 14, 21.

schen dem Kind und den Wunscheltern besteht[384]. Die Familie ist „die umfassende Gemeinschaft von Eltern und Kindern". Eine genetische Verwandtschaft ist nicht erforderlich[385]. Mit Art. 6 Abs. 1 GG als Abwehrrecht werden staatliche Eingriffe in die „Freiheit der Familiengründung" grundsätzlich verboten[386].

Die Herleitung des Grundrechts auf Fortpflanzung aus Art. 6 Abs. 1 GG erscheint vorzugswürdig, da das allgemeine Persönlichkeitsrecht aus Art. 2 Abs. 1 iVm. Art. 1 Abs. 1 GG[387] einer einfacheren Einschränkbarkeit unterliegt und der Schutz des Art. 6 Abs. 1 GG sich gerade auch auf die Familiengründung und damit die Fortpflanzung bezieht[388]. Nach Auffassung der Literatur handelt es sich dabei ohnehin um einen rein dogmatischen Streit, der in der Anwendung kaum zu Unterschieden führt[389]. Dies ist jedoch nicht zutreffend. Ein Unterschied ergibt sich in der Hinsicht, dass bei der Herleitung aus Art. 6 Abs. 1 GG ebenfalls Ersatzmutterschaftskonstellationen ohne genetische Verwandtschaft zwischen dem späteren Kind und den Wunscheltern vom personellen Schutzbereich des Rechts auf Fortpflanzung erfasst werden.

II. Mittelbarer Eingriff durch den Gesetzgeber

Da die Vorschriften des ESchG strafrechtliche Sanktionen weder für die beteiligte Ersatzmutter noch für die Wunscheltern vorsehen, sondern sich als strafrechtliches Nebengesetz gegen die die Fortpflanzungsmethoden durchführenden Personen richten und im AdVermiG die Vermittler im Fokus stehen, liegt ein mittelbarer Eingriff durch den Gesetzgeber vor[390].

III. Rechtfertigung des Eingriffs durch kollidierende Grundrechte des zukünftigen Kindes und der Ersatzmutter

Der Eingriff in das Grundrecht der Wunscheltern auf Fortpflanzung könnte gerechtfertigt sein. Da es sich bei Art. 6 Abs. 1 GG um eine vorbehaltlos gewährleistete Grundrechtsnorm handelt[391] , könnte ein solcher Eingriff bei kollidierendem Ver-

---

384 *Coester-Waltjen*, Jura 2008, 349, 350.

385 BVerfGE 10, 59, 66; 48 327, 339; 80, 81, 90; Mangoldt/Klein/Starck/*Robbers*, Art. 6 Abs. 1, Rn. 77; *Coester-Waltjen*, Jura 2008, 349, 350.

386 BVerfGE 13, 290, 297; 42, 234, 236; *Coester-Waltjen*, Jura 2008, 349, 351.

387 BVerfGE 65, 41 f.; 101, 380; 114, 346.

388 Vgl.: Spickhoff/*Müller-Terpitz*, GG, Art. 6, Rn. 2; a.A.: Fortpflanzungsmedizingesetz, Augsburg-Münchner-Entwurf, S. 32. Hiernach erscheint die Verankerung des Rechts auf Fortpflanzung als Modalität des allgemeinen Persönlichkeitsrechts aus Art. 2 Abs. 1 iVm. Art. 1 Abs. 1 GG aufgrund der „Nähe zur Menschenwürde" vorzugswürdig.

389 Spickhoff/*Müller-Terpitz*, GG, Art. 6, Rn. 2; Fortpflanzungsmedizingesetz, Augsburg-Münchner-Entwurf, S. 32.

390 Spickhoff/*Müller-Terpitz*, GG, Art. 6, Rn. 8.

391 BVerfGE 24, 119, 135; 31, 58.

fassungsrecht[392] gerechtfertigt sein. Allein das Vorliegen kollidierenden Verfassungsrechts ist zur Rechtfertigung jedoch nicht ausreichend. Vielmehr muss im Rahmen einer praktischen Konkordanz eine Verhältnismäßigkeitsprüfung durchgeführt werden[393].

1. *Kindeswohlgefährdung*

Hinsichtlich des Kindes werden teilweise die gleichen Bedenken, die bereits gegen die Zulassung der Eizellspende angeführt werden, vorgetragen. Bei der Eizellspende fallen genetische Mutter und austragende, die zugleich auch die soziale Mutter des Kindes ist, auseinander. Bei der Ersatzmutterschaft kann die Mutterschaft abhängig von der Fallkonstellation für drei verschiedene Frauen in Frage kommen. Bei der Tragemutterschaft mit Inanspruchnahme einer Eizellspende, die nicht von der Wunschmutter stammt, fallen austragende, biologische und die soziale Mutter (die Wunschmutter) auseinander.

Durch die daraus folgende gespaltene Mutterschaft könnte das Kindeswohl des späteren Kindes gefährdet werden. Das Kindeswohl lässt sich verfassungsrechtlich aus der staatlichen Aufsichtspflicht gemäß Art. 6 Abs. 2 S. 2 GG[394] und aus dem allgemeinen Persönlichkeitsrecht des Kindes aus Art. 2 Abs. 1 iVm. Art. 1 Abs. 1 GG herleiten[395]. Dabei wird von Schwierigkeiten bei der „Selbstfindung des Kindes" und von „negativen Auswirkungen auf dessen seelische Entwicklung" ausgegangen, wenn das Kind von der fehlenden genetischen Bindung zur austragenden Mutter erfährt. Die Identitätsfindung könne sich bei einer Ersatzmutterschaft noch schwieriger gestalten, da die Gefahr bestehe, dass sich die Ersatzmutter während der Schwangerschaft aufgrund der vereinbarten Abgabe des Kindes nach der Geburt seelisch distanzieren könne, was sich negativ auf die Entwicklung des Kindes auswirken könnte[396].

Gegen das Argument der Kindeswohlgefährdung als gegenläufiges Grundrecht[397] wird der Einwand erhoben, dass durch das Verbot der Eizellspende und Ersatzmutterschaften gerade die Existenz eines Kindes verhindert werden soll[398]. Es stellt sich die Frage, wie es dem Wohl eines Kindes dienen kann, nicht geboren zu werden.

---

392 BVerfGE 77, 240, 253; 81, 278, 292; Sachs/*Von Coelln*, GG, Art. 6, Rn. 23; *Epping*, Rn. 79.

393 BVerfGE 28, 243, 261; *Epping*, Rn. 91.

394 Münch/Kunig/*Coester-Waltjen*, Art. 6, Rn. 92 F; Münch/Kunig/*Kunig*, Art. 1, Rn. 36.

395 Spickhoff/*Müller-Terpitz*, GG, Art. 6, Rn. 12.

396 BT-Drucks. 11/5460, 7, 8.

397 *Reinke*, der beim Kindeswohl von einem objektiven Verfassungswert ausgeht (S. 152); ebenso Mangoldt/Klein/Starck/*Starck*, Art. 1 Abs. 1 GG, Rn. 96.

398 *Hoyer*, FS Rolinski 2002, S. 81, 92 f.; ähnlich *Coester-Waltjen*, Gutachten B für den 56. Juristentag 1986, S. 46.

2. *Kritische Stellungnahme*

Das Argument des Kindeswohls als kollidierendes Grundrecht ist kritisch zu betrachten, da keine empirischen Studien belegen können, dass Kinder als Ergebnis einer Eizellspende und/oder einer Ersatzmutterschaft psychische Nachteile davontragen. Die dafür erforderlichen Langzeitstudien stehen noch aus[399]. Es ist nicht bewiesen, dass es zum Nachteil der Psyche des Kindes gereicht, wenn es nach der Geburt an eine andere Frau übergeben wird, die keinen Aufwand zur Erlangung des Kindes gescheut hat und ihm eine es liebende Familie geben möchte[400].

Um das Risiko einer allzu starken Bindung der Ersatzmutter zum Kind zu verringern, könnte im Zuge einer Gesetzesnovellierung die erlaubte Form auf Tragemutterschaften, bei denen eine genetische Verwandtschaft zum Kind fehlt, beschränkt werden. Zusätzlich könnte als Ersatzmutter ausschließlich eine Frau mit eigenen Kindern in Betracht gezogen werden.

Andererseits könnte eine befürchtete Distanzierung der Ersatzmutter zum Kind während der Schwangerschaft durch psychologische Betreuung verhindert werden.

Zur Sicherung des Kindeswohls durch eine starke Bindung zu den Wunscheltern besteht die Möglichkeit, das Erfordernis der genetischen Verbindung zu zumindest einem Wunschelternteil einzuführen[401]. Zudem wäre für die leichtere Identitätsfindung des Kindes ein offener Umgang mit seiner Austragung durch eine andere Frau von Bedeutung.

3. *Menschenwürdeverletzung*

Als weiteres kollidierendes Grundrecht wird die Menschenwürde aus Art. 1 Abs. 1 GG der Ersatzmutter und die des Kindes diskutiert. Durch die Ersatzmutterschaft erfahre die Ersatzmutter eine Degradierung zur „Gebärmaschine", die einem Würdeschutz entgegenlaufe. Die Ersatzmutter werde auf ihre Fähigkeit zur Austragung eines Kindes reduziert, wenn ihr von vornherein durch assistierte Reproduktionsmethoden ein Embryo, eine Eizelle oder Spermazelle zum Zweck der Austragung eines Kindes für eine andere Person oder ein Paar eingesetzt würden. Andere Vertreter der Literatur sehen zumindest für den Fall der nichtkommerziellen Ersatzmutterschaft keine Verletzung der Menschenwürde, solange die Entscheidung der Ersatzmutter autonom und freiwillig getroffen wurde[402]. Dieser

399 *Coester-Waltjen,* 56. DJT, B 46; Fortpflanzungsmedizin, Augsburg-Münchner- Entwurf, S. 36; *Eser/Koch,* GS Keller, S. 15, 23 f.; *van den Akker,* Reproductive Health Psychology, 2012, S. 170; *Yashon/Cummings,* Human Genetics & Society 2009, S. 254; *Merino,* Adoption and Surrogacy Pregnancy, 2010, S. 73; *Van den Akker,* Psychological aspects of surrogate motherhood, S. 53, 60; ähnlich *Fechner,* JZ 1986, 653, 662.

400 Günther/Keller/*Fechner,* Nachträge zu einer Abhandlung über Menschenwürde und generative Forschung und Technik, S. 45.

401 *Van den Akker,* Psychological aspects of surrogate motherhood, S. 53, 60.

402 *Starck,* 56. DJT, A 41 f.; *Coester-Waltjen,* FamRZ 1988, 573, 575; *Coester- Waltjen,* NJW 1982, 2528, 2532.

Auffassung könnte der Beschluss des BVerwG in der „Laserdrome-Entscheidung" entgegenstehen. Hiernach ist die „Freiwilligkeit der Teilnahme sowie das gegenseitige Einvernehmen" nicht von Bedeutung, wenn es um das Grundrecht der Menschenwürde und die „aus Art. 1 Abs. 1 und Art. 2 S. 1 GG herzuleitende Wertordnung der Verfassung" gehe. Das BVerwG hatte über ein sog. Laserspiel zu entscheiden, dessen Konzept aus Tötungssimulationen bestand. Ein ordnungsbehördliches Einschreiten wurde aufgrund der Annahme einer Menschenwürdeverletzung genehmigt[403].

Nach herrschender Ansicht sowohl in der Literatur als auch in der Rechtsprechung ist die Zygote ab dem Zeitpunkt der Nidation („nasciturus")[404] von der Menschenwürdegarantie aus Art. 1 Abs. 1 GG erfasst[405]. Der Schutz der die Ersatzmutterschaft betreffenden Vorschriften des ESchG und AdVermiG bezieht sich auf die Würde eines Menschen, der noch nicht gezeugt wurde. Der Menschenwürdeschutz kann ebenfalls auf künftig entstehendes Menschenleben durch „vorwirkende Maßnahmen" ausgeweitet werden[406].

Das spätere Kind würde in seiner Menschenwürde verletzt werden, indem es als Objekt behandelt werden würde[407]. Dabei wird auf die von *Immanuel Kant*[408] entwickelte und von *Günther Dürig*[409] hervorgehobene „Objektformel" zurückgegriffen. Danach liegt eine Menschenwürdeverletzung nach Art. 1 Abs. 1 GG vor, wenn der „konkrete Mensch zum Objekt, zu einem bloßen Objekt, zur vertretbaren Größe herabgewürdigt wird"[410]. Insbesondere in den Fällen, in denen Wunscheltern für die Austragung des Kindes einen Betrag an die Ersatzmutter zahlen, der über eine Aufwandsentschädigung hinausgeht, würde eine Herabwürdigung des Kindes „zur Ware" stattfinden[411].

4. *Kritische Stellungnahme*

Dass die Würde von Kind und Ersatzmutter nicht generell verletzt wird, ist bereits vom überwiegenden Teil der Literatur richtig erkannt worden[412].

Sowohl bei der kommerziellen als auch bei der nichtkommerziellen Ersatzmutterschaft ist eine Verletzung der Menschenwürde der Ersatzmutter nicht ersichtlich,

403 BVerwG Beschl. v. 24.10.2001/6 C3.01.
404 Dreier/*Dreier*, Art. 1 Abs. 1, Rn. 71.
405 BVerfGE 39, 1, 36 ff.; 88, 203, 251 ff.; Mangoldt/Klein/Starck/*Starck*, Art. 1 Abs. 1 GG, Rn. 94; Dreier/*Dreier*, Art. 1, Rn. 68 und Fn. 302.
406 Maunz/Dürig/*Herdegen*, GG, Art. 1, Rn. 66.
407 *Benda*, NJW 1985, 1730, 1733.
408 *Kant*, S. 56.
409 *Dürig*, AöR 81 (1956), 117, 127.
410 *Kant*, S. 56, Dreier/*Dreier*, Art. 1 Abs. 1, Rn. 53.
411 Kaiser/Schnitzler/Friederici/Schilling/*Dahm*, § 1741, Rn. 28.
412 So auch: Münch/Kunig/*Kunig*, Art. 1, Rn. 36; Mangoldt/Klein/Starck/*Starck* Art. 1 Abs. 1, Rn. 97; Hömig/*Antoni*, Art. 1, Rn. 18; *Mayer*, IPRax 2014, 57, 61.

solange ihre Entscheidung autonom ist, auf ihrem freien Willen beruht und keine Vergütung für die Austragung und Abgabe des Kindes geleistet wird[413].

Eine Würdeverletzung könnte in Sachverhaltskonstellationen vorliegen, in denen die Ersatzmutter zur Abgabe des Kindes oder zur Vornahme einer Abtreibung gegen ihren Willen gezwungen wird, selbst bei fehlender genetischer Verwandtschaft[414]. Zudem verstößt die zwangsweise Abgabe des Kindes durch die Wunscheltern gegen das Recht der Ersatzmutter aus Art. 6 Abs. 2 GG[415].

Hinsichtlich des Kindes kann ausschließlich bei kommerziellen Ersatzmutterschaftsvereinbarungen eine Menschenwürdeverletzung nach Art. 1 Abs. 1 GG gegeben sein. Solange kein über eine Aufwandsentschädigung hinausgehender Betrag für die Austragung eines Kindes gezahlt wird, wird das Kind auch nicht zum Objekt. Die Objektformel darf nicht zu einem Instrument werden, mit dem der Gesetzgeber den Einzelnen „in einem Netz von Verbotsnormen" in seinem Selbstbestimmungsrecht einschränkt[416].

Es ist festzuhalten, dass Grundrechte sowohl des Kindes als auch der Ersatzmutter miteinander kollidieren, diese jedoch nicht im Zuge der praktischen Konkordanz schonend in Ausgleich gebracht wurden[417].

Aufgrund des ausnahmslosen Verbots jeglicher Form der Ersatzmutterschaften fehlt es an der Rechtfertigung des mittelbaren Eingriffs des Gesetzgebers in das Recht der Wunscheltern auf ihr Recht auf Fortpflanzung. Solange die Ersatzmutterschaft nicht auf kommerzieller Basis erfolgt und die Ersatzmutter aus freien Stücken das Kind für die Wunscheltern austrägt, liegt keine Rechtfertigung für den mittelbaren Eingriff in das Grundrecht der Wunscheltern aus Art. 6 Abs. 1 GG vor.

---

413 *Coester-Waltjen*, Elternschaft außerhalb der Ehe, S. 160.

414 Ähnlich: *Mayer*, IPRax 2014, 57, 61.

415 Der Schutzbereich des Art. 6 Abs. 2 GG erfasst ebenfalls die Ersatzmutter (Jarass/Pieroth/*Jarass*, Art. 6, Rn. 69; Mangoldt/Klein/Starck/*Robbers*, Art 6, Rn. 175. *Badura* schließt die genetische Wunschmutter im Gegensatz zu *Robbers* von der Grundrechtsträgerschaft aus (Maunz/Dürig/*Badura*, Art. 6, Rn. 153).

416 *Fechner* stellt zutreffend fest, dass der Mensch durch die staatliche Fürsorge unter Anführung des Menschenwürdeschutzes nicht seiner „Selbstbestimmung" beraubt werden dürfe (Günther/Keller/*Fechner*, Fortpflanzungsmedizin und Humangenetik, S. 49).

417 Zur praktischen Konkordanz vgl. *Epping*, S. 93.

4. Kapitel: Rechtslage in Indien

A. Die Entwicklung der Ersatzmutterschaft

Indien ist das Land, in dem am 03.10.1978 in Kalkutta nach Louise Brown in England das weltweit zweite IVF-Baby zur Welt kam[418]. Seitdem hat auf dem Gebiet der künstlichen Reproduktionsmethoden eine enorme Entwicklung stattgefunden[419]. Der rasante Fortschritt spiegelt sich ebenfalls in den Zahlen wider, die im Zusammenhang mit den künstlichen Befruchtungsmethoden in Verbindung stehen: Mittlerweile existieren in Indien mehr als 20.000 Kliniken, die die IVF-Befruchtungsmethode anbieten[420]. Schätzungsweise 3.000 dieser Kliniken sind hauptsächlich auf die Durchführung von Befruchtungsmethoden in Verbindung mit Ersatzmutterschaftsvereinbarungen spezialisiert (sog. Fertility Center oder ART Clinics)[421]. Das erste in Indien im Wege der Ersatzmutterschaft geborene Kind wurde in Chennai im Jahr 1984 ausgetragen[422]. Im Jahr 2006 wurden 290 Ersatzmutterschaftsfälle gemeldet, womit eine Verdopplung gegenüber dem Vorjahr stattgefunden hat. Die Tendenz ist weiterhin steigend[423]. Allein im Jahr 2011 sind in Indien etwa 25.000 Kinder im Wege der Ersatzmutterschaft zur Welt gekommen[424]. Etwa 50 % der Wunscheltern, die sich ein Kind von einer indischen Ersatzmutter austragen lassen, kommen aus dem westlichen Ausland[425].

---

418 The Law Commission of India, Report 228, 2009, S. 6.

419 *Lakshmahan*, Madras LJ 2009, Vol. 241 (5), 105, 105.

420 *Lakshmahan*, Madras LJ 2009, Vol. 241 (3), 41, 41.

421 *Matt Wade*, Warning to couples on Indian surrogacy laws, "The Age" v. 26.01.2009, abrufbar unter http://www.theage.com.au/national/warning-to- couples-on-indian-surrogacy-laws-20090125–7pgp.html, zuletzt besucht am 5.02.2013; andere Schätzung: 600 nach *Centre of Social Research*, Surrogate Motherhood – Ethical or Commercial, http://www.womenleadership.in/ Csr/SurrogacyReport.pdf, S. 23, zuletzt abgerufen am 30.10.2014.

422 Centre of Social Research, Surrogate Motherhood – Ethical or Commercial, abrufbar unter http://www.womenleadership.in/Csr/SurrogacyReport.pdf, S. 22, zuletzt abgerufen am 30.10.2014.

423 *Chawla*, Civil and Military LJ 2009, 189, 193.

424 *Ritu Bhatia*, Inside the bazaar of surrogacy, "India Today" v. 10.06.2012, abrufbar unter http://indiatoday.intoday.in/story/inside-the-bazaar-of- surrogacy/1/200032.html, zuletzt abgerufen am 30.10.2014; *Kishwar Desai*, India's surrogate mother's are risking their lives – They urgently need protection, "The Guardian v. 05.06.2012, abrufbar unter: http://www.guardian.co.uk/ commentisfree/2012/jun/05/india-surrogates-impoverished-die, zuletzt abgerufen am 30.10.2014.

425 *Priya Shetty*, India's unregulated surrogacy market, "The Lancet" v. 10.11.2012, abrufbar unter http://www.thelancet.com/journals/lancet/article/PIIS0140- 6736(12)61933–3/fulltext, zuletzt besucht am 30.10.2014; *Kishwar Desai*, India's sur-

Der „Handel“ mit der Ersatzmutterschaft erlebt in Indien seit einigen Jahren einen Boom. Wurde das Geschäft mit der Ersatzmutterschaft in Indien im Jahr 2009 auf einen Wert von 500 Millionen $ jährlich geschätzt[426], so werden aktuell jährlich 2,5 Milliarden $ mit Ersatzmutterschaften erwirtschaftet[427].

B. Die Entscheidungsgründe der Wunscheltern für die Ersatzmutterschaft in Indien

Unabhängig von der Herkunft der Paare entscheiden sich sowohl die ausländischen als auch die indischen Paare in den allermeisten Fällen für die Ersatzmutterschaft durch eine indische Frau, wenn die Wunschmutter aufgrund gesundheitlicher Probleme nicht in der Lage ist, selbst ein Kind zu gebären[428].

I. Gründe für die Entscheidung einheimischer Wunscheltern

Zusätzlich spielt bei den indischen Paaren der soziale Status eine bedeutende Rolle. Indiens Gesellschaft ist geprägt von traditionellen Tabus. So wird einer Ehefrau seitens der Gesellschaft Respekt gezollt, wenn sie Mutter eines Kindes ist[429]. Die Zeugung von Nachkommen steht als Beweis für die Männlichkeit und die sexuelle

---

rogate mother's are risking their lives – They urgently need protection, "The Guardian" v. 05.06.2012, abrufbar unter http://www.guardian.co.uk/ commentisfree/2012/jun/05/india-surrogates-impoverished-die, zuletzt abgerufen am 30.10.2014.

426 Centre of Social Research, Surrogate Motherhood – Ethical or Commercial, http://www.womenleadership.in/Csr/SurrogacyReport.pdf, S. 6, zuletzt abgerufen am 30.10.2014; *Matt Wade*, Warning to couples on Indian surrogacy laws, "The Age" v. 26.01.2009, abrufbar unter http://www.theage.com.au/national/warning-to-couples-on-indian-surrogacy- laws-20090125–7pgp.html, zuletzt abgerufen am 30.10.2014. Andere Schätzungen kommen auf 450–455 Millionen $, so auch: *Nilanjana S. Roy*, Protecting the Rights of Surrogate Mothers in India, "The New York Times" v. 04.10.2011, abrufbar unter http://www.nytimes.com/ 2011/10/05/world/asia/05iht-letter05.html?, zuletzt abgerufen am 30.10.2014; *Tiwari/Adhya*, Law and Gender, 2012, S. 166.

427 *Cosima Marinner*, Booming surrogacy demand sparks exploitation fears, "The Sydney Morning Herald" v. 02.09.2012, abrufbar unter http://www.smh.com.au/national/booming-surrogacy-demand-sparks-exploitation-fears-20120901–25742.html, zuletzt abgerufen am 30.10.2014; andere Schätzung: Nach Angaben von *Malhotra/Malhotra* liegt der Wert der "reproductive tourism industry" bei 5,000 Millionen $ (*Malhotra/Malhotra*, S. 12).

428 *Chawla*, Civil and Military LJ 2009, 189, 189; *Srinivas*, Andhra LT 2010, 24, 25; *Chavan/Ganesh*, AIR 2008, J 103, J 103–104; Zu den Beweggründen der Ersatzmütter vgl.: *Bertschi*, S. 192 ff.

429 *Srinivas*, Andhra LT 2010, 24, 24.

Potenz des Ehemannes und dient zur Aufrechterhaltung der Abstammungslinie[430]. Soziale Abgrenzung und Stigmatisierung sind die Folge von ungewollter Kinderlosigkeit[431]. Keine Klinik räumt es ein, doch wird den Angaben des Centre for Social Research zufolge eine Geschlechterwahl indirekt im Rahmen eines Eingriffs namens „Fetal Reduction Technology" vorgenommen. Hierbei erfolgt im fünften Monat die Vernichtung eines Embryos bei Einnistung von mehr als zwei Embryonen, ohne dass die Ersatzmutter von der Geschlechtsbestimmung erfährt[432].

In der indischen Fachliteratur werden hauptsächlich zwei medizinisch unterschiedliche Fallgruppen der Ersatzmutterschaft differenziert. Bei der „Traditional Surrogacy" (bzw. „Partial Surrogacy") wird die Ersatzmutter mit dem Samen des Wunschvaters oder einem Spendersamen künstlich befruchtet mit der Folge, dass die Ersatzmutter nicht nur die austragende, sondern auch die genetische Mutter des Kindes ist[433]. Diese Fallgruppe entspricht der Ersatzmutterschaft ieS.

Bei der Fallgruppe der „Gestational Surrogacy" (bzw. „Total Surrogacy") besteht keine genetische Verwandtschaft zwischen Ersatzmutter und Kind. Sowohl Ei- als auch Spermazelle stammen entweder von Wunscheltern oder von Spendern. Es erfolgt eine künstliche Befruchtung der Eizelle entweder im Körper der Ersatzmutter (bspw. bei Anwendung der IUI oder extrakorporal im Wege der IVF mit der anschließenden Einpflanzung in den Körper der Ersatzmutter)[434]. Nicht selten wird bei der Durchführung der Ersatzmutterschaft darauf geachtet, dass das Kind ein bestimmtes Geschlecht hat („sex-determination"). In der Regel wird aus sozio- kulturellen Gründen ein Kind männlichen Geschlechts gewünscht. Diesem Wunsch kann durch die fortgeschrittene Fortpflanzungsmedizin problemlos entsprochen werden[435].

II. Entscheidungsgründe für Wunscheltern aus dem Ausland

Im Wesentlichen sind drei Aspekte ausschlaggebend für die Entscheidung von Paaren aus dem Ausland für eine Ersatzmutterschaft in Indien:

1. Der finanzielle Aspekt

Der Hauptgrund für die meisten Paare, die oft große örtliche Distanz und die damit verbundenen Umstände und hohen Reisekosten auf sich zu nehmen, ist der

430 *Lakshmanan*, Madras LJ 2009, Vol. 241 (5), 105, 105; *Tejinder Soni*, Law and Gender, S. 179.

431 *Srinivas*, Andhra LT 2010, 24, 24.

432 Centre for Social Research, Surrogate Motherhood – Ethical or Commercial, http://www.womenleadership.in/Csr/SurrogacyReport.pdf, S. 45, zuletzt abgerufen am 30.10.2014.

433 *Chatterjee*, Madras LJ 2012, 72, 75; *Nath/Manasa*, Andhra LT 2011 (1), J 28, J 29.

434 *Chavan/Ganesh*, AIR 2008, J 103, J 103–104.

435 *Pande*, Review of Women's Studies 2004, Vol. 14, No 2, 153 f.

finanzielle Aspekt[436]. So liegen aktuell die Kosten für die Durchführung einer Ersatzmutterschaft in Indien zwischen 10,000 $ und 35,000 $, wogegen beispielsweise eine Ersatzmutterschaft in den USA die Wunscheltern den dreifachen Betrag kosten würde[437]. Dies führt dazu, dass inzwischen nicht nur Paare aus der Oberschicht der westlichen Länder, sondern auch Paare aus der Mittelschicht ein Kind durch Ersatzmutterschaft finanzieren können[438].

2. *Das medizinische Fachpersonal*

Die zahlreichen Fertility Center bzw. Assisted Reproductive Technology (ART) Clinics[439], die die Ersatzmutterschaft anbieten, können – teilweise im Ausland – im Bereich der künstlichen Reproduktionstechniken ausgebildetes Fachpersonal (Mediziner) vorweisen[440]. Zudem führen die größtenteils hervorragenden Englischkenntnisse der Ärzte zur einfacheren Verständigung mit den ausländischen Paaren.

3. *Weiter rechtlicher Spielraum*

Nicht zuletzt sind es die strikten Gesetze im Heimatland, die die Ersatzmutterschaft verbieten, die die Paare nach Indien locken. Ein weiter rechtlicher Spielraum macht die rechtliche Durchführung einfacher bzw. überhaupt möglich[441].

---

436 *Chatterjee,* Madras LJ 2012, 72, 76.

437 *Akhila,* Karnataka LJ 2011, 49, 57; *Lakshmanan,* Madras LJ 2009, Vol. 241 (5), 105, 107; Centre for Social Research, Surrogate Motherhood – Ethical or Commercial, http://www.womenleadership.in/Csr/SurrogacyReport.pdf, S. 23, zuletzt abgerufen am 30.10.2014; *Nayak,* Globalization and Transnational Surrogacy, S. 3; andere Quellen schätzen die regelmäßigen Kosten für die Beauftragung einer indischen Ersatzmutter zwischen 25,000 $ und 35,000 $ ein, so auch: The Law Commission of India, Report 228, 2009, Chapter I, 1.7, http://lawcommissionofindia.nic.in/reports/report228.pdf, zuletzt abgerufen am 30.10.2014; Ähnlich: *Nayak,* Globalization and Transnational Surrogacy, S. 3.

438 *Nilanja S. Roy,* Protecting the Rights of Surrogate Mothers in India, "The New York Times" v. 04.10.2011, abrufbar unter http://www.nytimes.com/2011/10/05/world/asia/05iht-letter05.html?_r=0, zuletzt abgerufen am 30.10.2014.

439 Nachfolgend ART–Kliniken genannt.

440 *Kari Points,* Commercial Surrogacy and Fertility Tourism in India, abrufbar unter http://www.duke.edu/web/kenanethics/CaseStudies/BabyManji.pdf, S. 3, zuletzt abgerufen am 30.10.2014; *Nayak,* Globalization and Transnational Surrogacy, S. 24 ff.

441 Centre for Social Research, Surrogate Motherhood – Ethical or Commercial, abrufbar unter http://www.womenleadership.in/Csr/SurrogacyReport.pdf, S. 23, zuletzt abgerufen am 30.10. 2014; So wurde bei der von dem Centre for Social Research durchgeführten Studie von etwa 20 % der Wunscheltern das rechtliche Verbot von Ersatzmutterschaften im eigenen Land als Grund für ihre Entscheidung für Indien als Zielland angegeben (Centre for Social Research, Surrogate Motherhood – Ethical or Commercial, S. 70).

III. Der Ablauf der Ersatzmutterschaft in der Praxis

In der Regel kontaktieren Wunscheltern, unabhängig davon, ob sie ihren Wohnsitz in Indien oder im Ausland haben, eine auf künstliche Befruchtung und Ersatzmutterschaften spezialisierte Klinik, die im weiteren Prozedere Dreh- und Angelpunkt sein wird[442]. Die Kliniken haben eigene Datenbanken mit Profilen von vorher ausgewählten Ersatzmüttern, die oft über privaten Kontakt vermittelt werden oder über Werbung und Fernsehbeiträge über das Thema Kenntnis erlangen[443].

Hauptkontaktmedium zu potentiellen Ersatzmüttern für die Aufnahme in die Datenbanken stellt vor allem in den größeren Städten wie Neu- Delhi und Mumbai das Einschalten von Agenten dar, die gezielt Frauen kontaktieren und an die Kliniken und Agenturen vermitteln. So werden 73,77 % aller befragten Ersatzmütter in diesen zwei Städten von Agenten angesprochen[444]. Die Vermittlungskliniken bzw. -agenturen sind größtenteils in den Großstädten wie Neu-Delhi, Mumbai, Hyderabad und Bangalore angesiedelt. Daneben sind aufgrund der starken Nachfrage nach Ersatzmutterschaften in Indien in Kleinstädten wie Anand im Bundesstaat Gujarat Vermittlungsagenturen angesiedelt, die eigene Kliniken beherbergen. In diesen Kleinstädten haben sich auf Ersatzmutterschaften ausgerichtete Infrastrukturen gebildet, mitunter weil es einfacher ist, Frauen von den Dörfern im Umkreis der Stadt zu rekrutieren. Die Wartelisten sind damit kürzer und das ersehnte Babyglück lässt nicht lange auf sich warten[445].

Die typische indische Ersatzmutter stammt aus ärmlichen Verhältnissen, ist ungebildet, verheiratet und hat bereits eigene Kinder mit ihrem Ehemann. In einer vom Centre for Social Research in Anand und zwei weiteren Kleinstädten im Bundesstaat Gujarat durchgeführten Studie gaben die Frauen den finanziellen Aspekt als den ausschlaggebenden für ihre Entscheidung an. Die Armut und der Wunsch, ihren eigenen Kindern eine bessere Zukunft zu ermöglichen, wurden als Hauptmotiv angegeben. Für das Geld, das sie für eine durchgeführte Ersatzmutterschaft erhalten, müssten sie sonst mehrere Jahre arbeiten[446]. Wie hoch der Anteil der Ersatzmutter am von den Wunscheltern an die Kliniken gezahlten Geld ausfällt, liegt im Ermessen dieser Kliniken. In der Regel erhält die Ersatzmutter zwischen 4,500 $ und 5000 $[447].

Handelt es sich um eine Tragemutterschaft, erscheinen die Wunscheltern mindestens zweimal in der Klinik. Das erste Mal für den Eingriff, bei dem Gameten

---

442 *Sanjeev Kumar Tiwari/Partha Sarathi Adhya*, Law and Gender, S. 166.

443 Surrogacy Centre India, abrufbar unter http://surrogacycentreindia.com/surrogacy-program.html, zuletzt abgerufen am 20.09.2013.

444 Centre for Social Research, abrufbar unter http://csrindia.org/blog/2013/07/18/surrogacy-ethical-or-commercial/, zuletzt abgerufen am 30.10.2014; Centre for Social Research, Surrogate Motherhood – Ethical or Commercial, S. 60.

445 Centre for Social Research, Surrogate Motherhood – Ethical or Commercial, S. 6; *Nayak*, Globalization and Transnational Surrogacy, S. 2.

446 Ähnlich: *Nayak*, Globalization and Transnational Surrogacy, S. 7.

447 Centre for Social Research, Surrogate Motherhood – Ethical or Commercial, S. 28.

entnommen werden, um den daraus entstehenden Embryo in den Körper der Ersatzmutter einzupflanzen, und das zweite Mal, um das Baby nach der Geburt abzuholen.

Viele Kliniken bevorzugen es, die Ersatzmütter während der Schwangerschaft in einer eigens organisierten Unterkunft zu behalten. Die Gründe hierfür sind unterschiedlich. Teilweise geschieht dies aus praktischen Gründen, weil die Frauen aus weit entfernten Dörfern stammen und nicht zu jeder Untersuchung und jedem Behandlungszyklus zur Klinik fahren können oder weil sie die Schwangerschaft im eigenen Dorf geheim halten wollen; teilweise, weil es dem Interesse der Klinik und der Wunscheltern an der Überwachung und der medizinischen Kontrolle der Ersatzmutter entspricht[448]. Der Wunsch der Ersatzmütter, ihre Schwangerschaft zu verschleiern, rührt daher, dass insbesondere in den Dörfern die Ersatzmutterschaft gesellschaftlich stigmatisiert ist. Die Unkenntnis von künstlichen Befruchtungsmethoden führt dazu, dass die Ersatzmutterschaft mit sexueller Interaktion mit einem fremden Mann in Verbindung gebracht wird.[449].

C. Rechtliche Behandlung der Ersatzmutterschaft in Indien

I. Überblick über das indische Recht

Bei der Republik Indien handelt es sich um eine aus 28 Bundesstaaten und sieben Bundesterritorien zusammengesetzte parlamentarische Bundesrepublik[450]. Die am 26.01.1950 erlassene Constitution of India als das Grundgesetz des Landes erklärt es zu einem säkularen und demokratischen Staat mit föderalen Strukturen[451]. Seit seiner Unabhängigkeitserklärung 1947 gehört er dem britischen Commonwealth an[452].

Zu den Rechtsquellen des indischen Rechts zählen das englische Recht („Common law", „Equity" und „Statute law"), die Legislativakte („Acts of the Legislature"), das Gewohnheitsrecht („Custom"), das persönliche Recht der einzelnen Parteien („Personal law of the parties, e.g. Hindu and Mahomedan law") sowie die Präzedenzfälle („Judicial decisions")[453]. Der starke Einfluss des englischen Rechts auf das indische Rechtssystem ist auf die 89-jährige Kolonialzeit, in der Indien unter der britischen Krone regiert wurde, zurückzuführen[454].

Hinsichtlich der Legislativakte, worunter die kodifizierten Gesetze zu verstehen sind, ist zwischen den „Acts of the Parlament", deren Geltungsbereich den ge-

---

448 *Divya Tyagi*, Law and Gender, S. 205. Centre for Social Research, Surrogate Motherhood – Ethical or Commercial , S. 51 f., 60.

449 *Nayak*, Globalization and Transnational Surrogacy, S. 11 ff.

450 Rieck/*Leipold*, Ausländisches Familienrecht, Indien, S. 1; *Malhotra/Malhotra*, S. ix.

451 *Vagadia*, Outsourcing to India, S. 33; *Davar/Madon*, General Principles, S. 16.

452 *Bergmann/Ferid*, Indien, S. 2.

453 *Davar/Madon*, General Principles, S. 1 ff.

454 *Sharma/Iyer*, Indian Legal System, S. 2.

samten Staat Indiens erfasst, und den „Acts of a State Legislature" zu unterscheiden, welche ihre Wirkung nur in dem Bundesstaat, in dem sie erlassen wurden, entfalten[455].

Eine Besonderheit hinsichtlich der indischen Rechtsquellen besteht darin, dass die indischen Gerichte bei ihren Entscheidungen das „persönliche Recht" der Parteien („Personal law of the parties") zu berücksichtigen haben, soweit keine anderweitigen Regelungen dem kodifizierten oder dem Gewohnheitsrecht zu entnehmen sind. Gehören die Parteien des Verfahrens dem Hinduismus an, finden sich Gesetze in den religiösen Schriften, wie dem „Sruti" und dem „Smriti". Bei Angehörigen des Islam finden mitunter Bestimmungen des Korans Anwendung[456].

Die Gesetzgebungskompetenz regelt Art. 246 und List-I, II, und III im siebten Abschnitt („Seventh Schedule") der Constitution of India. List-I bis III zählen die Rechtsgebiete der ausschließlichen Gesetzgebungskompetenz des Bundes, der Bundesstaaten sowie die Bereiche der konkurrierenden Gesetzgebungskompetenz zwischen dem Parlament und den Bundesstaaten auf. Trifft im Hinblick auf die konkurrierende Gesetzgebung ein Bundesstaat eine gesetzliche Regelung über eine Materie, über die das Parlament ebenfalls ein Gesetz erlassen hat, so ist das Gesetz des Bundesstaates nichtig, es sei denn, es liegt das Einverständnis („assent") des Präsidenten vor[457].

Auf Bundesebene erfolgt die Gesetzgebung („The Union Legislature") durch das Parlament („Parliament"). Dieses besteht aus dem Präsidenten, der das Staatsoberhaupt ist, und zwei Kammern, der „Lok Sabha" („Council of State") und der „Rajya Sabha" („House of the People")[458]. Jeder Gesetzesentwurf muss vor Inkrafttreten von allen drei Instanzen mehrheitlich verabschiedet werden. Die Kompetenz zum Entwurf obliegt ausschließlich den zwei Kammern. Auf Bundesstaatenebene werden Gesetze durch den Gouverneur („Govenor") und die zwei Kammern, „Vidhan Parishan" (Legislative Council") und „Vidhan Sabhan" („Legislative Assembly"), erlassen[459]. Eine wichtige Sekundärrechtsquelle sind die Entscheidungen des Supreme Court und der jeweiligen High Courts in den einzelnen Bundesstaaten, wobei der Supreme Court als der Oberste Gerichtshof an der Spitze der Judikative steht[460]. Seine Entscheidungen stellen Präzedenzentscheidungen dar, die für sämtliche Gerichte verbindlich sind[461].

Eine weitere Rechtsquelle, die von Bedeutung ist, ist das Rechtsinstitut des „Custom", des ungeschriebenen Gewohnheitsrechts, dessen Entstehung von tra-

---

455 *Davar/Madon*, General Principles, S. 6 f.

456 *Davar/Madon*, General Principles, S. 12 f.

457 *Vagadia*, Outsourcing to India, S. 33 f; *Davar/Madon*, General Principles, S. 24 f.

458 *Podehl/Mathur/Agarwal*, Rechtsfragen des Indiengeschäfts, S. 6; Vagadia, Outsourcing to India, S. 33.

459 *Davar/Madon*, General Principles, S. 23 f.

460 *Vagadia*, Outsourcing to India, S. 34; Rieck/*Leipold*, Ausländisches Familienrecht, Indien, S. 1.

461 *Davar/Madon*, General Principles, S. 13 f.

ditionellen und religiösen Einflüssen geprägt ist[462]. Hierbei ist zu unterscheiden zwischen dem „Legal Custom", dessen Bindungswirkung unabhängig vom Willen der betroffenen Parteien gilt, und dem „Conventional Custom", welcher für die Parteien nur Bindungswirkung entfaltet, soweit sie sich darauf einigen[463].

Das indische Rechtssystem verfügt über kein einheitliches Zivilgesetzbuch. Insbesondere das Familienrecht ist geprägt von den verschiedenen Religionen und Glaubensrichtungen in den unterschiedlichen Teilen des Landes. Dieses setzt sich damit aus den Präzedenzfällen, den Kodifikationen und aus dem Recht der unterschiedlichen Religionsgemeinschaften und Volksstämme zusammen[464]. Bestrebungen, ein einheitliches Zivilgesetzbuch zu erlassen, scheiterten bislang daran, dass insbesondere die Muslime in Indien die Befürchtung haben, dann das Recht der Hindugemeinschaft aufoktroyiert zu bekommen[465].

Diese Vielfalt schafft Probleme. Was die Adoption betrifft, so verbietet der Hindu Adoption und Maintenance Act, 1956 die Adoption von Kindern durch Personen, die nicht dem Hinduismus angehören. Schätzungen zufolge leben in Indien 12 Millionen Waisenkinder, die weder von ausländischen noch von inländischen adoptierwilligen Personen, die keine Hindus sind, adoptiert werden können[466].

Hinsichtlich der Ersatzmutterschaft existieren in Indien bislang keine Gesetze, die verbindliche Regelungen hinsichtlich der Ausgestaltung von Ersatzmutterschaftsvereinbarungen treffen. Gerade weil das indische Recht kein ausdrückliches Verbot der Ersatzmutterschaften ausspricht, werden sie landesweit praktiziert. Doch insbesondere die kommerzielle Ersatzmutterschaft stößt in der rechtswissenschaftlichen Literatur des Landes auf Kritik[467].

Derzeit erfolgt vor dem Hintergrund, dass keine kodifizierten Regelungen existieren, die Abwicklung von Ersatzmutterschaften über die ART-Kliniken bzw. sog. Fertility Center, die in der Regel von den interessierten Wunscheltern kontaktiert werden. Sie verfügen über eigene Banken mit den Namen von potentiellen Ersatzmüttern, Ei- sowie Spermazellspendern und bieten mit ihrem Angebot die medizinische sowie rechtliche Betreuung und Beratung vom Beginn bis zum Abschluss des Prozesses an. Insbesondere von den ausländischen Wunscheltern wird oftmals

---

462 *Vagadia*, Outsourcing to India, S. 35.

463 *Davar/Madon*, General Principles, S. 7 ff.

464 *Malhotra/Malhotra*, S. Ix; Rieck/*Leipold*, Ausländisches Familienrecht, Indien, S. 1, Bergmann/Ferid, Indien, S. 9; Je nach Religionszugehörigkeit werden von den Gerichten in Indien das „Mohammedan Law", wozu der „Sharia Act", „Divorce Act" und der „Maintenance Act" gehören, der „Parsi Marriage & Divorce Act", „The Indian Christian Marriage Act, 1872", der „Divorce Act, 1869", der „Indian Succession Act, 1925" und der „Hindu Marriage Act 1955" angewandt (*Sayied*, Family Law; *Aiyar*, Law of Marriage).

465 *Ratnaparkhi*, Uniform Civil Code, S. 99 f.

466 *Malhotra/Malhotra*, S. 4 f.

467 *Thakkar*, Cri LJ 2011, 88, 88; *Srinivas*, Andhra LT 2010, 24, 28; *Motwani*, Karnataka LJ 2011, 17, 17; *Chatterjee*, Madras LJ 2012, 72, 72.

die Unterstützung von Vermittlungsagenturen („surrogacy agencies“) in Anspruch genommen[468].

II. Die Rechtslage de lege lata

1. *National Guidelines for Accreditation, Supervision and Regulation of ART Clinics in India des Indian Council for Medical Research 2005 als Richtlinien de lege lata*

Als Reaktion auf den öffentlichen Druck infolge des rasanten Anstiegs an Ersatzmutterschaftsvereinbarungen in Indien[469] erließ der Indian Council for Medical Research[470] in Zusammenarbeit mit der National Academy of Medical Sciences[471] im Jahre 2005 die National Guidelines for Accreditation, Supervision and Regulation of ART[472] Clinics“[473]. Dieses 126-seitige Dokument, das Richtlinien in Verbindung mit den künstlichen Reproduktionsmethoden vorgibt, trifft ebenfalls Regelungen zur Ersatzmutterschaft. Die Richtlinien sind nicht bindend („non-statutory“, „have no legal sanctity“)[474]. Das VG Köln bezeichnete sie in seinem Urteil vom 20.02.2013[475] als „norminterpretierende oder -konkretisierende Verwaltungsvorschriften“, die „keine materiell-rechtliche Regelung treffen“. Da die Richtlinien das Resultat zahlreicher Diskussionen unter Medizinern und Experten darstellt, seien sie nicht als Teil eines „Common law zur Leihmutterschaft“ anzusehen. Damit werde auch dadurch keine Bindungswirkung begründet.[476] Gerichtet sind diese in erster Linie an die ART praktizierenden Kliniken, die an der Durchführung von Ersatzmutterschaften wesentlich beteiligt sind[477]. Die in diesen Richtlinien für die Ersatzmutterschaft relevanten Regelungen sind die folgenden:

---

468 Ein Beispiel hierfür „Surrogacy India“, abrufbar unter http://www.surrogacyindia.com/Surrogacy-Process.html, zuletzt abgerufen am 11.12.2014.

469 *Kari Point,* Commercial Surrogacy and Fertility Tourism in India, abrufbar unter http://www.duke.edu/web/kenanethics/CaseStudies/BabyManji.pdf, S. 7, zuletzt abgerufen am 30.10.2014.

470 Fortan „ICMR“ genannt; abrufbar unter www.icmr.nic.in/art/art_clinics.htm, zuletzt abgerufen am 30.10.2014.

471 Fortan „NAMS“ genannt.

472 ART steht für „Artificial Reproduction Technology und bedeutet übersetzt: Künstliche Reproduktionstechnologie.

473 *Chavan,* AIR 2008, J 103, J 107; *Motwani,* Karnataka LJ 2011, 17, 26.

474 *Malhotra/Malhotra,* S. 4.

475 VG Köln, Urt. v. 20.02.2013, NJW 2013, S. 2617.

476 VG Köln, Urt. v. 20.02.2013, NJW 2013, S. 2617, 2618 f.

477 *Chawla,* Civil and Military LJ 2009, 189191.

a) Form der anerkannten Ersatzmutterschaft

Nach Sec. 1.2.33 der Richtlinie handelt es sich bei der Ersatzmutterschaft um eine Vereinbarung, bei der eine Frau sich bereit erklärt, ein Kind auszutragen, das weder mit ihr noch mit ihrem Ehemann genetisch verwandt ist. Dabei muss sie die Absicht haben, das Kind nach der Geburt den Wunscheltern, mit denen sie die Ersatzmutterschaftsvereinbarung trifft, auszuhändigen[478]. Gemäß Sec. 3.5.4 kann die Eispenderin nicht als Ersatzmutter fungieren[479]. Mithin soll nach dieser Richtlinie die Ersatzmutterschaft nur in Form der Tragemutterschaft erfolgen.

b) Medizinische Indikation als Grundvoraussetzung

Die Ersatzmutterschaft, die durch künstliche Reproduktionsmethoden ermöglicht wird, soll gemäß Sec. 3.10.2 grundsätzlich nur der Frau gewährt werden, die aufgrund physischer oder medizinischer Gründe daran gehindert ist, schwanger zu werden und das Kind auszutragen[480]. Damit scheiden die Fälle aus, in denen die Frau beispielsweise aus ästhetischen Gründen das Kind nicht austragen will.

c) Anforderungen an die Ersatzmutter

Als Ersatzmutter kommt nach Sec. 13.10.6 der Richtlinie sowohl eine den Wunscheltern unbekannte als auch eine ihnen bekannte Frau in Frage. Steht die Ersatzmutter zu den Wunscheltern in einer verwandtschaftlichen Beziehung, so hat die Ersatzmutter zur gleichen Generation wie die Wunschmutter zu gehören. Dadurch würden Konstellationen verhindert werden, in denen eine Frau ein Kind für ihr eigenes Kind austrägt.

Die Richtlinie legt in Sec. 13.10.5 weiterhin eine Altersbegrenzung nach oben für die Ersatzmutter fest. Sie soll nicht das Alter von 45 Jahren überschritten haben.

Bevor eine IVF-Behandlung in Verbindung mit einem Embryotransfer bei einer Ersatzmutter vorgenommen wird, soll ein HIV-Test durchgeführt werden. Ferner ist von der Ersatzmutter schriftlich zu erklären, dass sie a) sich keine Drogen intravenös mit einer bereits verwendeten Spritze verabreicht bzw. hat verabreichen lassen, b) bislang keine Bluttransfusion bekommen hat und c) ihr Ehemann keinen außerehelichen Geschlechtsverkehr hatte. Die Erklärung hat weiterhin zu beinhalten, dass sie von den oben genannten Handlungen während der Schwangerschaft Abstand halten wird (Sec. 13.10.7).

d) Höchstzahl der übertragenen Embryonen

Während eines Behandlungszyklus sollen, unabhängig von der Behandlungsart, einer Frau nicht mehr als drei Eizellen bzw. Embryonen eingepflanzt werden. Eine

478 Guidelines for ART Clinics in India, abrufbar unter: http://www.icmr.nic.in/art/Chapter%20_1.pdf, S. 10, zuletzt abgerufen am 30.10.2014.
479 Guidelines for ART Clinics in India, S. 63.
480 Guidelines for ART Clinics in India, S. 69.

Ausnahme soll gemacht werden dürfen, wenn die Frau das Alter von 37 überschritten hat oder drei fehlgeschlagene Befruchtungsversuche vorliegen (Sec. 3.5.12).

Sec. 13.10.8 legt die Höchstgrenze für die Anzahl der Ersatzmutterschaften fest. Danach soll eine Frau auf ihr ganzes Leben bezogen höchstens drei Mal als Ersatzmutter fungiert haben.

e) Höhe der Vergütung der Ersatzmutter

Die Höhe der Vergütung der Ersatzmutter für das Austragen des Kindes soll sich gemäß Sec. 3.10.03[481] nach den tatsächlichen Ausgaben während der Schwangerschaft richten, wobei die ART–Klinik nicht in die finanziellen Angelegenheiten einbezogen werden soll. Nach Sec. 3.5.4 soll die Vergütungshöhe von den Parteien – Ersatzmutter und Wunscheltern – festgelegt werden.

f) Werbung durch die ART–Kliniken

Nach Sec. 3.10.4 der Richtlinie obliegt die Verantwortung für die Suche nach einer geeigneten Ersatzmutter den Wunscheltern oder der Samenbank. Den ART–Kliniken soll die Werbung für Ersatzmutterschaften verwehrt werden[482].

g) Rechtliche Zuordnung des Kindes

Das Kind, das von einer Ersatzmutter ausgetragen wird, soll gemäß Sec. 3.10.1 von den genetischen Eltern adoptiert werden, es sei denn, sie können durch genetische Fingerabdrücke darlegen, dass das Kind ihres ist[483]. Dies steht im Widerspruch zu Sec. 3.16.1, wonach das Kind, das mithilfe der künstlichen Reproduktionstechniken gezeugt wurde, als das Kind des Paares anzusehen ist, welchem das Sorgerecht zusteht und das miteinander verheiratet ist. Danach sind die Wunscheltern, die sich im Zeitpunkt der Geburt des Kindes in einer rechtmäßigen Ehe befinden, als die rechtlichen Eltern anzusehen[484].

h) Kritische Bewertung der Richtlinie

Die größte Schwäche der Richtlinie liegt in ihrer fehlenden rechtlichen Bindungswirkung[485]. Rechtliche Sanktionen bei Verstoß der ART-Kliniken gegen Regelungen der Richtlinien bleiben somit aus. Damit geht die mit der Richtlinie beabsichtigte Überwachung und Regulierung der Kliniken, die bei der Durchführung der Ersatz-

481 Guidelines for ART Clinics in India, S. 69.
482 Guidelines for ART Clinics in India, S. 63.
483 Guidelines for ART Clinics in India, S. 68.
484 Guidelines for ART Clinics in India, S. 74.
485 So auch: *Lakshmahan,* Madras LJ 2009,Vol. 241 (3), 41, 42; *Chawla,* Civil and Military LJ 2009, 189, 192.

mutterschaft wesentlich beteiligt sind[486], fehl[487]. Die Bedeutung beschränkt sich auf den symbolischen Charakter der Vorschriften.

Die Richtlinie könnte jedoch auch bei einer Verbindlichkeit der Regelungen nur teilweise einen besseren Schutz für Ersatzmutter und Kind gewährleisten. Positiv zu bewerten ist, dass die Richtlinie Regelungen gegen die Kommerzialisierung der Ersatzmutterschaft trifft. Auch wurde dem medizinischen Schutzaspekt Beachtung geschenkt, wenn auch nicht umfassend. Es wurde versäumt, klare Regelungen unter anderem hinsichtlich des Mindestalters der Ersatzmutter[488], der Adoptionsvoraussetzungen und der Einwilligungserklärung der Ersatzmutter zu treffen[489]. Aufgrund des unverbindlichen Charakters lassen sich kaum Kliniken und Agenturen finden, die sich an die Richtlinie halten.

2. *Baby Manji Yamada v. Union of India als Präzedenzfall*

a) Die Entscheidung

Die bislang wichtigste gerichtliche Entscheidung zum Umgang mit der Ersatzmutterschaft stellt das Urteil Baby Manji Yamada v. Union of India[490] dar[491]. Dieser Fall wurde am 29.09.2008 vor dem höchsten indischen Gericht, dem Supreme Court[492] in Neu-Delhi[493], entschieden.

Dr. Yuki Yamada und Dr. Ikufumi Yamada aus Japan hatten im Jahr 2007 eine Ersatzmutterschaftsvereinbarung mit einer indischen Ersatzmutter unterzeichnet. Dabei wurde der Ersatzmutter eine mit der Samenzelle von Dr. Ikufumi Yamada künstlich befruchtete gespendete Eizelle eingesetzt. Noch vor Geburt des Kindes kam es zur Trennung des japanischen Ehepaares[494].

---

486 National Guidelines for Accreditation, Supervision and Regulation of ART Clinics in India, abrufbar unter: http://www.icmr.nic.in/art/Prilim_Pages.pdf, zuletzt besucht am 30.10.2014.

487 *Lakshmahan,* Madras LJ 2009, Vol. 241 (3), 41, 42.

488 So auch: Sama Resource Group for Women and Health, ARTs and Women – Assistance in Reproduction and Subjugation, abrufbar unter http://www.samawomenshealth.org/pubs/book.pdf, S. 91, zuletzt abgerufen am 07.12. 2012 – weitere Kritik wird am Höchstalter von 45 Jahren geübt, welches als viel zu hoch von Sama Resource Group for Women and Health angesehen wird.

489 So auch: *Chawla,* Civil and Military LJ 2009, 189, 192; *Sama,* ARTs and Women – Assistance in Reproduction and Subjugation, S. 96.

490 *Pasayat/Sharma,* AIR 2009 SC 84; (2008) 13 SCC 518.

491 *Srinivas,* Andhra LT 2010, 24, 28.

492 *Rieck,* Ausländisches Familienrecht, Indien.

493 Supreme Court of India, abrufbar unter www.supremecourtofindia.nic.in, zuletzt besucht am 30.10.2014.

494 *Pasayat/Sharma,* AIR 2009 SC 84, 85; (2008) 13 SCC 518, 521; *Lakshmahan,* Madras LJ 2009, Vol. 241 (5), 105, 107.

Das Kind wurde am 25.07.2008 in Anand im Bundesstaat Gujarat zur Welt gebracht, wo von der Verwaltung die Geburtsurkunde mit Dr. Ikufumi Yamada als rechtlichem Vater ausgestellt wurde. Nach der Geburt wurde das Kind weder von der Ersatzmutter noch von der japanischen Wunschmutter Dr. Yuki Yamada, zu der keine genetische Abstammung bestand, gewollt. Baby Manji wurde daher am 03.08.2008 ins Arya Hospital nach Jaipur im Bundesstaat Rajasthan zur Pflege und medizinischen Behandlung gebracht.

Im Folgenden beantragte der genetische Wunschvater, Dr. Ikufumi Yamada, das Sorgerecht für das Kind Manji, musste jedoch aufgrund des Ablaufs seines Visums das Land verlassen und nach Japan zurückkehren[495]. Zudem sah die Ersatzmutterschaftsvereinbarung ein gemeinsames Sorgerecht, jedoch nicht die Übernahme eines alleinigen Sorgerechts durch einen Elternteil vor[496].

In der Vorinstanz vor dem Rajasthan High Court hatte sich SATYA, eine Nichtregierungsorganisation, mit einem Verfügungsantrag als Nebenkläger („opposite party no. 3") gegen die Sorgerechtserteilung gewandt[497].

Dr. Ikufumis Mutter, Emiko Yamada, flog zwecks Pflege ihres Enkelkindes nach Indien ein und reichte beim Supreme Court einen Antrag gemäß Artikel 32 der Constitution of India 1950[498] ein. Der Antrag wurde vom Supreme Court an die von ihm für zuständig gehaltene National Commission for Protection of Child Rights weitergeleitet, welche durch Chapter III Section 13 des Commission for Protection of Child Rights Act von 2005[499] begründet wurde[500].

Der Antrag der Großmutter richtete sich auf die Erteilung des Sorgerechts sowie eine Ausreisegenehmigung für ihr Enkelkind Baby Manji. Für den Supreme Court war keine geltend gemachte Beeinträchtigung des Kindes ersichtlich. Der Verfügungsantrag der SATYA wurde abgelehnt[501] und Emiko Yamada wurde die Ausreise mit ihrem Enkelkind Manji Yamada gestattet[502]. Manji Yamada wurde nach der Entscheidung bei der zuständigen Behörde in Jaipur (Bundesstaat Rajasthan)

495 *Pasayat/Sharma,* AIR 2009 SC 84, 85; The Law Commission of India, Report 228, 2009, Chapter VI, 4.1, abrufbar unter http://lawcommissionofindia.nic.in/reports/report228.pdf, zuletzt abgerufen am 30.10.2014.

496 *Lakshmahan,* Madras LJ 2009, Vol. 241 (5), 105, 107.

497 *Pasayat/Sharma,* AIR 2009 SC 84, 84.

498 Abrufbar unter http://indiankanoon.org/doc/981147/, zuletzt abgerufen am 30.10.2014.

499 Abrufbar unter http://indiankanoon.org/doc/1203423/, zuletzt abgerufen am 30.10.2014; (2008) 13 SCC 518, S. 521, 522.

500 *Pasayat/Sharma,* AIR 2009 SC 84, 85; (2008) 13 SCC 518, S. 518; *Motwani,* Karnataka LJ 2011, 17, 26; *Srinivas,* Andhra LT 2010, 24, 28.

501 *Pasayat/Sharma,* AIR 2009 SC 84, 87.

502 The Law Commission of India, Report 228, 2009, Chapter I, 1.16, abrufbar unter http://lawcommissionofindia.nic.in/reports/report228.pdf (zuletzt abgerufen am 30.10.2014); *Lakshmanan* in Madras LJ 2009, Vol. 241 (5), 105, 107.

ein entsprechender Personalausweis ausgestellt. Die Frage der Staatsangehörigkeit blieb jedoch ungeklärt[503].

Besondere Bedeutung wird dem Urteil deshalb beigemessen, weil es die kommerzielle Ersatzmutterschaft für legal erklärt und die Möglichkeit der Erteilung des alleinigen Sorgerechts an einen Elternteil bei einer Ersatzmutterschaft unter der Bedingung der genetischen Abstammung einräumt[504].

b) Ergebnis

Die Entscheidung zeigt auf, welche Dimension die Ersatzmutterschaft und vor allem die Ersatzmutterschaft mit internationalem Bezug annehmen kann und welche Gefahren damit für das Kind verbunden sein können. Dass ein Kind, vergleichbar mit einer Sache, zuerst „in Auftrag" gegeben wurde und nach „Auslieferung" gegen Geld von einer Partei nicht mehr gewollt wird, stellt ein Realität gewordenes „worst-case-scenario" dar.

Der Oberste Gerichtshof hat mit dieser Entscheidung verdeutlicht, dass kommerzielle Ersatzmutterschaften in Indien legal sind[505], und dadurch einen Beitrag von zweifelhaftem Wert dazu geleistet, Indien an die Spitze der Länder mit den am meisten durchgeführten Ersatzmutterschaften zu führen.

3. Die Zuordnung sowie die Staatsangehörigkeit des Kindes

a) Die Staatsangehörigkeit des Kindes

Wird ein Kind im Rahmen einer Ersatzmutterschaft von einer indischen Ersatzmutter für Wunscheltern bzw. eine alleinstehende Wunschperson mit ausländischer Nationalität ausgetragen, so stellt sich die Frage nach der Staatsangehörigkeit des Kindes. Hinsichtlich der Staatsangehörigkeit sieht Sec. 3 des Indian Citizenship Act, 1955[506] vor, dass eine Person, die am oder nach dem 01.07.1987 geboren wurde, als indischer Staatsbürger gilt, wenn ein Elternteil zum Zeitpunkt seiner Geburt indischer Staatsbürger war. Diejenigen, die nach dem 03.12.2004 geboren sind, werden als indische Staatsbürger betrachtet, soweit entweder beide Elternteile die indische Staatsbürgerschaft besitzen oder nur einer der Elternteile indischer Staatsbürger und der andere im Zeitpunkt der Geburt des Kindes kein illegaler Migrant ist[507].

---

503 *Kusumam,* Kerala LT 2012 (1), 32, 37, 39.

504 *Pasayat/Sharma,* AIR 2009 SC 84, 86; (2008) 13 SCC 518, S. 520.

505 Anderer Ansicht ist *Mortazavi,* die die generelle Zulässigkeit solcher Ersatzmutterschaftsvereinbarungen durch die Gerichtsentscheidung ablehnt („Ad hoc arrangements such as this can resolve specific cases but are not systematically acceptable, as was illustrated soon after in Jan Balaz v. Union of India"), *Mortazavi,* S. 2275).

506 Abrufbar unter http://indiancitizenshiponline.nic.in/acquisition1.htm, zuletzt abgerufen am 30.10.2014.

507 *Agrawal/Ankit* in (2012) SCC (J), J – 13.

Besondere Wichtigkeit ist der Staatsangehörigkeit des Kindes beizumessen, da ein gültiger Pass zur Ausreise des Kindes aus Indien erforderlich ist, insbesondere dann, wenn das Zielland, in das das Kind von den Wunscheltern gebracht werden soll, die Ersatzmutterschaft rechtlich nicht anerkennt[508]. Entscheidend für die Ermittlung der Staatsangehörigkeit des Kindes ist somit die Staatsangehörigkeit der Eltern zum Zeitpunkt der Geburt. Bei der Ersatzmutterschaft stellt sich die schwierige Frage, wer die rechtlichen Eltern des Kindes sind. Bei der Ersatzmutterschaft kommen im extremen Fall, in dem die Gameten von einem Spender stammen, bis zu drei Männer als rechtlicher Vater und drei Frauen als rechtliche Mutter des Kindes in Frage: als rechtliche Mutter die Ersatzmutter, die Eizellspenderin sowie die Wunschmutter und als rechtlicher Vater der Ehemann der Ersatzmutter, der Spermaspender sowie der Wunschvater[509].

Damit würde dem im Wege der Ersatzmutterschaft zur Welt gebrachten Kind gemäß Sec. 3 des Indian Citizenship Act die indische Staatsangehörigkeit zustehen, wenn das Kind entweder der indischen Ersatzmutter oder/und ihrem Ehemann oder dem indischen Spermaspender bzw. der indischen Eizellspenderin rechtlich zugeordnet werden würde. Sie würde ihm wiederum verwehrt werden, sollten die Wunscheltern aus dem Ausland als rechtliche Eltern anerkannt werden[510].

Sec. 3.16.1 der ICMR Guidelines 2005[511] sieht vor, dass ein Kind, das durch künstliche Befruchtung geboren wird, als das rechtliche Kind des Paares anzusehen ist, welches durch beidseitige Einwilligung die künstliche Befruchtung in Auftrag gegeben hat. Somit wären nach dieser Vorschrift die Wunscheltern bzw. die alleinstehende Wunschperson als rechtliche Eltern anzusehen. Da es sich bei den ICMR Guidelines 2005 um rechtlich nicht bindende Regelungen handelt, bleibt diese Vorschrift unanwendbar.

aa) Die rechtliche Mutter des Kindes

Solange die ICMR Guidelines 2005 rechtlich unverbindlich bleiben und der Entwurf der Assisted Reproductive Technology Bill 2010 nicht als Gesetz verabschiedet wird, ist die Entscheidung Jan Balaz v. Anand Municipality & Ors. als Präzedenzfall von Bedeutung.

Mit der Bestimmung der Abstammung in Verbindung mit der Bestimmung der Nationalität eines von einer indischen Ersatzmutter ausgetragenen Kindes hatte sich der Gujarat High Court[512] zu befassen.

---

508 *Agrawal/Ankit* in (2012) SCC (J), J – 13; *Chawla,* Civil and Military LJ 2009, 189, 191.

509 *Reetu/Basabdutta,* Surrogate birth, AIR 2009, 108, 111.

510 *Agrawal/Ankit,* (2012) SCC 6 (5), J – 13.

511 Abrufbar unter http://www.icmr.nic.in/art/Chapter_3.pdf, S. 74, zuletzt abgerufen am 30.10.2014.

512 *Radhakrishnan/Dave,* AIR 2010 Guj. 21: (2010) 2 AIR Kant R (NOC) 139.

Das deutsche Ehepaar Jan Balaz und Susanna Anna Lohe wandte sich im Jahr 2007 mit seinem unerfüllten Kinderwunsch an ein „Fertility Center" in der Stadt Anand (Gujarat). Als sich herausstellte, dass Susanna Anna Lohe nicht in der Lage war eigene Eizellen zu spenden, wurde einer indischen Ersatzmutter eine von einer anonymen Spenderin stammende und mit der Spermazelle Jan Balaz' befruchtete Eizelle in die Gebärmutter eingepflanzt. Zuvor wurde zwischen den deutschen Wunscheltern und der Ersatzmutter eine Leihmutterschaftsvereinbarung getroffen. Als die Zwillingssöhne, Balaz Nicholas und Balaz Leonard, am 04.01.2008 von der Ersatzmutter ausgetragen worden waren, beantragte der genetische Wunschvater der Kinder die Registrierung der Geburt in der dafür vorgesehenen Form bei der zuständigen Behörde in Anand Nagar Palika. Die Behörde stellte den Kindern gemäß den Vorschriften des Registration of Births and Deaths Act, 1969 die Geburtsurkunde aus, jedoch mit einem falschen Geburtsdatum. Als Eltern wurden die Namen des genetischen Wunschvaters und der genetisch mit den Kindern nicht verwandten Wunschmutter eingetragen, was einen Verstoß gegen Scheme 2 (1) (a) und 2 (1) (d) des Registration of Births and Deaths Act, 1969[513] darstellte[514]. Im Zuge der Korrektur des Fehlers wurde ebenfalls der Name der deutschen Wunschmutter, Susanna Anna Lohe, mit dem Namen der indischen Ersatzmutter, Marthaben Immanuel Khristi, ausgetauscht. In Folge dessen wurde den Kindern der indische Pass ausgestellt. Dieser wurde jedoch vom Auswärtigen Amt Indiens („Ministry for external Affairs") zumindest für den Zeitraum bis zur Entscheidungsfindung in einer anderen am Gujarat High Court anhängigen Sache zurückgefordert. Der Wunschvater kam dieser Forderung nach und gab die Pässe der Kinder an die zuständige Behörde in Ahmedabad zurück. Das Dilemma, das sich nun ergab, bestand darin, dass die Kinder ohne Pass nicht nach Deutschland ausreisen konnten und weder die indische noch die deutsche Staatsangehörigkeit[515] besaßen[516].

Der Gujarat High Court hatte darüber zu entscheiden, ob die Verweigerung des indischen Passes, wie vom Vater Jan Balaz vorgebracht, gegen Art. 21 der Constitution of India[517] verstößt und somit die Rückforderung der Pässe der Zwillingssöhne unrechtmäßig war. Hierzu musste vom Gericht über die rechtliche Zuordnung der Zwillinge entschieden werden. Denn gemäß Sec. 3 (1) (b) des Citizenship Act, 1955[518]

---

513 The Registration of Births And Deaths Act, 1969, abrufbar unter http://www.pbnrhm.org/docs/b&d_reg.pdf, zuletzt abgerufen am 30.10.2014.

514 *Radhakrishnan/Dave*, AIR 2010 Guj. 21, 22.

515 Das VG Berlin hat mit seinem Beschl. v. 26.11.2009–11 L 396/09, BeckRS 2009, 42145 im Eilverfahren gemäß § 123 Abs. 1 S. 2 VwGO die Erteilung der Staatsangehörigkeit mit Verweis auf die Entscheidung des High Court of Gujarat abgelehnt.

516 *Kusumam*, Kerala LT 2012 (1), 37, 39.

517 Mit ihren mehr als 400 Artikeln gehört die indische Verfassung zu den umfangreichsten ihrer Art. So *Leipold*, Rieck, Ausländisches Familienrecht, Indien.

518 Abrufbar unter www.indiankanoon.org/doc/1935787/, zuletzt abgerufen am 30.10.2014.

würde den Kindern nicht die indische Staatsbürgerschaft zustehen, wenn es sich bei den Eltern nicht um indische Staatsbürger handelt. Den indischen Pass können nach Sec. 6 (2) (a) des Passport Act, 1967[519] nicht-indische Staatsangehörige nicht beantragen[520].

Für den Gujarat High Court ist besondere Bedeutung dem Kindeswohl und der Beziehung der Ersatzmutter und der Eizellspenderin zu den Kindern beizumessen. Die Entscheidung des Gerichts fällt dennoch zugunsten der Ersatzmutter aus. Es sei auf die Blutsverwandtschaft („blood relations") abzustellen und somit eine nähere Beziehung zur Tragemutter zuzugestehen. Sie sei diejenige, die das Kind zehn Monate lang in sich getragen und es mittels der Nabelschnur ernährt habe. Die Frau, von der die Eizelle stamme, könne nicht die „natürliche" Mutter („natural mother") sein, da sie weder das Kind in sich getragen noch die Spermazelle zur Befruchtung erhalten habe[521]. Die Zwillinge sind rechtlich der indischen Ersatzmutter, die dem Hinduismus zugehörig ist, und nicht der Eizellspenderin oder der Wunschmutter zuzuordnen. Dem Gericht nach erhalten die Zwillinge mit der Geburt die indische Staatsangehörigkeit gemäß Sec. 3 (1) (c) (ii) des Citizenship Act, 1955, da ein Elternteil der Kinder, die Ersatzmutter, indische Staatsangehörige ist[522]. Diese Entscheidung hat zur Folge, dass die einzige Möglichkeit für die Wunscheltern, die rechtliche Elternschaft zu erlangen, der Weg der Adoption ist. Eine Adoption würde sich in der Geburtsurkunde der Kinder niederschlagen, in der dann die Ersatzmutter als Mutter eingetragen werden wird. Dies führt zu erheblichen Schwierigkeiten bei einer Adoption durch ausländische Paare, da das indische Recht mit dem Hindu Adoption and Maintenance Act, 1956 nur Regelungen für Angehörige des Hinduismus trifft. Nach Sec. 17[523] sind jede Annahme einer Bezahlung, die Bezahlung einer anderen Person und das Einverständnis hierzu in Zusammenhang mit der Adoption strafbar. Dies würde eine Kollision mit der kommerziellen Ersatzmutterschaft darstellen. Sekulare Adoptionsvorschriften sind im indischen Recht nicht vorhanden[524].

Diese Entscheidung des Gujarat High Court wurde von der Zentralregierung („Central Government") vor den Supreme Court gebracht[525]. Dieser entschied, den

---

519 Abrufbar unter www.indiankanoon.org/doc/652529/, zuletzt abgerufen am 30.10.2014.

520 *Radhakrishnan/Dave,* AIR 2010 Guj. 21, 21, 22: (2010) 2 AIR Kant R (NOC) 139.

521 *Radhakrishnan/Dave,* AIR 2010 Guj. 21, 25: (2010) 2 AIR Kant R (NOC) 139.

522 *Radhakrishnan/Dave,* AIR 2010 Guj. 21, 25, 26 (2010) 2 AIR Kant R (NOC) 139; *Agrawal/Ankit,* Lost citizenship of a surrogate child, (2012) SCC 6 (5), J- 13; *Motwani,* Karnataka LJ 2011, 17, 27; *Thakkar,* Cri LJ 2011, J 88, J 92.

523 Abrufbar unter www.punjabrevenue.nic.in/hadoptact(1).htm, zuletzt abgerufen am 30.10.2014.

524 *Akhila,* Karnataka LJ 2011, 49, 58.

525 *Usha Rengachary Smerdon,* International Surrogacy Arrangements – Legal Regulation at the International Level, 2013, S. 207; *Nath/Manasa,* Andhra LT 2011 (1), J 28, J 28.

Zwillingen „travel visa“ zur Einreise nach Deutschland auszustellen. Der Supreme Court empfahl den Wunscheltern für die Zwillinge in Deutschland nach der Einreise die Aufenthaltserlaubnis zu beantragen. Im Fall der Verweigerung durch die deutschen Behörden sollte ihnen die Rückreise gestattet werden[526].

Im Jahr 2010 wurde von India's Central Adoption Resources Agency in einem Ausnahmefallverfahren die Adoption der Zwillinge durch die Wunscheltern gestattet[527]. Ebenfalls hat die deutsche Regierung den Zwillingen in einem Ausnahmefall das Einreisevisum erstellt. Dass die Verweigerung der deutschen Staatsangehörigkeit und damit auch des deutschen Passes bei Ersatzmutterschaft, auch bei genetischer Verwandtschaft, rechtmäßig ist, wurde vom OVG Berlin bestätigt[528].

bb) Der rechtlicher Vater

Gemäß Sec. 112 des Indian Evidence Act, 1872[529] gilt die Vaterschaftsvermutung zugunsten des Ehemannes der Frau, die das Kind geboren hat, es sei denn, die beiden hatten in keinem möglichen Zeugungszeitpunkt physischen Kontakt miteinander. Voraussetzung ist, dass das Kind innerhalb einer wirksamen Ehe oder innerhalb von 280 Tagen nach Auflösung der Ehe geboren wurde. Somit gilt ein Kind, welches außerhalb der Ehe geboren wird, als nichtehelich. Eine ausdrückliche Regelung für die Fälle der künstlichen Befruchtung, insbesondere für den Fall der Ersatzmutterschaft, ist nicht vorgesehen[530].

Für die Anwendbarkeit dieser Vorschrift auf die Vaterschaftsfeststellung bei der Ersatzmutterschaft fehlt es jedoch bislang an einer eindeutigen rechtlichen Bestimmung der rechtlichen Mutter des Kindes. Sollte die Entscheidung des indischen Gesetzgebers dahingehend ausfallen, dass die austragende Ersatzmutter als rechtliche Mutter anzusehen ist, so wäre jedenfalls die Vaterschaftsvermutung der Sec. 112 des Indian Evidence Act von 1872 einschlägig.

b) Die aktuellen Entwicklungen

Das Ministry of Home Affairs hat auf die Entscheidung des Gujarat High Court reagiert. Dieser hatte die Ersatzmutter als die rechtliche Mutter mit der Folge anerkannt, dass dem von ihr ausgetragenen Kind die indische Staatsangehörigkeit zusteht. Es hat das Erfordernis eines „Medical Visa“ anstatt des bislang geltenden

---

526 Union of India & ANR v. Jan Balaz and others, Special Leave to Appeal (Civil) No 31639 of 2009 Supreme Court of India.

527 *Mortazavi*, S. 2276.

528 OVG Berlin-Brandenburg, Beschl. v. 06.07.2011 – OVG 5 S 13/11, BeckRS 2011, 54132.

529 Abrufbar unter www.indiankanoon.org/doc/817818/, zuletzt abgerufen am 30.10.2014.

530 *Koolwali,* Surrogate parenthood, 160, 164; *Reetu/Basabdutta,* AIR 2009, 108, 111.

„Tourist Visa" eingeführt[531]. Bereits im Juli 2012 hatte das Ministry of Home Affairs die ausländischen Botschaften darüber in Kenntnis gesetzt. Dem Foreigners Regional Registration Office (FRRO) und den „Fertility Center" wurde die Information erst am 17.12.2012 mitgeteilt[532].

Für den Erhalt des „Medical Visa" sind zusätzliche Voraussetzungen zu erfüllen: Es muss sich beim beantragenden Paar um ein heterosexuelles Paar handeln, das seit mindestens zwei Jahren verheiratet ist.

Durch ein Schreiben der Botschaft bzw. des Außenministeriums des Landes, aus welchem das Paar stammt, muss bestätigt werden, dass das Land Ersatzmutterschaften rechtlich anerkennt und dem durch die Ersatzmutterschaft geborenen Kind als dem biologischen Kind der Wunscheltern die Einreise gewährt werden würde.

Es muss der Nachweis vorgelegt werden, dass die Behandlung bei einer bei der ICMR registrierten ART-Klinik vorgenommen wird. Erst bei Erfüllung dieser Kriterien wird das „Medical Visa" ausgestellt[533]. Die neuen Entwicklungen führen dazu, dass sowohl ausländische Einzelpersonen, nicht miteinander verheiratete Paare, verheiratete Ehepaare, in deren Land Ersatzmutterschaften rechtlich nicht anerkannt werden, alleinstehende Wunschelternteile als auch homosexuelle Paare von der Beauftragung einer Ersatzmutterschaft ausgeschlossen werden. Durch den Widerspruch zu Regelungen der ART-Bill 2010, die als Gesetzesentwurf dem Parlament vorgelegt werden sollen, hat die aktuelle Entwicklung zur Verwirrung geführt[534]. Durch den neuen Erlass wird für ausländische Wunscheltern durch das Erfordernis eines „Medical Visa" für die Einreise zwecks Beauftragung einer indischen Ersatzmutter eine neue Hürde geschaffen. Für deutsche Wunscheltern bedeutet das konkret, dass sie seit November 2012 ein solches Visum beantragen müssen, welches jedoch aufgrund der fehlenden Legalität der Ersatzmutterschaft nach dem deutschen Recht in der Regel abgelehnt wird[535].

---

531 Ministry of Home Affairs, abrufbar unter http://boi.gov.in/content/surrogacy, zuletzt abgerufen am 11.12.2014.

532 *Malhotra/Malhotra*, S. 3; *Madhavi Rajadhyaksha,* No surrogacy visa for gay foreigners, „Times of India" v. 18.01.2013, abrufbar unter http://articles.timesofindia.indiatimes.com/2013-01- 18/india/36415052_1_surrogacy-fertility-clinics-home-ministry, zuletzt abgerufen am 30.10.2014.

533 Ministry of Home Affairs, abrufbar unter http://boi.gov.in/content/surrogacy, zuletzt abgerufen am 11.12.2014., zu den einzelnen Kriterien vgl. *Malhotra/Malhotra*, S. 18 f.

534 *Madhavi Rajadhyaksha,* New surrogacy norms will hit genuine couples, "Times of India" v. 19.01.2013, abrufbar unter http://articles.timesofindia. indiatimes.com/2013–01-19/india/36431477_1_art-regulation-bill-home- ministry-gay-couples, zuletzt abgerufen am 30.10.2014.

535 Vgl. *Malhotra/Malhotra*, S. 15 f.

II. Die Rechtslage de lege ferenda

1. „The Assisted Reproductive Technology (Regulation) Bill"

Als Reaktion auf den vom Supreme Court entschiedenen Fall Baby Manji Yamada v. Union of India[536] und zur Klarstellung der Rechtslage wurde vom Ministry of Health and Family Welfare (MOHFW) und dem Indian Council of Medical Research (ICMR) im Jahr 2008 der erste Entwurf für ein Gesetz zur rechtlichen Regelung von Ersatzmutterschaften erarbeitet[537]. Insgesamt umfasst der Entwurf neun Kapitel (Chapters) mit 50 Paragraphen (Sections) zum Umgang mit der ART in Indien[538].

Der Entwurf 2008 ist auf zahlreiche Kritik in der Literatur[539] und durch Frauenrechtsschutzorganisationen[540] gestoßen. Sowohl der Gesetzesentwurf The Assisted Reproduction Technology (Regulation) Bill, 2008 als auch der Entwurf vom Jahr 2010 („The Assisted Reproduction Technology (Regulation) Bill, 2010"[541]) sind bislang nicht als Gesetz erlassen worden[542]. Sollte jedoch ein Gesetz entsprechend dem Entwurf erlassen werden, würde Indien wie kein anderes Land weltweit rechtlich der Durchführung einer Ersatzmutterschaft entgegenkommen[543].

In Chapter I werden hauptsächlich Begriffe definiert. Chapter II regelt die Gründung sowie Organisation eines 21-köpfigen „National Advisory Board" als Überwachungsgremium sowie die Aufstellung eines 12-köpfigen „State Board" in jedem einzelnen Bundesstaat, welche als Ausführungsgremien fungieren sollen. Vorgaben zur Registrierung und Akkreditierung von ART–Kliniken sowie die Festlegung ihrer Pflichten werden in Chapter III und IV gegeben. In den Chaptern V bis VI werden Regelungen hinsichtlich der Aufbewahrung und der Aufzeichnung von Gameten und Embryonen getroffen sowie Regularien bezüglich der Forschung mit Embryonen festgelegt. Im Chapter VII bestimmt

---

536 *Pasayat/Sharma,* AIR 2009 SC 84; (2008) 13 SCC 518.

537 The Asisted Reproductive Technology (Regulation) Bill – 2008, http://www.prsindia.org/uploads/media/vikas_doc/docs/1241500084~~DraftART Bill.pdf, zuletzt abgerufen am 30.10.2014.

538 *Srinivas,* Andhra LT 2010, 24, 29.

539 *Lakshmanan,* Madras LJ 2009, Vol. 241 (5), 105, 107; *Akhila,* Karnataka LJ 2011, 49, 51; *Sarkar,* Law and Gender, S. 193; *Soni,* Law and Gender, S. 183.

540 Sama Resource Group for Women and Health in ihrem Brief an das Ministry of Health and Family Welfare, abrufbar unter http://www.samawomenshealth.org/downloads/ART%20Bill%20Critique_Sama. pdf, zuletzt abgerufen am 30.10.2014.

541 Abrufbar unter http://www.icmr.nic.in/guide/ART%20REGULATION%20Draft%20Bill1.pdf, zuletzt abgerufen am 30.10.2014.

542 *Soni,* Law and Gender, S. 185; *Kounteya Sinha* in „Times of India" v. 13.07.2013, abrufbar unter http://articles.timesofindia.indiatimes.com/2012-07-13/india/32663156_1_clinics-infertility-medical-technologies, zuletzt abgerufen am 30.10.2014.

543 *Lakshmahan,* Madras LJ 2009, Vol. 241 (3), 41, 43.

der Gesetzesentwurf Rechte und Pflichten der Eltern, die künstliche Befruchtungsmethoden in Anspruch nehmen, der Gametenspender, Ersatzmütter und der Kinder. In Chapter VIII und IX werden zum einen die Strafbarkeit bei Verstoß gegen Vorschriften des Gesetzes und zum anderen sonstige Regelungen getroffen[544].

Sollte der Entwurf aus dem Jahr 2010 beschlossen werden und in Kraft treten, würde das indische Recht folgende Regelungen hinsichtlich Ersatzmutterschaften vorsehen:

a) Form der Ersatzmutterschaft

Nach dem Entwurf ist unter der Ersatzmutterschaft eine Vereinbarung zu verstehen, bei welcher eine Frau sich einverstanden zeigt, mithilfe künstlicher Fortpflanzungstechniken schwanger zu werden und das Kind nach Austragung an die Person oder an die Personen zu übergeben, mit der oder denen dies vereinbart war. Die bei der Befruchtung der Eizelle verwendeten Gameten dürfen weder von der Ersatzmutter noch von ihrem Ehemann stammen[545]. Eine genetische Verwandtschaft zwischen Kind und Ersatzmutter und ihrem Ehemann soll verhindert werden. Es werden somit entweder die Gameten der Wunscheltern verwendet (im Fall der Ersatzmutterschaft in Form der Tragemutterschaft) oder es kommen die Gameten anonymer Spender in Betracht. Bei Inkrafttreten des Gesetzes in dieser Form würde die Entscheidung des Gesetzgebers für die Tragemutterschaft („Gestational Surrogacy" oder „Partly Surrogacy") und gegen die Ersatzmutterschaft im engeren Sinne („Traditional Surrogacy" oder „Total Surrogacy") ausfallen.

b) Die Ersatzmutterschaftsvereinbarung

Die Vereinbarung über die Ersatzmutterschaft („surrogacy agreement") beruht auf einem Vertrag zwischen Ersatzmutter und Wunscheltern[546]. Gemäß der ART-Bill 2010 ist dieser rechtlich durchsetzbar[547].

---

544 The Artificial Reproduction Technologies (Regulations) Bill-2010, http://www.icmr.nic.in/guide/ART%20REGULATION%20Draft%20Bill1.pdf, zuletzt abgerufen am 30.10.2014.

545 The Artificial Reproduction Technologies (Regulations) Bill–2010, Chapter I, Sec. 2 (aa), (bb).

546 The Artificial Reproduction Technologies (Regulations) Bill–2010, Chapter I, Sec. 2 (cc).

547 The Artificial Reproduction Technologies (Regulations) Bill–2010, Chapter VII, Sec. 34 (1); Aufgrund der gegenwärtig fehlenden gesetzlichen Vorschriften könnte eine Ersatzmutterschaftsvereinbarung vom Gericht entweder die Sittenwidrigkeit oder ein Verfassungsverstoß nach Article 23 Constitution of India erklärt werden (*Smerdon,* International Surrogacy Arrangements, S. 192.)

c) Anforderungen an die Wunscheltern

aa) Aufnehmende Personen

Die Vereinbarung mit der Ersatzmutter können sowohl alleinstehende Personen als auch verheiratete Ehepaare sowie unverheiratete Lebenspartner eingehen[548]. Sollte der Entwurf von 2010 und nicht der von 2008 vom Parlament erlassen werden, so würde dies den homosexuellen Paaren zum Nachteil gereichen. Denn hat der Entwurf von 2008 hinsichtlich der Wunscheltern die Anforderung gestellt, dass die sexuelle Beziehung eine in ihrem Herkunftsland zulässige ist[549], so ist nach dem Entwurf 2010 erforderlich, dass die sexuelle Beziehung in Indien rechtlich zulässig ist[550]. Das indische Recht stellt Homosexualität in Sec. 377 des Indian Penal Code, 1860[551] unter Strafe, sodass mit Erlass des Gesetzes in der Version des Entwurfes 2010 homosexuellen Paaren der Weg der Ersatzmutterschaft verschlossen bliebe.

bb) Medizinische Indikation

Nach dem Gesetzesentwurf soll die Ersatzmutterschaft nur in Fällen in Betracht gezogen werden, in denen die Herbeiführung der Schwangerschaft auf normalem Wege nicht möglich ist oder feststeht, dass mit einer Schwangerschaft gesundheitliche Risiken verbunden sind[552].

cc) Altersbegrenzung für Gametenspender

Sowohl für Spender von Spermazellen als auch für Spenderinnen von Eizellen sollen bestimmte Altersgrenzen eingehalten werden. Als Samenspender sollen Männer zwischen 21 und 45 Jahren in Frage kommen. Bei Frauen, die sich als Eizellspenderinnen zur Verfügung stellen, liegt die Altershöchstgrenze bei 35 Jahren[553].

---

548 The Artificial Reproduction Technologies (Regulations) Bill–2010, Chapter VII, Sec. 32 (1).

549 The Artificial Reproduction Technologies (Regulations) Bill–2008, Chapter I, Sec. 2 (e), abrufbar unter: http://www.prsindia.org/uploads/ media/vikas_doc/docs/1241500084~~DraftARTBill.pdf, zuletzt abgerufen am 30.10.2014.

550 The Artificial Reproduction Technologies (Regulations) Bill–2010, Chapter I, Sec. 2 (h).

551 Abrufbar unter www.indiankanoon.org/doc/1836974/, zuletzt abgerufen am 30.10.2014; Der Supreme Court hat sich mit seiner Entscheidung vom 11.12.2013 für die Aufrechterhaltung des 153 Jahre alten Gesetzes erklärt („BBC News India" v. 11.12.2013, abrufbar unter http://www.bbc.co.uk/news/world- asia-india-25329065, zuletzt abgerufen am 30.10.2014).

552 The Artificial Reproduction Technologies (Regulations) Bill–2010, Chapter IV, Sec. 20 (10).

553 The Artificial Reproduction Technologies (Regulations) Bill–2010, Chapter V, Sec. 26 (3).

Unklar bleibt, ob diese Regelung auch für die Wunscheltern, deren Gameten in die Gebärmutter der Tragemutter eingepflanzt werden, gilt. Dies würde bedeuten, dass Männern und Frauen, die eine Tragemutter beauftragen wollen und dieses jeweilige Alter überschritten haben, der Weg zum genetisch eigenen Kind im Wege der Ersatzmutterschaft verwehrt werden würde. Sie müssten auf von anonymen Spendern stammende Gameten zurückgreifen. Aus der Regelung des Entwurfes lässt sich die rechtliche Zulässigkeit von Eizellspenden ableiten[554].

d) *Anforderungen an die Ersatzmutter*

Damit eine Frau als Ersatzmutter herangezogen werden könnte, müsste sie bestimmte Voraussetzungen erfüllen. So darf nach dem Entwurf von 2010 die Ersatzmutter nicht jünger als 21 Jahre und nicht älter als 45 Jahre sein und nicht mehr als fünf erfolgreiche Geburten hinter sich haben. Dabei werden die Geburten der eigenen Kinder der Ersatzmutter einbezogen[555]. Im Entwurf von 2008 wurde als Höchstaltersgrenze 35 Jahre vorgeschrieben. Zudem dürfte die Ersatzmutter nicht mehr als drei eigene Kinder haben[556].

Schlägt die Einpflanzung des ersten Embryos fehl, so sollen für das gleiche Paar auf einvernehmlichen Wunsch höchstens zwei weitere Versuche des Embryonentransfers erfolgen[557].

Der der Ersatzmutter eingepflanzte Embryo soll nicht aus der Eizelle der Ersatzmutter zusammengesetzt sein[558]. Es soll entweder die Eizelle der Wunschmutter oder eine gespendete Eizelle für die künstliche Befruchtung verwendet werden. Es käme somit nur die Tragemutterschaft in Betracht.

Als Ersatzmutter kann sowohl eine den Wunscheltern bekannte als auch eine unbekannte Frau fungieren. Steht die als Ersatzmutter in Betracht kommende Frau in verwandtschaftlicher Beziehung zu den Wunscheltern, so soll sie der Generation der Wunschmutter angehören[559].

Ist die Ersatzmutter verheiratet, ist vor Beginn der Behandlung die Einwilligung ihres Ehemannes einzuholen[560]. Keine Regelung wird für den Fall getroffen, dass die Einwilligung entweder gar nicht eingeholt wird oder der Ehemann sie verweigert.

554 Diese ist in Deutschland nach § 1 Abs. 1 Nr. 1 ESchG verboten.

555 The Artificial Reproduction Technologies (Regulations) Bill–2010, Chapter VII, Sec. 34 (5).

556 The Artificial Reproduction Technologies (Regulations) Bill–2008, Chapter VII, Sec. 34 (5).

557 The Artificial Reproduction Technologies (Regulations) Bill–2008, Chapter VII, Sec. 34 (9).

558 The Artificial Reproduction Technologies (Regulations) Bill–2010, Chapter VII, Sec. 34 (13).

559 The Artificial Reproduction Technologies (Regulations) Bill–2010, Chapter VII, Sec. 34 (18).

560 The Artificial Reproduction Technologies (Regulations) Bill–2010, Chapter VII, Sec. 34 (16).

Die als Ersatzmutter in Frage kommende Frau müsste vor der Übertragung des Embryos auf sexuell übertragbare sowie auf alle anderen Infektionskrankheiten untersucht werden, die für das Kind eine Gesundheitsgefährdung darstellen könnten[561]. Ob eine ledige Frau als Ersatzmutter fungieren kann, bleibt jedoch ungeklärt. Es wird weder ein Verbot noch die Rechtmäßigkeit geregelt.

Um den „Ausverkauf" indischer Ersatzmütter ins Ausland zu verhindern, wurde in den Entwurf 2010 das Verbot aufgenommen, indische Frauen zum Zwecke der Durchführung einer Ersatzmutterschaft ins Ausland zu schicken. Ferner sollen nur Frauen mit indischer Staatsangehörigkeit und mit dauerhaftem Wohnsitz in Indien als Ersatzmütter in Betracht gezogen werden[562].

e) Rechte und Pflichten der Wunscheltern bzw. -person

Die Wunscheltern haben sowohl die Kosten für die Krankenversicherung der Ersatzmutter und des Kindes als auch solche, die in Verbindung mit der Ersatzmutterschaft stehen, während der Schwangerschaft der Ersatzmutterschaft und bis zur Übergabe des Kindes an die Wunscheltern oder an die im Vertrag vereinbarte Person zu tragen. Die Ersatzmutter soll solange versichert bleiben, bis sie frei von sämtlichen mit der Ersatzmutterschaft verbundenen gesundheitlichen Beschwerden ist[563]. Zusätzlich kann zwischen Wunscheltern bzw. alleinstehender Wunschperson und der Ersatzmutter eine finanzielle Ausgleichszahlung vereinbart werden[564]. Diese soll rechtlich durchsetzbar sein[565]. Die kommerzielle Ersatzmutterschaft soll mithin nach dem indischen Recht weiterhin legal sein.

Wurde das Kind von der Ersatzmutter ausgetragen, so soll, unabhängig von eventuellen Abnormalitäten des Kindes, die Wunscheltern die Pflicht treffen, das Sorgerecht für das Kind zu übernehmen[566]. Die Wunscheltern bzw. die alleinstehenden Wunschpersonen sollen nicht mehr als eine Ersatzmutter zur Zeit beauftragen[567]. Zusätzlich soll die gleichzeitige Übertragung von Embryonen auf Wunschmutter und Ersatzmutter verboten sein[568].

---

561 The Artificial Reproduction Technologies (Regulations) Bill–2010, Chapter VII, Sec. 34 (6).

562 The Artificial Reproduction Technologies (Regulations) Bill–2010, Chapter VII, Sec. 34 (22) und Chapter I, Sec. 2 (aa).

563 The Artificial Reproduction Technologies (Regulations) Bill–2010, Chapter VII, Sec. 34 (24) und (2).

564 The Artificial Reproduction Technologies (Regulations) Bill–2010, Chapter VII, Sec. 34 (3).

565 The Artificial Reproduction Technologies (Regulations) Bill–2010, Chapter VII, Sec. 34 (1).

566 The Artificial Reproduction Technologies (Regulations) Bill–2010, Chapter VII, Sec. 34 (11).

567 The Artificial Reproduction Technologies (Regulations) Bill–2010, Chapter VII, Sec. 34 (20).

568 The Artificial Reproduction Technologies (Regulations) Bill–2010, Chapter VII, Sec. 34 (21).

Für ausländische Wunscheltern bzw. für alleinstehende Wunschpersonen, die ihren dauerhaften Wohnsitz nicht in Indien haben, sollen ergänzende Vorschriften beachtet werden. So soll sie die Pflicht treffen, vor Ort einen gesetzlichen Vertreter zu ernennen, der die rechtliche Verantwortung für das Wohl des Kindes bis zur Übergabe des Kindes inne haben soll.

Weiterhin sollen die Wunscheltern bzw. die -person der ART-Klinik durch Vorlage eines Schreibens des jeweiligen Landes belegen, dass das Land Ersatzmutterschaften rechtlich erlaubt und dass dem Kind, welches durch Ersatzmutterschaft in Indien geboren wird, die Einreise als biologisches Kind der Wunscheltern bzw. -person gestattet wird. Das Schreiben muss entweder vom Außenministerium des Herkunftslandes oder von der Botschaft des Landes stammen.

Scheitert die Entgegennahme des Kindes durch die ausländischen Wunscheltern bzw. die alleinstehende Wunschperson, so soll den vor Ort ernannten gesetzlichen Vertreter die Pflicht treffen, die Obhut für das Kind zu übernehmen. Gelingt es den Wunscheltern bzw. der alleinstehenden Wunschperson oder dem gesetzlichen Vertreter nicht innerhalb eines Monats nach der Geburt des Kindes, die Rechte einzufordern, so soll es dem gesetzlichen Vertreter frei stehen, das Kind an eine Adoptionsagentur („adoption agency“) zu übergeben. In dieser Zwischenzeit ist der gesetzliche Vertreter verantwortlich für das Wohlergehen des Kindes.

Bleibt das Kind in der Obhut des gesetzlichen Vertreters oder wird es in Indien zur Adoption freigegeben, so soll dem Kind die indische Staatsangehörigkeit verliehen werden[569].

f) Rechte und Pflichten der Ersatzmutter

Zusätzlich zur Übernahme der medizinischen Behandlungskosten, die mit der Ersatzmutterschaft im Zusammenhang stehen[570], kann mit der Ersatzmutter eine finanzielle Ausgleichszahlung vereinbart werden[571]. Die Ersatzmutter soll verpflichtet werden, sämtliche elterlichen Rechte hinsichtlich des von ihr ausgetragenen Kindes aufzugeben[572]. Die Ersatzmutter soll moralisch verpflichtet sein, von jeglichen Handlungen, die dem Foetus während der Schwangerschaft oder dem Kind bis zur Übergabe an die Wunscheltern bzw.- person schaden könnten, abzusehen[573].

---

569 The Artificial Reproduction Technologies (Regulations) Bill–2010, Chapter VII, Sec. 34 (19).

570 The Artificial Reproduction Technologies (Regulations) Bill–2010, Chapter VII, Sec. 34 (2).

571 The Artificial Reproduction Technologies (Regulations) Bill–2010, Chapter VII, Sec. 34 (3).

572 The Artificial Reproduction Technologies (Regulations) Bill–2010, Chapter VII, Sec. 34 (4).

573 The Artificial Reproduction Technologies (Regulations) Bill–2010, Chapter VII, Sec. 34 (23).

g) Die Rolle der ART-Kliniken im Rahmen der Ersatzmutterschaft

Der Entwurf definiert die ART-Kliniken als Räumlichkeiten, in denen künstliche Befruchtungsmethoden praktiziert werden[574]. Bevor eine ART-Klinik den Betrieb aufnehmen darf, soll sie sich bei der zuständigen Behörde („Registration Authority") registrieren[575] und sich von der Behörde des „State Board"[576] ein Akkreditierungszeugnis ausstellen lassen[577].

In den ART-Kliniken wird der medizinische Teil der Ersatzmutterschaft abgewickelt. Hierzu gehören hauptsächlich die medizinischen Tests der Ersatzmutter, die künstliche Befruchtung des Embryos mit dem darauffolgenden Transfer auf die Ersatzmutter sowie die Betreuung von Mutter und Kind bei der Geburt[578]. Außerdem soll die Klinik die Patienten umfassend über Nebenwirkungen, Risiken, Kosten und die Möglichkeit der Freigabe zur Adoption aufklären[579]. Ferner soll den ART-Kliniken die Herbeiführung eines bestimmten Geschlechts („sex-determination") untersagt sein[580].

Das Inkrafttreten des Entwurfes würde für die ART-Kliniken bedeuten, dass sie weder für Eispenderinnen noch für Samenspender oder Frauen, die sich zur Ersatzmutterschaft bereit erklären, werben dürften. Dies soll den registrierten Gametenbanken („ART bank"), die für das Sammeln und für die Lagerung von Ei- und Spermazellen zuständig sind[581] , vorbehalten bleiben[582]. Auch soll den ART-Kliniken das Anwerben von Ersatzmüttern für ihre Patienten gestattet sein[583]. Wunscheltern bzw. -personen haben somit zunächst eine Gametenbank aufzusuchen, die ihnen eine Ersatzmutter vermittelt. Ausschließlich den Gametenbanken soll es gestattet sein, Werbung für die Suche nach Ersatzmüttern zu machen.

---

574 The Artificial Reproduction Technologies (Regulations) Bill–2010, Chapter I, Sec. 2 (d).

575 The Artificial Reproduction Technologies (Regulations) Bill–2010, Chapter III, Sec. 13 (1).

576 The Artificial Reproduction Technologies (Regulations) Bill–2010, Chapter II, Sec. 6.

577 The Artificial Reproduction Technologies (Regulations) Bill–2010, Chapter III, Sec. 13 (1).

578 The Artificial Reproduction Technologies (Regulations) Bill–2010, Chapter IV, Sec. 20 (1).

579 The Artificial Reproduction Technologies (Regulations) Bill–2010, Chapter IV, Sec. 20 (6).

580 The Artificial Reproduction Technologies (Regulations) Bill–2010, Chapter IV, Sec. 25.

581 The Artificial Reproduction Technologies (Regulations) Bill–2010, Chapter V, Sec. 26 (1).

582 The Artificial Reproduction Technologies (Regulations) Bill–2010, Chapter IV, Sec. 20 (16) und Chapter V, Sec. 26 (6).

583 The Artificial Reproduction Technologies (Regulations) Bill–2010, Chapter VII, Sec. 34 (7).

Dabei darf die Werbung keine Einschränkung hinsichtlich Kaste oder ethnischer Identität enthalten[584].

Damit soll eine strikte Trennung der Aufgabenbereiche und die Unabhängigkeit der ART-Kliniken und der ART-Banken voneinander gewährleistet werden[585].

h) Rechtliche Zuordnung des Kindes[586]

Der Entwurf sieht eine für die Wunscheltern bzw. die alleinstehende Wunschperson vorteilhafte Regelung hinsichtlich der Ausstellung der Geburtsurkunde des Kindes vor. In diese sollen als Eltern des Kindes die Namen der Wunscheltern bzw. der -person eingetragen werden[587]. Handelt es sich bei den Wunscheltern um ein verheiratetes Paar, so soll das Kind rechtlich den miteinander verheirateten Wunscheltern zugeordnet werden, wenn die Ersatzmutterschaft mit der Einwilligung beider erfolgt. Das durch die künstliche Befruchtung gezeugte Kind soll rechtlich einem Kind, das auf natürlichem Wege gezeugt wird, gleichgestellt sein. Sind die Wunscheltern nicht miteinander verheiratet und beruht die Ersatzmutterschaft auf beider Einwilligung, so gilt das Gleiche[588]. Entscheiden sich die Wunscheltern nach Einwilligung zur Ersatzmutterschaft, jedoch vor Geburt des Kindes, getrennte Wege zu gehen, wird das Kind als das rechtliche Kind der Wunscheltern angesehen[589].

Bei Einzelpersonen, die die Ersatzmutterschaft in Auftrag geben, wird das Kind rechtlich der Einzelperson zugeordnet[590]. Gibt ein Mann ohne Partnerin die Ersatzmutterschaft in Auftrag, bleibt die Frage offen, wer als Mutter des Kindes in die Geburtsurkunde eingetragen werden soll.

2. Kritik an den Gesetzesentwürfen

Der Gesetzesentwurf wurde einerseits als erster Schritt in die richtige Richtung begrüßt, weil er bei Inkrafttreten das erste rechtliche Regelungswerk zur Ersatzmutterschaft in Indien darstellen würde und der Gesetzgeber der Forderung nach

---

584 The Artificial Reproduction Technologies (Regulations) Bill–2010, Chapter VII, Sec. 34 (7).

585 The Artificial Reproduction Technologies (Regulations) Bill–2010, Chapter V, Sec. 26 (2).

586 Zur rechtlichen Zuordnung in zahlreichen anderen Ländern: *Trimmings/Beaumont*, S. 503 ff.

587 The Artificial Reproduction Technologies (Regulations) Bill–2010, Chapter VII, Sec. 34 (10).

588 The Artificial Reproduction Technologies (Regulations) Bill–2010, Chapter VII, Sec. 35 (1) und (2).

589 The Artificial Reproduction Technologies (Regulations) Bill–2010, Chapter VII, Sec. 35 (4).

590 The Artificial Reproduction Technologies (Regulations) Bill–2010, Chapter VII, Sec. 35 (3).

einer gesetzlichen Regelung entspräche[591]. Doch die Verabschiedung durch das Parlament lässt weiterhin auf sich warten[592]. Den Parlamentariern wird Lethargie und Gleichgültigkeit hinsichtlich der Verabschiedung des Gesetzes vorgeworfen[593]. Bislang wurde der Entwurf aber dem Parlament nicht vorgelegt, weil innerhalb der Union health ministry keine Einigkeit erreicht werden konnte. Hauptstreitpunkt stellt die Frage dar, ob auch homosexuellen und ausländischen Wunscheltern sowie alleinstehenden Personen das Recht auf Inanspruchnahme einer Ersatzmutter eingeräumt werden soll. Nach langer Diskussionszeit wurde nun beschlossen, den Entwurf dem Kabinett vorzulegen[594].

Andererseits sind sowohl der Entwurf von 2008 als auch der von 2010 auf immense Kritik in der Literatur gestoßen:

a) Gesundheitsrisiken der ART-Behandlungszyklen

Es wird angeprangert, dass bei der Erarbeitung des Gesetzesentwurfes zum Schutze der Gesundheit der Ersatzmutter versäumt worden sei, eine Höchstzahl der erlaubten ART-Behandlungszyklen für die Ersatzmutter festzulegen. Zwar erlaube der Entwurf einer Ersatzmutter höchstens fünf Lebendgeburten[595]. Da jedoch in der Regel mehr als nur eine ART-Behandlung zur erfolgreichen Befruchtung erforderlich sei und der Entwurf keine Aussage über eine maximale ART-Behandlungszahl treffe, sei die Gesundheit der Ersatzmutter gefährdet. Zu einem ähnlichen Gesundheitsrisiko führe die fehlende Höchstzahl an Wunscheltern, von denen sich die Ersatzmutter insgesamt beauftragen lassen darf[596]. Der Entwurf sieht lediglich vor,

591 *Chatterjee,* Madras LJ 2012, 72, S. 512; *Motwani,* Karnataka LJ 2011, 17, 27; The Law Commission of India, Report 228, 2009, Chapter VI, 4.1 in http://lawcommissionofindia.nic.in/reports/report228.pdf, zuletzt abgerufen am 30.10.2014.

592 *Priya Shetty,* India's unregulated surrogacy industry, "The Lancet" v. 10.12.2012,, abrufbar unter http://www.thelancet.com/ journals/lancet/article/PIIS0140-6736(12)61933–3/fulltext, zuletzt abgerufen am 30.10.2014; *Nivedita Menon,* The Regulation of Surrogacy in India – Questions and Concerns: SAMA, Kafila v. 10.01.2012, abrufbar unter http://kafila.org/2012/01/10/the-regulation-of-surrogacy-in-india-questions-and-concerns-sama/, zuletzt abgerufen am 30.10.2014; *Gadekar/Kalamdhad,* Indian Bar Review 2012, 89, 95.

593 *Chatterjee,* Madras LJ 2012, 72, 512.

594 *Teena Thacker,* Cabinet to decide surrogacy bill fate, „The Asian Age" v. 02.10.2014, abrufbar unter: http://www.asianage.com/india/cabinet-decide- surrogacy-bill-fate-667, zuletzt abgerufen am 30.10.2014

595 The Artificial Reproduction Technologies (Regulations) Bill–2010, Chapter VII, Sec. 34 (5).

596 *Nivedita Menon,* The Regulation of Surrogacy in India – Questions and Concerns: SAMA, "The Lancet" v. 10.12.2012, abrufbar unter http://www.kafila.org/2012/01/10/the-regulation-of-surrogacy-in-india-questions-and-concerns-sama/, zuletzt abgerufen am 30.10.2014.

dass die Ersatzmutter für dasselbe Paar höchstens drei Embryonentransfers bei sich vornehmen lassen darf[597].

b) Legalisierung der kommerziellen Ersatzmutterschaften

Einer der Hauptkritikpunkte besteht hinsichtlich der Legalisierung der kommerziellen Ersatzmutterschaft. Die Rechtmäßigkeit der bezahlten Ersatzmutterschaft trage zur Ausbeutung armer indischer Frauen durch hauptsächlich relativ reiche Ausländer und Inder bei[598]. Die Alternativlosigkeit der armen Frauen werde ausgenutzt[599]. Bei einer vom Centre for Social Research in den Städten Anand, Surat und Jamnagar durchgeführten Studie gaben 88 % bis zu 100 % der befragten Ersatzmütter Armut als Triebfeder für die Zurverfügungstellung ihrer Körper als Ersatzmütter an. Diese drei Städte im Bundesstaat Gujarat haben sich in den letzten Jahren zur Hauptanlaufstelle für an einer Ersatzmutterschaft interessierte Paare und Einzelpersonen entwickelt. Insbesondere in Anand floriert das Geschäft mit den Ersatzmüttern[600]. Indien entwicklt sich im Kontext der Globalisierung zunehmend zum Land für „Sex- und Reproduktionssklaverei"[601]. Zudem würden sowohl die Ersatzmutter als auch das Kind zur Ware degradiert[602]. Es wird gefordert, ausschließlich die altruistische Ersatzmutterschaft rechtlich zuzulassen[603].

c) Aufgabe jeglicher Rechte der Ersatzmutter und die rechtliche Durchsetzbarkeit der Ersatzmutterschaftsvereinbarung

Auf heftige Kritik ist die Regelung gestoßen, dass der zwischen der Ersatzmutter und den Wunscheltern geschlossene Ersatzmutterschaftsvertrag gemäß Chapter VII,

---

597 The Artificial Reproduction Technologies (Regulations) Bill–2010, Chapter VII, Sec. 34 (9).

598 *Lakshmahan,* Madras LJ 2009, 41, 43; *Quadeer/John,* Economic & Political Weekly 2009, 10.

599 Centre of Social Research, Surrogate Motherhood – Ethical or Commercial, abrufbar unter http://www.womenleadership.in/Csr/SurrogacyReport.pdf, S. 37, zuletzt abgerufen am 30.10.2014; *Akhila,* Karnataka LJ 2011, 49, 51; *Rao,* Economic & Political Weekly 2012, 15, 17.

600 *Srinivas,* Andhra LT 2010, 24, 30; Centre of Social Research, Surrogate Motherhood – Ethical or Commercial, http://www.womenleadership.in/ Csr/Surrogacy-Report.pdf, S. 10, zuletzt abgerufen am 30.10.2014.

601 *Rao,* Economic & Political Weekly 2012, 15, 17.

602 *Lakshmahan,* Madras LJ 2009, 41, 43; Sama Resource Group for Women and Health in ihrem Brief an das Ministry of Health and Family Welfare, abrufbar unter http://www.samawomenshealth.org/downloads/ART%20Bill%20Critique_Sama.pdf, S. 19, zuletzt abgerufen am 30.10.2014; The Law Commission of India, Report 228, 2009, Chapter I, 1.8, http://lawcommissionofindia.nic.in/ reports/report228.pdf, zuletzt abgerufen am 30.10.2014; *Kusum,* Madras LJ 2009, 19, 16.

603 The Law Commission of India, Report 228, 2009, Chapter IV, 4.1, 4.2 (1), Chapter IV, 4.2 (1).

Sec. 4 (1) des Gesetzesentwurfes durchsetzbar sein soll. Dies würde dazu führen, dass der Ersatzmutterschaftsvertrag wie jeder andere privatrechtliche Vertrag behandelt und die Vorschriften des Indian Contract Act 1872 (insbesondere die der Sec. 10)[604] und die der Sec. 9 des Code of Civil Procedure (CPC), 1908[605] anwendbar sein würden. Beruht der Ersatzmutterschaftsvertrag auf der freien Willensbildung („consent") beider Parteien und entspricht er somit den Voraussetzungen der Sec. 10 des Indian Contract Act 1872[606], so wären die Regelungen des Ersatzmutterschaftsvertrages gemäß Sec. 9 des Code of Civil Procedure (CPC), 1908 vor einem Zivilgericht einklagbar[607].

Die freie Willensbildung wird stark angezweifelt, da in den meisten Fällen ein solcher Vertrag unter ungleichen Bedingungen geschlossen würde. Das starke finanzielle Gefälle zwischen den Parteien führe zur schwächeren Verhandlungsbasis (-macht) der Ersatzmutter. Aufgrund der Armut der Ersatzmutter fehle es ihr an der Möglichkeit, einen Vertrag mit fairen Bedingungen auszuhandeln. Somit mangele es an einer die Durchsetzbarkeit rechtfertigenden „Waffengleichheit"[608].

Zudem soll die Ersatzmutter gemäß Chapter VII, Sec. 34 (4) des Gesetzesentwurfes verpflichtet werden, auf jegliche Rechte hinsichtlich des Kindes zu verzichten. Seitens der Kritiker wird angezweifelt, dass die Ersatzmutter im Vorfeld in der Lage sei, ihre Bindung zum Kind und ihre Einstellung zur Aufgabe des Kindes am Ende der Schwangerschaft einzuschätzen. Es sei nicht möglich, im Zeitpunkt der Vereinbarung eine Vorhersage über die künftigen Gefühle der Ersatzmutter für das Kind zu machen. Vielmehr solle der Gesetzesentwurf die Entscheidung über die Aufgabe der Rechte der Ersatzmutter nach der Geburt vorsehen und nicht bereits vor der Schwangerschaft[609].

d) *Fehlen eines zuständigen Gerichts*

Ein weiteres Versäumnis, wird kritisiert, liege in der Nichtregelung eines zuständigen Gerichts für die Durchsetzung der sich aus dem Gesetzesentwurf ergebenden Rechte und Pflichten. Der Entwurf sehe weder ein zuständiges Gericht noch eine dem Gericht gleichgestellte Behörde vor[610]. Teilweise wird die Errichtung eines

---

604 Abrufbar unter www.indiankanoon.org/doc/447653/, zuletzt abgerufen am 30.10.2014.

605 Abrufbar unter http://bdlaws.minlaw.gov.bd/pdf_part.php?id=86, zuletzt abgerufen am 30.10.2014.

606 Danach ist ein Vertrag eine Vereinbarung, die vom freien Willen der Parteien getragen wird und nicht für offensichtlich nichtig erklärt wird.

607 The Law Commission of India, Report 228, 2009, Chapter II, 2.2; *Motwani,* Karnataka LJ 2011, 17, 28.

608 *Akhila,* Karnataka LJ 2011, 49, 52; *Nath/Manasa* ,Andhra LT 2011, J 28, J 34.

609 *Akhila,* Karnataka LJ 2011, 49, 53.

610 *Kusumam,* Kerala LT 2012, 32, 42; The Law Commission of India, Report 228, 2009, Chapter III, 3.2 in http://lawcommissionofindia.nic.in/ reports/report228.pdf,

„Surrogacy Court“ angemahnt, welcher die Zuständigkeit für alle mit der Ersatzmutterschaft in Verbindung stehenden rechtlichen Streitigkeiten besitzen soll[611].

e) Widersprüchliche Regelungen

Zudem enthalte der Entwurf sich widersprechende Regelungen, wird kritisch angemerkt. So heißt es in Sec. 34 (10), dass in die Geburtsurkunde die Namen der genetischen Eltern eingetragen werden sollen. Sec. 35 (7) legt wiederum fest, dass die Namen des Paares, welches die Ersatzmutterschaft in Auftrag gegeben hat, als rechtliche Eltern in die Geburtsurkunde eingetragen werden sollen. Ein Widerspruch ergebe sich in Fällen, in denen die Gameten nicht von den Wunscheltern, sondern von Spendern stammen. Es stellt sich die Frage, wer als Eltern in die Geburtsurkunde eingetragen werden soll[612].

3. Kritische Stellungnahme zum Gesetzesentwurf

Das Inkrafttreten der ART-Bill würde den langersehnten Schritt in die richtige Richtung bedeuten. Dieser wird zum einen noch länger auf sich warten lassen und zum anderen auch bei Inkrafttreten in der Fassung von 2010 stark überarbeitungsbedürftig sein.

Der kommerziellen Ersatzmutterschaft und dem Handel mit Kindern und Frauenkörpern wäre kein Einhalt geboten. Höchstens einige „Spielregeln“ würden vorgegeben werden. Es würde rechtlich zulässig bleiben, dass Ersatzmütter weiterhin Ersatzmutterschaftsverträge unterschreiben, die sie nicht lesen oder nicht verstehen können, weil sie die Sprache nicht verstehen. Ersatzmütter, die bereits über 40 sind, würden Risikoschwangerschaften eingehen und der Weisung von Klinik und Wunscheltern unterliegen. Mit der ART-Bill 2010 würden zwar einige Vorschriften zum Schutze der Gesundheit von Ersatzmutter und Kind eingeführt werden. Ein vollumfänglicher Schutz würde jedoch nicht gewährleistet werden können. Zwar dürften für das gleiche Wunschelternpaar höchstens drei Behandlungszyklen durchgeführt werden, doch wäre es grundsätzlich möglich, gleich die nächsten drei Behandlungszyklen bei der Ersatzmutter für das nächste Wunschelternpaar vorzunehmen. Ähnlich lückenhaft erscheint die Vorschrift hinsichtlich der maximalen Geburtenzahl. Die Ersatzmutter darf höchstens drei Kinder als Ersatzmutter

zuletzt abgerufen am 30.10.2014; *Motwani*, Karnataka LJ 2011, 27, 28; *Malhotra/Malhotra*, S. 26.

611 The Law Commission of India, Report 228, 2009, Chapter III, 3.3, abrufbar unter http://lawcommissionofindia.nic.in/reports/report228.pdf, zuletzt abgerufen am 30.10.2014.

612 *Gadekar/Kalamdhad*, Indian Bar Review, 89, 94; *Srinivas*, Andhra LT 2010, 24, 31; Sama Resource Group for Women and Health in ihrem Brief an das Ministry of Health and Family Welfare, abrufbar unter http://www.samawomenshealth.org/downloads/ART%20Bill%20Critique_Sama. pdf, S. 22, zuletzt abgerufen am 30.10.2014.

ausgetragen haben. Das bedeutet auch, dass Abtreibungen und Totgeburten nicht mitgerechnet werden. Keinerlei Berücksichtigung durch die ART-Bill 2010 finden medizinische Nachsorgeuntersuchungen für die Ersatzmutter.

Verwunderlich ist, dass durch das Gesetz den Kliniken das Recht des Werbens genommen, jedoch auf eine andere profitorientierte Organisation, die Gamentenbanken, übertragen würde. Dadurch würde lediglich eine Verschiebung des Profits stattfinden, womit dem Schutz der Ersatzmutter nicht gedient wäre.

III. Empfehlungen der Law Commission of India (228th Law Report)

Im August 2009 hat die Law Commission of India[613] einen Bericht (Report No. 228) zum rechtlichen Umgang mit der Ersatzmutterschaft vorgestellt[614]. Dieser ist das Ergebnis des Seminars „Surrogacy – Bane or Boon", welches am 19. Februar 2009 abgehalten wurde[615]. Im Rahmen dieser Veranstaltung wurde die ART-Bill 2008 von den teilnehmenden Juristen genauer beleuchtet. Die vom Expertengremium ausgearbeiteten Verbesserungsvorschläge wurden am 05.08.2009 dem Union Minister of Law and Justice, Ministry of Law and Justice vorgelegt. Diese haben jedoch nur teilweise in der Erarbeitung der ART-Bill 2010 Berücksichtigung gefunden. Folgende Regelungsvorschläge wurden nicht in die ART-Bill 2010 aufgenommen:

Zwar solle die Durchführung einer Ersatzmutterschaft weiterhin auf einer vertraglichen Vereinbarung zwischen den Parteien beruhen und auch Entschädigungszahlungen in angemessener Höhe für das Austragen des Kindes sollen vereinbar sein. Die kommerzielle Ersatzmutterschaft wird jedoch abgelehnt[616].

Die Ersatzmutterschaftsvereinbarung solle für den Fall des Todes, der Scheidung der Wunscheltern bzw. -person vor Übergabe des Kindes oder der Verweigerung der Übernahme des Kindes sowohl eine finanzielle Absicherung vorsehen als auch eine Lebensversicherung für die Ersatzmutter[617].

Mindestens ein Teil der Wunscheltern bzw. die Wunschperson, die die Ersatzmutterschaft in Auftrag gibt, solle Gametenspender sein. Durch die genetische Verwandtschaft soll die Gefahr des Kindesmissbrauchs verringert werden. Andernfalls solle ausschließlich der Weg der Adoption gegeben sein[618].

---

613 Die 18th Law Commission of India ist ein Expertengremium, welches zum 01.09.2006 vom Government of India, Ministry of Law and Justice zur Beratung hinsichtlich eines Gesetzesentwurfes zur Regelung der Ersatzmutterschaft in Indien ins Leben gerufen wurde.

614 The Law Commission of India, Report 228, 2009.

615 The Law Commission of India, Report 228, 2009, Chapter III, 3.1.

616 The Law Commission of India, Report 228, 2009, Chapter IV, 4.1 (1).

617 The Law Commission of India, Report 228, 2009, Chapter IV, 4.1 (2) (3).

618 The Law Commission of India, Report 228, 2009, Chapter IV, 4.1 (4); Kritik an den Vorschlägen von: *Nath/Manasa,* Andhra LT 2011, J 28, J 34.

Durch den Report wurde ein Beitrag zur Verbesserung des Gesetzesentwurfes geleistet. Die Vorschläge des Reports weisen jedoch Mängel auf. So wäre es begrüßenswert gewesen, wenn sowohl das Verbot der Kommerzialisierung als auch die Verpflichtung zur finanziellen Absicherung der Ersatzmutter und des Kindes in den Gesetzesentwurf von 2010 aufgenommen worden wäre. Auch ist nicht nachvollziehbar, dass die geforderte genetische Verwandtschaft zu mindestens einem Wunschelternteil das Risiko des Kindesmissbrauchs vermindern soll. Die Vorschläge des Reports weisen jedoch Mängel auf. Wie bereits von *Divya Tyagi* richtig festgestellt wurde, können genetisch verwandte Elternteile ihr Kind ebenso missbrauchen wie Adoptiveltern gute Eltern für ein mit ihnen genetisch nicht verwandtes Kind sein können[619].

IV. Kritische Stellungnahme: Das indische Recht als Quelle des Leids für die indische Ersatzmutter

„Surrogacy turns a normal biological function of a woman's body into a commercial contract. Surrogate services are advertised, surrogates are recruited and operating agencies make large profits. The commercialization of surrogacy raises fears of a black market and baby-selling, breeding farms, turning impoverished women into baby producers and the possibility of selective breeding at a price. Surrogacy degrades a pregnancy to a service and a baby to a product. Experience shows that like any other commercial dealing the 'customer' lays down his/her conditions before purchasing the goods."[620].

Hiermit ist die Problematik der Ersatzmutterschaft in ihrer Relation Käufer – Ware zutreffend beschrieben. Die soziale Dimension kommt noch hinzu: In einigen Fällen wird die Ersatzmutter nach der Geburt von ihrem sozialen Umfeld ausgeschlossen. Ist die Ersatzmutter verheiratet, holt sie in der Regel die Einwilligung ihres Ehemannes ein[621], doch berichten Frauen auch davon, dass nach der Rückkehr in ihr Dorf selbst der Ehemann sich von der Ersatzmutter distanziert hätte, nicht zuletzt, weil die Austragung eines Kindes für ein fremdes Paar mit einem sozialen Stigma versehen ist[622]. Die Kliniken tragen weder soziale noch medizinische Verantwortung ab dem Zeitpunkt, ab dem die Ersatzmutter das Kind ausgetragen und an die Wunscheltern bzw. die Klinik abgegeben hat[623].

---

619 *Tyagi*, Law and Gender, S. 209.

620 Centre for Social Research, Surrogate Motherhood – Ethical or Commercial, S. 29.

621 Centre for Social Research, Surrogate Motherhood – Ethical or Commercial, S. 34.

622 Centre for Social Research, Surrogate Motherhood – Ethical or Commercial, S. 37, 55, 57.

623 Ähnlich in dem Fall, wo die Ersatzmutter *Premita* aufgrund von medizinischen Komplikationen im achten Monat verstarb. Zurück blieben ihre eigenen zwei Söhne, denen keine Ansprüche gegen die Klinik oder die Wunscheltern zustehen. *Holly Williams*, Are Indian surrogacy programs exploiting impoverished women?, "CBS News" v. 11.04.2013, abrufbar unter: http://www.cbsnews.com/8301-

Dass die Ersatzmutterschaftsvereinbarung erst im fortgeschrittenen Stadium der Schwangerschaft unterzeichnet wird, benachteiligt die Ersatzmutter immens. Ihr stehen keinerlei Rechte zu, die sie einfordern könnte, sollte die Schwangerschaft vorzeitig aus medizinischen Gründen abgebrochen werden[624]. Ist sie bereits im vierten Monat schwanger, bleibt fraglich, ob sie sich der Unterzeichnung der Ersatzmutterschaftsvereinbarung verweigern würde, auch dann, wenn sie bestimmte Inhalte unpassend finden sollte. Erschwerend kommt vor allem bei Frauen aus ländlichen Gebieten hinzu, dass sie oft weder lesen noch schreiben können[625]. Von „Waffengleichheit" kann nicht die Rede sein.

Zudem wird die Gefährdung der Gesundheit der Ersatzmütter fahrlässig in Kauf genommen. Berichten zufolge werden nicht selten 20–25 IVF-Behandlungszyklen durchgeführt. Bei jedem Behandlungszyklus werden fünf und mehr Embryonen übertragen. Mehrlingsschwangerschaften mit ihren Risiken für Kind und Ersatzmutter sind damit vorprogrammiert[626].

Die indische Ersatzmutter fungiert derzeit als Gebärmaschine für reiche indische und ausländische Wunscheltern aus der ganzen Welt. Die Behauptung, mit dem Geld werde auch der Ersatzmutter und ihren Kindern geholfen[627], ist nicht hinnehmbar. Es ist sehr zweifelhaft, ob von Hilfe oder Unterstützung gesprochen werden kann, wenn eine arme Frau aus einer Notlage heraus gegen Entgelt ihren Körper als „Kinderproduktionsmaschine" zur Verfügung stellt, während die Klinik den eigentlichen Gewinn macht. Vielmehr findet eine systematische Ausbeutung der Frauen statt, wobei der indische Gesetzgeber angesichts der erstarkten Lobby der Kliniken untätig zuschaut[628].

D. Ergebnis

In Indien bestehen gegenwärtig keine rechtlich verbindlich geltenden Gesetze zur Ersatzmutterschaft. Die kommerzielle Ersatzmutterschaft und damit erst recht die altruistische Ersatzmutterschaft wird spätestens seit dem Supreme Court–Urteil Baby Manji Yamada v. Union of India"[629] als rechtlich zulässig angesehen.

18563_162-57579212/are-indian-surrogacy- programs-exploiting-impoverished-women/, zuletzt abgerufen am 30.10.2014.

624 Centre for Social Research, Surrogate Motherhood – Ethical or Commercial, S. 40.

625 Ähnlich gesehen von: Centre for Social Research, Surrogate Motherhood – Ethical or Commercial, S. 40.

626 Centre for Social Research, Surrogate Motherhood – Ethical or Commercial, S. 44.

627 So die Betreiberin einer Klinik in Anand, Dr. Patel, im Interview; *Abigail Haworth*, Surrogate Mothers: Womb for Rent, „Marie Claire" v. 29.07.2007, abrufbar unter http://www.marieclaire.com/politics/news/a638/surrogate- mothers-india/, zuletzt abgerufen am 11.12.2014.

628 Zur einseitigen Vertretung der Interessen des privaten Gesundheitsfaktors: *Tyagi*, Law and Gender, S. 208.

629 *Pasayat/Sharma*, AIR 2009 SC 84; (2008) 13 SCC 518.

Dass Bestrebungen zur rechtlichen Regulierung und zu Regelungen des indischen „Ersatzmutterschaftsmarktes“ bestehen, zeigt sich in den Gesetzesentwürfen ART-Bill 2008 und ART-Bill 2010[630]. Bislang ist keiner der Gesetzesentwürfe in Kraft getreten. Dies wird auch noch auf sich warten lassen. Solange wird dieser Markt, ohne einer Kontrolle zu unterliegen, weiter wachsen und Profit in Milliardenhöhe abwerfen. Die indische Ersatzmutter jedoch wird weiterhin die Verliererin sein.

Allerdings könnten die Gesetzesentwürfe wie die ART-Bill 2010 und die bislang vorgebrachten Richtlinien wie die National Guidelines for Accreditation, Supervision and Regulation of ART-Clinics in India 2005 von großer Bedeutung für eine etwaige Gesetzgebung in Deutschland trotz der strukturellen und sozialen Unterschiede zwischen den Ländern sein. Denn trotz einiger Schwachstellen liefern die Entwürfe und Richtlinien ein stellenweise ausgeklügeltes gesetzliches Konzept hinsichtlich der Kontrolle von Kliniken sowie der medizinischen Schutzvorschriften zugunsten von Ersatzmutter und Kind. So könnten im Rahmen einer Gesetzesnovellierung durch den deutschen Gesetzgeber Teile der ART-Bill 2010 und der National Guidelines for Accreditation, Supervision and Regulation of ART-Clinics in India 2005 hinsichtlich der Regelung von Höchstzahlen von Lebendgeburten, der Regelung der Kriterien für das Inbetrachtkommen als Ersatzmutter sowie der Übernahmepflicht des Kindes durch die Wunscheltern Berücksichtigung finden.

Doch darf auch nicht verkannt werden, dass andere Regelungen der ART-Bill und der Richtlinie der Ausbeutung armer Frauen ihren rechtlichen Rahmen geben, indem sie die Bezahlung der Ersatzmutter und die Vermittlung durch Agenturen gestatten. Die Ersatzmutter gibt mit Vertragsunterzeichnung ihre Rechte hinsichtlich des zukünftigen Kindes auf. Eine gerichtliche Instanz ist nicht in die Übertragung der Elternrechte eingebunden. Die Wunscheltern werden nach der Geburt des Kindes in die Geburtsurkunde eingetragen, ohne dass die Ersatzmutter darauf Einfluss nehmen könnte. Die hier erkennbare Tendenz kann nicht vorbildhaft für die Ziele einer deutschen Gesetzgebung sein. Denn trotz der gesellschaftlichen Struktur in Deutschland und des geringeren sozialen Gefälles gilt es zu verhindern, dass Frauen aus finanziellem Antrieb sich als Ersatzmutter melden.

---

630 The Artificial Reproduction Technologies (Regulations) Bill–2010.

5. Kapitel: Die Rechtslage in Kalifornien/USA

Seit über 20 Jahren stellt der Bundesstaat Kalifornien für ungewollt kinderlose Paare, aber auch für einzelne Personen mit Kinderwunsch, eine Art „Mekka der Ersatzmutterschaften" dar[631]. Kein anderer Bundesstaat hat eine solch überragende Bedeutung in der Durchführung von Ersatzmutterschaften[632]. Bereits im Jahr 1985 wurde in Kalifornien das erste „Ersatzmutterschaftskind" der Vereinigten Staaten von Amerika von einer Tragemutter im Wege der IVF-Methode in Verbindung mit einem Embryonenstransfer zur Welt gebracht[633].

Eine offizielle staatliche Registrierungsstelle für Ersatzmutterschaften gibt es nicht. Verlässliche Zahlen zu Ersatzmutterschaftsvereinbarungen, Geburten sowie Umsätzen der Industrie liegen somit nicht vor. Zahlen werden durch private Institutionen wie der American Society for Reproductive Medicine[634] und der Society for Assisted Reproductive Technology[635] geliefert[636]. Bundesweit ist die Zahl der im Wege einer Tragemutterschaft geborenen Kinder innerhalb von vier Jahren (2004 bis 2008) um 89 % (von 738 auf 1.400 Babys) angestiegen[637]. Von den 427 registrierten ART-Fertility-Kliniken boten im Jahr 2010 84 % der Kliniken ihre Dienste ebenfalls zur Befruchtung einer Tragemutter an[638]. Die Tendenz ist jedoch steigend[639]. Laut

631 Von einigen Vertretern in der Literatur wird die Ersatzmutterschaft in den Vereinigten Staaten von Amerika nicht als Phänomen des späten 20. Jahrhunderts angesehen. Vielmehr habe es sich bei den afrikanisch abstammenden Sklavenfrauen, die vor dem Amerikanischen Bürgerkrieg (1861–1865) Kinder für ihre Herren zur Welt brachten, die anschließend zum Eigentum ihrer Herren zählten, ebenso um eine Form der Ersatzmutterschaft gehandelt (*Spivack*, S. 97).

632 *Field*, Surrogate motherhood, 1988, S. 168.

633 *Greenfeld/Klock*, Assisted Reproductive Technology, S. 478.

634 Abrufbar unter http://www.asrm.org/, zuletzt abgerufen am 30.10.2014.

635 Abrufbar unter http://www.sart.org/, zuletzt abgerufen am 30.10.2014.

636 *Lee*, Hastings Women's LJ. 2009, Vol. 20, No. 2, S. 288.

637 Centers for Disease Control and Prevention, American Society for Reproductive Medicine, Society for Assisted Reproductive Technology, 2010 Assisted Reproductive Technogy Fertility Clinic Success Rates Report, S. 4, abrufbar unter http://www.cdc.gov/art/ART2010/PDFs/ART_2010_Clinic_Report- Full.pdf, zuletzt abgerufen am 30.10.2014.

638 Centers for Disease Control and Prevention, American Society for Reproductive Medicine, Society for Assisted Reproductive Technology, 2010 Assisted Reproductive Technology Fertility Clinic Success Rates Report, S. 21, abrufbar unter http://www.cdc.gov/art/ART2010/PDFs/ART_2010_Clinic_Report- Full.pdf, zuletzt abgerufen am 30.10.2014.

639 Council for Responsible Genetics Report, S. 12, abrufbar unter http://www.councilforresponsiblegenetics.org/pagedocuments/kaevej0a1m.pdf, zuletzt abgerufen am 30.10.2014.

Statistiken des Center for Disease Control and Prevention haben im Jahr 2011 433 registrierte Kliniken den medizinischen Teil der Ersatzmutterschaften durchgeführt[640].

Die Entwicklung ist auf die liberale Rechtslage, die spätestens seit der Supreme Court-Entscheidung Johnson v. Calvert (1993)[641] angestoßen wurde, zurückzuführen[642]. Dass die Ersatzmutterschaft an Attraktivität für die US-amerikanischen Bundesbürger gewonnen hat, wird nicht zuletzt mit der großen medialen Aufmerksamkeit[643] und mit den Prominenten, die sich Ersatzmüttern bedient haben, zusammenhängen[644].

Die Dienste von Vermittlungsagenturen bzw. Kliniken werden vermehrt von kinderlosen Paaren aus dem Ausland in Anspruch genommen. Eine genaue Zahl über den Anteil liegt nicht vor. So existieren Agenturen wie das British Surrogacy Center of California, welches Wunscheltern aus Großbritannien, Deutschland und anderen Industrieländern Ersatzmutterschaften in Kalifornien vermittelt[645].

A. Der Ablauf der Ersatzmutterschaft in der Praxis

I. Der Verfahrensablauf

Das Verfahren kann von Fall zu Fall sehr unterschiedlich sein. Entscheidend ist, ob eine Agentur, die als Vermittlungs- und Beratungsinstanz fungiert, dazwischengeschaltet wird oder die Wunscheltern die Ersatzmutter über das Internet oder Privatanzeigen in der Zeitung kennenlernen oder durch Familie und Freunde miteinander bekannt gemacht werden.

1. Die Agentur bzw. Fertility -Clinic als Vermittlungsinstanz

In der Regel wenden sich die Wunscheltern an eine sog. ART-Fertility-Clinic, die als Vermittlungsagenturen fungieren, oder direkt an eine „surrogacy agency“, eine Vermittlungsagentur, die die Schnittstelle zwischen Ersatzmutter, Wunscheltern

---

640 Centers for Disease Control and Prevention, 2011 Preliminary Data – Clinic Tables and Data Dictionary, abrufbar unter http://www.cdc.gov/art/ARTReports.htm, zuletzt abgerufen am 30.10.2014.

641 Johnson v. Calvert, 851 P.2d 776 (Cal. 1993).

642 *Teman*, Birthing a mother, S. 10.

643 The American Fertility Society, S. 310.

644 In das öffentliche Bewusstsein der US.-amerikanischen Bevölkerung drang das Thema spätestens ein, als der mittlerweile verstorbene Sänger *Michael Jackson* oder Hollywood-Schauspielerin *Sarah Jessica Parker* die Dienste von Ersatzmüttern in Anspruch nahmen. Michael Jacksons drittes Kind, Prince Michael II, wurde von einer anonym gehaltenen Ersatzmutter im August 2002 ausgetragen (so von Michael Jackson im Interview mit *Martin Bashir* im Februar 2003 behauptet, *Lewis*, Michael Jackson – King of Pop, S. 33, 36).

645 British Surrogacy Centre of California, abrufbar unter http://www.britishsurrogacycentre.com/, zuletzt abgerufen am 30.10.2014.

und Klinik darstellt. Jede Klinik hat ihre eigene Datenbank mit potentiellen Ersatzmüttern und Gametenspendern[646]. Aus dieser Datenbank können sich die Wunscheltern eine Ersatzmutter aussuchen[647]. Die potentiellen Ersatzmütter werden in den meisten Kliniken vorab nach bestimmten Kriterien ausgewählt. Zu den Mindestanforderungen der meisten Kliniken zählen ein bestimmtes Alter (21 Jahre bis etwa 40 Jahre), mindestens eine vorangegangene Schwangerschaft und Austragung eines Kindes und keine Inanspruchnahme finanzieller Unterstützung vom Staat („welfare"). Zudem hat sie auf den Konsum von Zigaretten und Drogen zu verzichten[648]. Bei der Durchsicht der Internetseiten der Agenturen fällt auf, dass große Unterschiede hinsichtlich der Anforderungen der Kliniken an die Ersatzmutter vorhanden sind.

a) „open program"[649]

Der Verfahrensablauf kann auf zwei unterschiedliche Weisen erfolgen. Bei dem sog. „open program" wird darauf Wert gelegt, dass Wunscheltern und Ersatzmutter sich persönlich begegnen und eine emotionale Bindung zueinander aufbauen. Dabei melden sich die Wunscheltern bei der Agentur an und erhalten nicht anonymisierte Profile von verschiedenen Ersatzmüttern aus ihrer Datenbank. Beim „open program" werden Kontaktdaten wie E-Mail-Adresse und Telefonnummern an die Wunscheltern zur Kontaktaufnahme mit der Ersatzmutter weitergeleitet[650]. Die Intensität des Kontakts hängt von den Ansprüchen der Parteien und der örtlichen Entfernung zwischen ihnen ab. Ist die örtliche Distanz groß, beschränkt sich der Kontakt meist auf E-Mails, Telefongespräche, Skype-Unterhaltungen. Zu einem persönlichen Treffen kommt es bei großer örtlicher Distanz und in Fällen der Ersatzmutterschaft mit einer Spendereizelle erst, wenn die Wunscheltern das Kind abholen wollen. Handelt es sich um eine Tragemutterschaft, bei der der Ersatzmutter ein Embryo mit der Eizelle der Wunschmutter eingesetzt wird, finden mindestens zwei persönliche Treffen statt. Agenturen wie The Surrogacy Source sehen für das erste Treffen das Kennenlernen

---

646 Aus der Perspektive der Ersatzmutter berichtet *Stacy Ziegler*, die zunächst privat über das Internet ihre Dienste als Ersatzmutter anbot und schlechte Erfahrungen damit machte. Schließlich ließ sie sich von einer ART Fertility Klinik in die Datenbank aufnehmen (*Ziegler*, Pathways to Parenthood).

647 Egg Donor & Egg Donation, Surrogate Mothers & Surrogate Agency, Fertility Miracles, abrufbar unter http://www.fertilitymiracles.com/ international/surrogacy.html, zuletzt abgerufen am 30.10.2014; von den meisten Kliniken wird nur die Tragemutterschaft angeboten, sodass die Wunscheltern ggf. sich aus der Datenbank auch Gametenspender aussuchen.

648 The Surrogate Source, abrufbar unter https://www.thesurrogacysource.com/ prc_qual.php?type=Surrogate; Modern Family Surrogacy Center, abrufbar unter http://www.modernfamilysurrogacy.com/page/become_a_surrogat, zuletzt abgerufen am 11.12.2014.

649 Die Terminologien „open program" und „closed program" wurden von *Merino* übernommen; vgl. hierzu *Bernard*, Kinder machen, S. 316.

650 *Merino*, S. 19.

der Ersatzmutter sowie den Embryotransfer und für den zweiten Besuch die Abholung des Kindes vor. Empfohlen wird den „International Intended Parents & Intended Couples“, die Ankunft eine Woche vor dem Geburtstermin zu planen.

Etwa mit zwei weiteren Wochen nach der Geburt ist für die Abwicklung des rechtlichen Teils, einschließlich des Antrags auf eine Geburtsurkunde und einen Pass für das Kind, zu rechnen[651].

Nachdem die Ersatzmutter von den Wunscheltern ausgewählt wurde und sie sich persönlich kennen gelernt haben,[652] wird der juristische Teil (Unterzeichnung der Ersatzmutterschaftsvereinbarung) abgewickelt und es wird mit der hormonellen Behandlung der Ersatzmutter begonnen[653]. Hierfür werden Partnerkliniken der Agenturen herangezogen[654]. Die Kliniken bieten ihre Dienstleistung verschiedenen Personengruppen an. Neben den hetero- und homosexuellen Paaren profitieren Paare aus dem Ausland[655] sowie Einzelpersonen ohne Partner, aber mit Kinderwunsch, vom Angebot der Kliniken. Während der letzten drei Monate der Schwangerschaft beantragt der Rechtsanwalt vor Gericht eine vorgeburtliche Anordnung, sodass die Namen der Wunscheltern in die Geburtsurkunde des Kindes eingetragen werden[656]. Als besonderer Vorteil beim „open program“-Verfahren wird angesehen, dass durch den regen Kontakt die Ersatzmutter eher eine gleichgestellte Partnerin, die aus altruistischen Motiven einen Akt der Liebe bezeugen würde, als eine „Gebärmaschine“ darstellt[657].

b) „closed program“

Beim sog. „closed program“ bleiben Wunscheltern und Ersatzmutter einander anonym. Eine direkte Kontaktaufnahme findet nicht statt. In der Regel suchen die Wunscheltern die Ersatzmutter aus einem Stapel von biografischen Profilen der in Frage kommenden Ersatzmütter aus[658]. Diese Form wird meist von Wunscheltern

---

651 The Surrogate Source, abrufbar unter http://www.thesurrogacysource.com/international_surrogacy.htm, zuletzt abgerufen am 30.10.2014.

652 Ist ein persönliches Treffen vor Geburt des Kindes aufgrund der geographischen Distanz nicht möglich, so wird das Kennenlernen durch E-Mail- bzw. Skype- Kontakt hergestellt (*Teman*, S. 17).

653 *Teman*, S. 17.

654 Eine Liste der Partnerkliniken der Agentur The Surrogacy Source, abrufbar unter http://www.thesurrogacysource.com/ip_partners.htm?type=Intended%20Parent, zuletzt abgerufen am 30.10.2014.

655 Einige Kliniken sind auf die Zurverfügungstellung ihrer Dienste an Wunscheltern aus dem Ausland spezialisiert (Fertility Miracle, abrufbar unter http://www.fertilitymiracles.com/international/index.html, zuletzt abgerufen am 30.10.2014).

656 Fertility Miracle, abrufbar unter http://www.fertilitymiracles.com/international/surrogacy.html, zuletzt abgerufen am 30.10.2014.

657 *Merino*, S. 20.

658 Zu den Agenturen, die das „closed program“ anbieten, gehört Fertility Miracles, abrufbar unter http://www.fertilitymiracles.com/international/surrogacy.html, zuletzt abgerufen am 30.10.2014.

gewählt, die die Inanspruchnahme einer Ersatzmutter oder die eigene Unfähigkeit zur Zeugung und Austragung eines Kindes geheim halten wollen. Beim „closed program" wird der offensichtliche Austausch von Geld der Wunscheltern gegen die Dienstleistung der Ersatzmutter als verwerflich angesehen („a transaction, an exchange of money for a service"[659]). Das closed program kommt in Betracht, wenn die Unterstützung durch eine Agentur in Anspruch genommen wird.

2. „Independent agreement" – Durchführung ohne die Hilfe einer Agentur

Um Agenturgebühren zu sparen, wenden sich Wunscheltern an Ersatzmütter, die ihre Dienste in Zeitungen oder online inserieren. Zu diesen Online-Inserats-Seiten gehört allaboutsurrogats.com. Auf dieser können, aufgeteilt in unterschiedliche Kategorien, Ersatzmütter ihre Dienste anbieten oder auch Wunscheltern eine für sie geeignete Ersatzmutter suchen[660]. Ebenso gibt es zahlreiche Seiten, die Tipps für die richtige Herangehensweise bei der Erstellung eines solchen Inserats geben. Diese werden häufig von Frauen, die selbst als Ersatzmutter fungiert haben, erstellt und gepflegt[661]. Wird keine Agentur hinzugezogen, ist ausschließlich ein „open program" denkbar.

Der Vorteil, der in der Inanspruchnahme einer Agentur gesehen wird, liegt zum einen in der rechtlichen Beratung, der besonders bei Ersatzmutterschaften mit internationalem Bezug von Bedeutung sein kann, zum anderen in der Vorauswahl der Ersatzmutter, die von den besseren und erfahreneren Agenturen nach psychologischem, medizinischem und sozialem Aspekt selektiert wird[662].

Aufgrund der von den Agenturen angebotenen rechtlichen Beratung und der jahrelangen Erfahrung wird von internationalen Wunscheltern selten auf die Dienstleistung einer Agentur verzichtet. Genaue Statistiken liegen hierzu nicht vor.

3. Kritische Stellungnahme

Die existierenden Internetseiten mit den Inseraten von sich anbietenden Ersatzmüttern oder sich auf der Suche nach einer passenden Ersatzmutter befindenden Wunscheltern haben die Wirkung eines virtuellen „Marktplatzes", auf dem gegen

---

659 *Merino*, S. 19.

660 Es empfiehlt sich, sich einige der Anzeigen der Ersatzmütter und Wunscheltern durchzulesen; abrufbar unter http://classifieds.allaboutsurrogacy.com/, zuletzt abgerufen am 30.10.2014.

661 *Marlena Smaha*, How to Write A Surrogacy Related Classified Ad, abrufbar unter http://www.surromomsonline.com/articles/howtoad.htm, zuletzt abgerufen am 30.10.2014.

662 The Surrogate Source http://www.thesurrogacysource.com/ requirements_surrogate_mother.htm, zuletzt abgerufen am 30.10.2014; vgl.: *Bernard*, StAZ 2013, 136, 139.

Geld mit entstehendem Leben gehandelt wird. Die Internetseiten der unzähligen Agenturen hinterlassen im Prinzip denselben Eindruck. Lediglich die professionellere Aufmachung unterscheidet sie voneinander. Immerhin besteht bei den Ersatzmutterschaften ohne Einbeziehung einer Agentur nicht die Möglichkeit des „closed program". Ersatzmutter und Wunscheltern *müssen* sich persönlich kennen lernen. Beim „closed program" wird die Ersatzmutter anhand von Photos und Profil ausgesucht, bei Bedarf werden die Gene der Wunscheltern eingepflanzt, das Baby wird zur Welt gebracht und gegen Geld an die Wunscheltern abgegeben. Das gesamte Verfahren läuft ab, ohne dass die zwei Parteien einander nur ein einziges Mal begegnen würden. Ein abartiger Gedanke.

II. Die Vertragsparteien

1. Die „typische" kalifornische Ersatzmutter

Die „typische" amerikanische Ersatzmutter, die ihre Dienste gegen Entgelt anbietet, stammt aus der ärmeren Arbeiterschicht[663]. Seit Beginn des Irak-Krieges im Jahr 2004 haben sich viele Ehefrauen von Männern, die sich im Irak im Militärdienst befanden, für die Austragung eines fremden Kindes gegen Entgelt bereit erklärt[664].

2. Die „typischen" Wunscheltern in Kalifornien

Amerikanische Wunscheltern, die eine Ersatzmutter für ihre Dienste bezahlen, stammen in der Regel aus guten finanziellen Verhältnissen mit einem geschätzten Familieneinkommen von über 100.000 $ und sind europäischer Herkunft. Ferner haben sie eine gute schulische bzw. berufliche Ausbildung genossen[665]. Bei den aus dem Ausland stammenden Wunscheltern werden die Charakteristika ähnlich sein. Diese müssen aufgrund der zusätzlich hinzukommenden Flug- und eventuellen Gerichtskosten im Heimatland für die hohen finanziellen Kosten aufkommen können.

3. Kritische Stellungnahme

Es wäre interessant zu wissen, ob es sich bei den Ersatzmüttern in Kalifornien mehrheitlich um Frauen mit einem Ursprung in Lateinamerika, besonders Mexiko aufgrund der geographischen Nähe, oder um schwarze Frauen handelt. Auf kaum einer offiziellen Homepage ist die Rasse oder Religion der Frau als Kriterium für

---

663 *Spar*, The Baby Business, S. 72.

664 Diese Frauengruppe wurde bevorzugt von den Vermittlungsagenturen angesprochen, weil sie durch den Kriegseinsatz ihrer Männer von der Krankenversicherung profitierten und die Vermittlungsagenturen bzw. die dahinterstehenden Wunscheltern sich die Kosten für die Befruchtungsbehandlung sparen konnten (*Lee*, Hastings Women's L.J., S. 288).

665 *Merino*, S. 41.

die Aufnahme in die Ersatzmutterdatenbank vorgesehen. Wie ist jedoch die Politik dieser Agenturen in der Realität? Zieht man den Vergleich mit Adoptionsfällen, in denen mehr Geld gezahlt wird, damit ein „weißes“ Kind dem adoptierenden Elternpaar zugeteilt wird[666], so wäre es vorstellbar, dass vor allem die Abstammung der Gametenspender eine maßgebliche Rolle spielen könnte.

III. Die Kosten für die Durchführung einer Ersatzmutterschaft

Die Kosten für eine Ersatzmutterschaft variieren. Dabei ist die Tragemutterschaft wegen des aufwendigeren medizinischen Verfahrens teurer als die Ersatzmutterschaft ieS.

Im Durchschnitt liegt die Bezahlung der Ersatzmutter zwischen 20.000 $ und 27.000 $ für das erste Kind im Wege der Ersatzmutterschaft. Erfahrene Ersatzmütter erhalten bis zu 10.000 $ mehr. Die Bezahlung wird in monatlichen Raten vereinbart[667]. Bei der ersten Ersatzmutterschaftserfahrung liegt der Stundenlohn einer Ersatzmutter im Durchschnitt bei gerade 3 $. Einschließlich der Kosten für die medizinische Behandlung, die juristische Abwicklung sowie die Agentur belaufen sich die Kosten für ein Kind auf 40.000 $ bis 120.000 $[668].

B. Die rechtliche Behandlung der Ersatzmutterschaft

Das US-amerikanische Recht ist geprägt vom „common law“[669], welches seinen Ursprung in dieser Form in England hat[670]. Trotz der „Amerikanisierung des common law“ ist der Einfluss insbesondere auf die allgemeinen juristischen Prinzipien, Methoden und die Relevanz von Präzedenzfällen erkennbar[671].

Das Familienrecht, wie die meisten anderen Rechtsbereiche des Privatrechts, steht in den USA im Kompetenzbereich der einzelnen Bundesstaaten. Damit unterliegen die rechtlichen Grundlagen zur Ersatzmutterschaft dem „state law“.

666 Vergleich der Preise durch *Wegar*, Adoptives Families, S. 212.

667 The Surrogacy Source, abrufbar unter http://www.thesurrogacysource.com/ sg_compensation.htm, zuletzt abgerufen am 30.10.2014; *Teman*, S. 16.

668 Council for Responsible Genetics (CRG Report), S. 26.

669 Der Begriff „common law“ wird im juristischen Sprachgebrauch in unterschiedlichster Weise gebraucht. So ist je nach Sprachgebrauch entweder das anglo-amerikanische Rechtssystem als Gegenstück zum „statutory law“ (kodifiziertes Recht) oder das Richterrecht gemeint. Das „case law“ (Fallrecht) dient als Oberbegriff für das „common law“ und den „equity“-Grundsatz (*Hay*, US-Amerikanisches Recht, Rn. 16). Beim case law werden Einzelfallentscheidungen gefällt. Diese dienen als Rechtsquelle (*Burnham*, Introduction to the Law, S. 39).

670 *Hay*, Rn. 1 ff.; Zum historischen Hintergrund einzelner Rechtsinstitute im *common law*: *Holmes*, The Common Law; *Clark/Ansay*, Introduction to the Law of the United States, S. 13 ff.)

671 *Reimann*, Einführung in das US-amerikanische Privatrecht, § 4, Rn. 2.

Der Vorteil im „state law“ wird darin gesehen, dass sich daraus für die Regierung die Möglichkeit ergebe, mit einer Vielfalt von Systemen zu experimentieren („... our federal system of government is this possibility of experimentation with a variety of systems... “)[672]. Hinsichtlich der Anwendung besteht bei Vorliegen von Bundes- und Staatenrecht zum gleichen Regelungsinhalt Gleichrangigkeit zwischen Bundes- und Staatenrecht. Im Bereich des Familienrechts sind zwar weitgehend kodifizierte Regelungen anstatt Gewohnheitsrecht vorhanden, doch spielt das sog. „case law“ weiterhin eine bedeutende Rolle[673]. Daher ist die Betrachtung des Zusammenspiels zwischen den relevanten Gesetzen und den Gerichtsentscheidungen hinsichtlich der Regelung von Ersatzmutterschaften unentbehrlich[674].

Ein entscheidender Grundatz im „common law“-System stellt das „stare-decisis-Prinzip“ dar. Dahinter steckt die Vorstellung, dass das Gericht an vergangene Gerichtsentscheidungen mit dem gleichen Sachverhalt gebunden ist („binding stare decisis effect“)[675]. Die vorangehenden Entscheidungen stellen als sog. Präzedenzfälle („precedents“) eine Rechtsquelle dar[676].

Maßgebliche Bedeutung ist dem U.S. Supreme Court als höchste Rechtsinstanz beizumessen. Dieser wird in Article III, Section 1 der US-Verfassung als höchste Instanz der Judikative definiert. Sowohl alle kodifizierten Regelungen als auch die Rechtsprechung haben sich im Einklang mit den Entscheidungen des U.S. Supreme Court zu befinden[677]. Eine vereinheitlichende Rechtsprechung („uniform national policy“) durch den U.S. Supreme Court erscheint jedoch im gegenwärtigen Zeitpunkt unwahrscheinlich. Durch eine Reihe von Entscheidungen wurde bestimmten Freiheitsrechten („liberty rights“), etwa den Entscheidungsrechten der Eltern hinsichtlich der Kontrolle und Sorge über ihre Kinder, ein besonders hohes Maß an Schutz vor „government interference“ zugesprochen[678].

---

672 *Field*, S. 9.

673 *Rieck*, Ausländisches Familienrecht, USA, Rn. 1, *Hay*, Rn. 484.

674 Hierarchiegrundsätze sind kurz gefasst: Verfassungsrecht steht an der Spitze. Bundesrecht („federal statutes“) bricht Staatenrecht („state statutes“). Das spätere Gesetz auf gleicher Hierarchieebene hebt das ältere auf. Die Grundsätze sind ebenfalls auf die Gerichtsentscheidungen als Rechtsquelle anwendbar (*Burnham*, S. 40; *Clark/Ansay*, S. 38).

675 Dabei ist das unterste Gericht an alle Entscheidungen höherrangiger Gerichte gebunden und das höherrangige Gericht hat sich an seine eigenen vorangegangenen Entscheidungen zu halten (*Clark/Ansay*, S. 38).

676 *Burnham*, S. 39, 65; *Clark/Ansay*, S. 35 f.).

677 *Dimitrakopoulos*, Individual Rights, S. 1; Zur Entstehungsgeschichte des U.S.-Supreme Court: *McCloskey*, The American Supreme Court.

678 In re Troxel v. Granville, 530 U.S. 57, 66 (2000); In re Washington v. Glucksberg, 521 U.S. 702 (1997); *Stehr*, International Surrogacy Contract Regulation, S. 263, vgl. *Mortazavi*, S. 2266 ff.

I. Gesetzliche Regelungsversuche auf Bundesebene durch Modellgesetze

Bei Betrachtung der gesetzlichen Regelungen in den einzelnen 50 Bundesstaaten der USA fällt besonders die Uneinheitlichkeit der Rechtslage in diesen auf. So ist in einigen Bundesstaaten die Ersatzmutterschaft in jeglicher Form verboten[679], in anderen nur in bestimmter Ausgestaltung und unter strengen Voraussetzungen erlaubt[680] und in anderen überhaupt nicht geregelt[681]. Mit den Modellgesetzen wurde der Versuch der Vereinheitlichung gestartet.

1. Der Uniform Status of Children of Assisted Conception Act (1988)[682]

Zu den ersten Bestrebungen zur Vereinheitlichung der Rechtslage auf dem Gebiet der künstlichen Befruchtung zählt die Formulierung des USCACA[683]. Dieser Gesetzesvorschlag von 1988 unterbreitete zwei alternative Regelungsmöglichkeiten für Ersatzmutterschaften.[684] Gemäß § 1 (3) USCACA hatten die Wunscheltern miteinander verheiratet zu sein und mindestens ein Wunschelternteil hätte zum Kind eine genetische Verwandtschaft aufweisen müssen. Alternative A des USCACA sah die Zulässigkeit der kommerziellen Ersatzmutterschaft bei Einhaltung bestimmter Bedingungen vor. Zur Wirksamkeit der Ersatzmutterschaftsvereinbarung sollte es der Einholung einer gerichtlichen Genehmigung vor Befruchtung der Ersatzmutter bedürfen (§ 6 (a) USCACA). Ferner sollte die Wunschmutter zur Inanspruchnahme einer Ersatzmutter selbst aus medizinischen Gründen nicht in der Lage sein, ein Kind zur Welt zu bringen (§ 6 (b) (2) USCACA).

Bei Vorliegen einer Ersatzmutterschaft im engen Sinn sah der Gesetzesvorschlag ein Aufhebungsrecht der Ersatzmutter innerhalb der ersten 180 Tage nach Befruch-

---

679 District of Columbia (DC Code §§ 16–402); Michigan (MI Comp. Laws Ann. §§ 722.851–861 (2009); New York (NY Dom. Rel. Law § 122)

680 Illinois, IL ST CH 750, § 47/20; Florida (Fl. Stat. Ann. § 742.11–16)

681 Maine, Georgia, Hawaii; Mississippi.

682 Entworfen wurde der USCACA von der National Conference of Commissioners on Uniform State Laws (NCCUSL), die aus von den einzelnen Bundesstaaten entsandten Rechtsexperten besteht *(Wardle/Nolan,* Fundamental principles of family law, S. 272); *Brashier,* Inheritance Law, S. 179.

683 „Uniform acts und uniform model acts" stellen Modellgesetze dar, die von der National Conference of Commissioners on Uniform State Laws erarbeitet werden und den Bundesstaaten zur freiwilligen Ratifizierung dargelegt werden. Damit stellen sie genauer genommen keine Bundesgesetze dar. Werden sie nicht oder von nur wenigen Staaten als Gesetz übernommen, so kann der Einfluss auf die Gesetzgebung der einzelnen Staaten in Einzelfällen doch erheblich sein (*Hay,* Rn. 484; *Clark/Ansay,* S. 50)

684 Die Ausarbeitung zweier Alternativvorschläge hängt mit der Uneinigkeit innerhalb der National Conference of Commissioners on Uniform State Laws (NCCUSL) zusammen.

tung ihrer Eizelle mit der Samenzelle des Wunschvaters vor (§ 7 (b) USCACA). Dieses Aufhebungsrecht sollte auch das einzige Recht der Ersatzmutter auf Auflösung der Vereinbarung darstellen.

In der Alternative B wurden Ersatzmutterschaftsverträge für ungültig erklärt (§ 5 USCACA). Der USCACA fand wenig Anerkennung und wurde von nur zwei Bundesstaaten, Virginia und North Dakota, angenommen.

2. Der Uniform Parentage Act (2002)[685]

Der USCACA wurde im Jahr 2000 von der novellierten Version des UPA[686] ersetzt[687]. Der UPA (2000)[688] wurde wiederum nochmals im Jahr 2002 überarbeitet und veröffentlicht. Der UPA (2002) regelt Fragen der Abstammung eines Kindes, insbesondere vor dem Hintergrund des Fortschritts in der modernen Reproduktionsmedizin[689].

Artikel 8 UPA behandelt abstammungsrechtliche Fragen, die sich im Zusammenhang mit Tragemutterschaften („gestational agreement")[690]

stellen. Hierbei entspricht der Artikel teilweise den entsprechenden Regelungen der Alternative A des USCACA (1988)[691]. Bislang erlassen wurde das Modellgesetz von acht Bundesstaaten, sodass eine bundesweite einheitliche Regelung noch weit entfernt erscheint[692]. Ein Inkrafttreten des UPA 2002 ist in Kalifornien nicht erfolgt.

---

685 Uniform Parentage Act, abrufbar unter http://www.uniformlaws.org/ shared/docs/parentage/upa_final_2002.pdf, zuletzt abgerufen am 30.10.2014. Nachfolgend UPA genannt; Zur Entstehungsgeschichte des UPA siehe *Krause*, Fam. Law Quart. Vol. 1, 1974, S. 16).

686 Der UPA ist in seiner ursprünglichen Fassung von der National Conference of Commissioners on Uniform State Laws entworfen und im Jahr 1973 beschlossen worden. Den Anlass stellten hierfür die US-Supreme Court Entscheidungen (Levy v. Lousiana, 391 U.S. 535, 93 S.Ct. 872, 35 L.Ed,2 d 56 (1973) als erster wichtiger Fall; Weber v. Aetna Casualty & Surety Co.; 406 U.S. 164, 175–76 (1972)), bei denen die Ungleichbehandlung von ehelichen und unehelichen Kindern für verfassungswidrig erklärt wurde.

687 *Mnookin/Weisberg*, Child, Family, State, S. 630.

688 2000 Uniform Parentage Act, 9B U.L.A. 299 (2001).

689 *Burda*, Gay, Lesbian and Transgender Clients, S. 107.

690 Erstmalig wurde der Begriff „surrogate mother" für Fälle der Tragemutterschaft in „gestational mother" umgeändert. Die mit der Terminologie verbundene negative Konnotation innerhalb der amerikanischen Bevölkerung wurde als Grund genannt (Kommentar zu Artikel 8, abrufbar unter http://www.uniformlaws.org/shared/docs/parentage/upa_final_2002.pdf, S. 69, zuletzt abgerufen am 30.10.2014).

691 Unterschiede zum USCACA 1988 werden herausgearbeitet: *Mnookin/Weisberg*, S. 631.

692 Zu den Bundesstaaten, die den UPA 2002 erlassen haben, gehören Texas, Washington, Delaware, Wyoming, Utah, Oklahoma, North Dakota, New Mexico und Alabama.

3. *Der Model Assisted Reproductive Technologies Act (2008)*[693]

Der MARTA, ein Gesetzesentwurf der American Bar Association[694], stellt einen weiteren Versuch der bundesweiten Gesetzesvereinheitlichung im Bereich der modernen Reproduktionsmethoden dar. In Zusammenarbeit mit den privaten Organisationen American Society of Reproductive Medicine (ASRM) und Society of Assisted Reproductive Technology (SART) wurde ein Modellgesetz entworfen, das unter anderem in zwei Kapiteln die Tragemutterschaft regelt[695]. Ähnlich dem USCACA-Modellgesetz unterbreitet MARTA zwei Alternativvorschläge zur Ersatzmutterschaft. Anders als im USCACA jedoch sehen beide Alternativen die Wirksamkeit der kommerziellen Ersatzmutterschaftsvereinbarungen vor[696]. Alternative A regelt die Durchsetzbarkeit der Ersatzmutterschaftsvereinbarung bei Einholung der gerichtlichen Wirksamkeitserklärung[697]. Hat das Gericht die Vereinbarung für wirksam erklärt, gehen sämtliche Elternrechte auf die Wunscheltern über[698]. Im Vergleich zur Alternative A sind die Regelungen der Alternative B ausführlicher[699], wobei auf die Beteiligung des Gerichts verzichtet wird. Eine Reihe von Rechten und Pflichten der einzelnen Parteien wird festgelegt.

Bislang hat kein Bundesstaat dieses Modellgesetz übernommen, sodass dem MARTA keine größere Bedeutung beigemessen werden kann.

4. *Kritische Stellungnahme*

Mit dem USCACA ist bereits vor einem Vierteljahrhundert ein ernsthafter Versuch zur einheitlichen Regelung der Ersatzmutterschaft unternommen worden und gescheitert. Mit der Alternative A wurde ein interessanter Entwurf eines Gesetzes zur Zulassung unter Berücksichtigung der Interessen aller Parteien vorgelegt. Bestimmte Aspekte wie das Kündigungsrecht der Ersatzmutter im engen Sinne, die Beschränkung auf Fälle der medizinischen Indikation sowie das Erfordernis der

---

693 Nachfolgend mit MARTA abgekürzt.

694 Nachfolgend mit ABA abgekürzt. Der ABA verabschiedete das Modellgesetz am 11.02.2008 (*Kindregan/Snyder*, Fam. L. Qu. Vol. 42, 2 (2008), 203).

695 Prefatory Note, American Bar Association Model Act Governing Assisted Reproductive Technology (February 2008), abrufbar unter http://apps.americanbar.org/family/committees/artmodelact.pdf, zuletzt abgerufen am 30.10.2014.

696 Sec. 701–712 MARTA, abrufbar unter http://apps.americanbar.org/family/committees/artmodelact.pdf, zuletzt abgerufen am 30.10.2014.

697 Section 701 (3) MARTA. Die Voraussetzungen für die Wirksamkeitserklärung durch das Gericht bestimmen sich nach Sec. 703 MARTA.

698 Sec. 701 (c) MARTA.

699 Da in der Alternative B ausdrücklich eine Tragemutterschaft vorausgesetzt wird (Sec. 701 (3) MARTA), (und in der Alternative A nicht) jedoch sowohl in Alternative A als auch in B die Terminologie „gestational carrier“ verwendet wird, liegt es nahe, davon auszugehen, dass es zur Verwirrung im Rahmen des Gesetzesentwurfes gekommen ist.

gerichtlichen Genehmigung dienen dem Schutze der Ersatzmutter und sind daher zu begrüßen, doch sind sie noch längst nicht ausreichend. Das Kindeswohl fand keinerlei Berücksichtigung. Eine weitere Schwäche des Entwurfes ist in der Unterbreitung zweier derart unterschiedlicher Alternativen zu sehen. Angenommen, der Entwurf wäre von allen oder vielen Bundesstaaten übernommen worden, wäre eine einheitliche Regelung nicht erreicht worden. Dennoch wäre die Annahme durch die Bundesstaaten ein Schritt in die richtige Richtung gewesen[700].

Für die Modellgesetze UPA (2000) bzw. (2002) und MARTA wurde teilweise die USCACA (1988) übernommen und modifiziert. Nach beiden Entwürfen wäre die Ersatzmutterschaft in Form der Tragemutterschaft unter Einhaltung unterschiedlich weitreichender Voraussetzungen gesetzlich erlaubt. Erkennbar sind Bemühungen insbesondere zur Vereinheitlichung des Tragemutterschaftsrechts vorhanden. Bislang konnte jedoch kein Erfolg verzeichnet werden.

II. In re matter of Baby M[701] als Präzedenzentscheidung zur Ersatzmutterschaft im engen Sinne

Bundesweit von elementarer Bedeutung für den rechtlichen Umgang mit der Ersatzmutterschaft im engen Sinne ist das Urteil des Supreme Court von New Jersey In re Baby M, das die erste Ersatzmutterschaftsentscheidung in den USA darstellt.

1. *Inhaltliche Auseinandersetzung mit der Entscheidung*

Der Wunschvater William Stern und die Ersatzmutter Mary Beth Whitehead trafen im Februar 1985 eine Ersatzmutterschaftsvereinbarung. Diese sah die künstliche Befruchtung der Ersatzmutter mit der Samenzelle des Wunschvaters vor. Für die Übergabe des Kindes nach Geburt und Freigabe des Kindes zur Adoption durch die Wunschmutter Elisabeth Stern sollte die Ersatzmutter 10.000 $ erhalten. Bereits während der Schwangerschaft entwickelte Mary Beth Whitehead eine starke emotionale Bindung zum Kind. Nach der Geburt der Tochter Melissa wurden in die Geburtsurkunde die Namen der Ersatzmutter und ihres Ehemannes eingetragen[702]. Als Mary Beth Whitehead sich weigerte, Melissa an die Sterns abzugeben, wurden rechtliche Schritte eingeleitet. In der ersten Instanz wurde die Ersatzmutterschaftsvereinbarung für wirksam erklärt und William Stern das alleinige Sorgerecht („sole custody“) zugesprochen. Zudem wurde die Adoption Melissas durch Elisabeth Stern gestattet. Das Kind kam in die Obhut der Wunscheltern[703].

---

700 Eine andere Ansicht vertritt *Dworkin*, der die Kodifizierung als hinderlich für den flexiblen Umgang der Rechtsprechung ansieht (*Dworkin*, Limits: The Role of the Law, S. 82).

701 In re Baby M, 109 N.J. 396, 537 A.2d 1227, N.J. (1988).

702 In re Baby M, 109 N.J. 396, 537 A.2d 1227, N.J. (1988), S. 1235 f.

703 In re Baby M, 217 N.J. Super. 313, 525 A.2d 1128 (1987).

Der New Jersey Supreme Court hob die Entscheidung zum größten Teil auf und erklärte die kommerzielle Ersatzmutterschaftsvereinbarung im engen Sinne für nichtig („invalid“) und nicht durchsetzbar („unenforceable“). Sie verstoße zum einen gegen die geltenden Vorschriften New Jerseys[704] und zum anderen gegen die „public policy“ des Bundesstaates New Jersey[705]. Der Verstoß gegen die „public policy“ wurde darin gesehen, dass durch Zuteilung des ausschließlichen Rechts hinsichtlich des Kindes der Grundsatz, dass dem Vater nicht mehr Rechte als der Mutter zustehen würden, nicht eingehalten worden sei („The surrogacy contract violates the policy of this State that ..., the father's rights no greater than the mother's ...“)[706].

Das Sorgerecht wurde dennoch aus Gründen des Kindeswohls dem Wunschvater zugesprochen[707]. Der Ersatzmutter als der rechtlichen Mutter des Kindes wurde das Umgangsrecht eingeräumt[708].

2. *Ergebnis*

Das Urteil des New Jersey Supreme Court setzte ein wichtiges Zeichen gegen die Durchsetzbarkeit und Kommerzialisierung von Ersatzmutterschaften. Besonders anzuerkennen ist, dass dem Kindeswohl Vorrang gegeben wurde. Durch seine auf den Bundesstaat New Jersey beschränkte Wirkung hat es z. B. für den Bundesstaat Kalifornien nur symbolischen Charakter.

III. Die Rechtslage in Kalifornien

1. *Die gesetzlichen Vorgaben durch Präzedenzfälle*

Bereits in den frühen 90er Jahren hatten sich die kalifornischen Gerichte mit rechtlichen Streitigkeiten, die sich aus Ersatzmutterschaftsvereinbarungen ergaben, zu befassen. Für die rechtliche Beurteilung sind insbesondere die Entscheidungen Johnson v. Calvert[709], In re Marriage of Moschetta[710], In re Marriage of Buzzanca[711] und Elisa B. v. Superior Court[712] von Bedeutung.

---

704 In re Sees v. Baber, 74 N.J. 201, 377 A.2d 628 N.J. (1977).

705 Das Sorgerecht eines Kindes habe sich nach dem Kindeswohl zu richten. Dieses Kriterium kann jedoch nicht als eingehalten gesehen werden, wenn schon vor der Geburt des Kindes das Sorgerecht vertraglich abgetreten wird (In re Baby M, 109 N.J. 396, 537 A.2d 1227, N.J. (1988) S. 1246).

706 *Mnookin/Weisberg*, S. 443.

707 In re Baby M, 109 N.J. 396, 537 A.2d 1227, N.J. (1988).

708 In re Baby M, 109 N.J. 396, 537 A.2d 1227, N.J. (1988).

709 Johnson v. Calvert, 851 P.2d 776 (Cal. 1993).

710 In re Marriage of Moschetta, 25 Cal. App. 4th 1218, 30 Cal.Rptr.2d 983.

711 In re Marriage of Buzzanca, 61 Cal. App. 4Th 1410 (1998).

712 Elisa B. v. Superior Court, 177 P. 3D 660, 663 (Cal. 2005). Zur Rangfolge hinsichtlich der unterschiedlichen Rechtsquellen vgl.: *Henke*, California Law Guide, S. 2 ff.

a) *Johnson v. Calvert (1993)*[713] *zur Tragemutterschaft bei genetischer Verwandtschaft mit den Wunscheltern*

Das Ehepaar Mark und Crispina Calvert traf mit Anna Johnson[714] im Januar 1990 die Vereinbarung über eine Tragemutterschaft. Da Crispina aufgrund einer Hysterektomie[715] zur Austragung eines Kindes nicht mehr in der Lage war, ihr Körper aber noch reife Eizellen produzierte, wurde Anna Johnson im Januar 1990 ein Embryo eingepflanzt, der im Wege der künstlichen Befruchtung aus den Gameten des Ehepaares Mark und Crispina Calvert zusammengesetzt wurde. Da das Kind mit der Ersatzmutter, Anna Johnson, nicht genetisch verwandt war, handelte es sich bei ihr um eine Tragemutter. Anna Johnson war eine Frau mit afro-amerikanischer Abstammung[716]. Die Tragemutterschaftsvereinbarung sah vor, dass das Kind nach Geburt vom Ehepaar als eigenes Kind nach Hause genommen werden würde und zu diesem Zweck Anna Johnson auf jegliche Elternrechte („all parental rights") hinsichtlich des Kindes verzichten würde. Im Gegenzug sollte Anna Johnson ein Betrag in Höhe von 10.000 $, ausgezahlt in mehreren Teilzahlungen, zustehen. Die letzte Teilzahlung sollte sechs Wochen nach Geburt des Kindes erfolgen. Außerdem wurde der Abschluss einer Lebensversicherung auf den Namen der Tragemutter vereinbart.

Noch vor Geburt des Kindes traten die ersten Differenzen zwischen den Wunscheltern und der Tragemutter ein. Mark und Crispina schalteten daraufhin das Gericht ein und stellten den Antrag auf Ernennung zu rechtlichen Eltern des ungeborenen Kindes. Anna Johnson hat ebenfalls einen Antrag auf Anerkennung der rechtlichen Mutterschaft gestellt[717]. Nachdem bereits die ersten zwei Instanzen die Wunscheltern, Mark und Crispina Calvert, zu rechtlichen Eltern des Kindes erklärt hatten[718], schloss sich dieser Ansicht ebenfalls das höchste Gericht Kaliforniens, der Supreme Court, an[719].

aa) Bestimmung der Eltern anhand des in der Ersatzmutterschaftsvereinbarung geäußerten Willens („parenthood by intent")

Zur Bestimmung der rechtlichen Eltern wurden vom Gericht zunächst die Normen des Uniform Parentage Act, die damals noch in den §§ 7000–7021 Civil Code ver-

713 Johnson v. Calvert, 851 P.2d 776 (Cal. 1993).
714 Professorin an der Georgetown University Law Center/USA.
715 *Hysterektomie* ist die medizinische Bezeichnung für die operative Entfernung der Gebärmutter (*Löseke/Skibbe*, Gynökologie und Geburtshilfe, S. 64).
716 *Allen*, 8 Harvard Blackletter J. 17, 1991, 19.
717 Johnson v. Calvert, 851 P.2d 776 (Cal. 1993), S. 778.
718 Zuvor hatten bereits The Superior Court, Orange County, Nos. X63 31 90, AD 57638, Richard N. Parslow Jr. und der Court of Appeal (Anna J. v. Mark C., 286 Cal. Rptr. 369 (Cal. App. 4th Dist. 1991)) in der Sache entscheiden.
719 Johnson v. Calvert, 851 P.2d 776 (Cal. 1993).

ankert waren[720], herangezogen. Da die Normen aus dem Jahr 1975 stammten und zu der Zeit rechtliche Streitigkeiten, die auf der Anwendung assistierter Reproduktionsmethoden basierten, noch nicht zu lösen waren, sah das Gericht den Uniform Parentage Act (a.F.) als unanwendbar an. Vielmehr ließ es sich bei der Entscheidungsfindung von anderen Kriterien wie den verfassungsrechtlichen Grundsätzen und den Anforderungen der öffentlichen Ordnung („demands of public policy") leiten, wobei der Uniform Parentage Act (a.F.) als rechtlicher Rahmen dienen sollte[721].

So hätten beide Frauen, Anna als gebärende Frau und Crispina als genetisch mit dem Kind verwandte Frau, nach dem Uniform Parentage Act (a.F.) Beweis für die Begründung eines Mutter-Kind-Verhältnisses erbracht[722]. Da das kalifornische Recht für jedes Kind nur eine Mutter („natural mother") anerkennt, würde an diesem Fall deutlich werden, dass der Uniform Parentage Act (a.F) nicht auf die Schwierigkeiten, die durch assistierte Reproduktionsmethoden entstehen, zugeschnitten sei. Das Gericht erkannte die genetische Verbindung zum Kind als einen mit der Austragung des Kindes gleichzusetzenden Beweis der Mutterschaft an, sodass im zugrunde liegenden Fall beide Frauen als Mutter in Betracht kamen[723]. Beim Auseinanderfallen zwischen gebärender und genetischer Mutter seien die in der Ersatzmutterschaftsvereinbarung geäußerten Absichten der Parteien entscheidend („Because two women have each presented acceptable proof of maternity, we do not believe this case can be decided without enquiring into the parties' intentions as manifested in the surrogacy agreement"). So sei diejenige Frau als die rechtliche Mutter des Kindes anzusehen, welche laut Vereinbarung durch Zurverfügungstellen der Eizelle die Zeugung des Kindes erreichen wollte, um es als eigenes Kind großzuziehen. Das Gericht sprach Crispina Calvert die rechtliche Mutterschaft und Mark Calvert die rechtliche Vaterschaft zu[724].

bb) Kein Verstoß gegen fundamentale Rechtsgrundsätze oder gegen die „public policy"

Anna Johnson hatte einen Verstoß der Tragemutterschaftsvereinbarung gegen den in der Sec. 273 Penal Code[725] verkörperten public policy- Gedanken geltend gemacht.

720 Diese Normen wurden zum 01.01.1994 gestrichen und durch entsprechende Vorschriften im Family Code ersetzt (Stats. 1992, ch. 162, § 4; siehe Sects. 7600–7650 Family Code); vgl. hierzu 851 P.2d 776 (Cal. 1993), S. 779, Fn. 5.

721 Johnson v. Calvert, 851 P.2d 776 (Cal. 1993), S. 779.

722 Anna Johnson als austragende Frau nach § 7003 (1) Civil Code (a.F.) („may be established by proof of her haven giving birth to the child, or under ...") und Crispina Calvert nach §§ 621, 892 Evidence Code (a.F.) iVm. § 7015 Civil Code (a.F.) (so: Johnson v. Calvert, 851 P.2d 776 (Cal. 1993), S. 781).

723 Johnson v. Calvert, 851 P.2d 776 (Cal. 1993), S. 781.

724 Johnson v. Calvert, 851 P.2d 776 (Cal. 1993), S. 782, 786.

725 Abrufbar unter http://www.leginfo.ca.gov/cgi-bin/displaycode?section=pen&group=00001-01000&file=270-273.75, zuletzt abgerufen am 30.10.2014.

Die Tragemutterschaft verstoße nicht gegen die „public policy“[726] (öffentliche Ordnung), so das Gericht. Die Sec. 273 Penal Code, der verbotene Adoptionskonstellationen regelt, sei aufgrund der fehlenden Adoption nicht anwendbar. Der wesentliche Unterschied zur Adoption sei, dass die Vereinbarung zwischen den Parteien vor der Zeugung des Kindes entstanden und somit Anna Johnson als Tragemutter nicht für den Verzicht auf ihre Elternrechte („parental rights“), vielmehr für die Schwangerschaft und die Austragung des Kindes bezahlt worden sei[727].

Ferner könne nicht bewiesen werden, dass arme Frauen durch Ersatzmutterschaftsvereinbarungen einem größeren Ausbeutungsrisiko ausgesetzt sein würden als bei jeder anderen schlecht bezahlten Arbeit[728].

cc) Kein Verfassungsverstoß

Die Erklärung der Wunschmutter, Crispina Calvert, zur rechtlichen Mutter des Kindes stelle keinen Verstoß gegen Article 1 § 1 California Constitution[729] dar. Sie falle nicht in den Schutzbereich des Artikels[730]. Eine Tragemutter, die einer entsprechenden Vereinbarung zustimme, übe nicht das eigene Recht auf Fortpflanzung aus, da sie mit der Einsetzung der befruchteten Eizelle in ihren Körper nicht die Erwartung des Großziehens eines eigenen Kindes verknüpfe, sondern vielmehr die Abgabe des Kindes an die Wunscheltern[731].

Ferner sei auch kein Verstoß gegen die Federal Constitution ersichtlich[732]. Die Revision gegen das Urteil wurde vom U.S. Supreme Court nicht zugelassen[733].

dd) Unterschied zu In re Baby M. (1988)[734]

Das Gericht sieht sich nicht an die Rechtsprechung in der Entscheidung In re Baby M.[735] gebunden, da es sich vorliegend um einen anders gelagerten Sachverhalt gehandelt habe. Der entscheidende Unterschied sei in der Verwendung des genetischen Materials des Ehepaares Calvert bei der Zeugung des Kindes zu sehen. Bei Anna Johnson habe es sich um eine Tragemutter gehandelt, wohingegen es sich

726 Vgl. *Frucht*, S. 40 ff.
727 Johnson v. Calvert, 851 P.2d 776 (Cal. 1993), S. 784.
728 Johnson v. Calvert, 851 P.2d 776 (Cal. 1993), S. 785.
729 Dieser räumt das Recht auf Privatsphäre, zu welchem auch die Anerkennung und der Schutz ihrer Stellung als gebärende Mutter („birth mother“) gehört, ein (Johnson v. Calvert, 851 P.2d 776 (Cal. 1993), S. 786). Die erste California Constitution als die Verfassung Kaliforniens wurde am 07.05.1879 ratifiziert (*Mason*, Constitution of the State California, S. 329 f.).
730 Johnson v. Calvert, 851 P.2d 776 (Cal. 1993), S. 786.
731 Johnson v. Calvert, 851 P.2d 776 (Cal. 1993), S. 787.
732 Johnson v. Calvert, 851 P.2d 776 (Cal. 1993), S. 785.
733 West’s Encyclopedia of American Law, 2nd Edition, Volume 9, S. 415.
734 In re Baby M. (1988), 109 N.J. 396, 537, A2d 1227.
735 Matter of Baby M., 109 N.J. 396, 537 A. 2D 1227 (1988).

bei Marybeth Whitehead um eine Ersatzmutter im engen Sinne, die eine genetische Verwandtschaft zum von ihr ausgetragenen Kind aufweist, gehandelt habe[736].

ee) Kritik an der Gerichtsentscheidung

Eine andere Ansicht hinsichtlich der Bestimmung der rechtlichen Mutterschaft durch Auslegung des in der Tragemutterschaftsvereinbarung verankerten Willens wurde in den eigenen Reihen der an der Entscheidung beteiligten Richter[737] geäußert. Eine Tragemutterschaftsvereinbarung, getragen vom Willen, dass die Tragemutter das Kind nach Geburt endgültig an die Wunscheltern übergeben würde, könne nicht als maßgebliches Kriterium zur Bestimmung der rechtlichen Mutter ausreichen. Vielmehr habe das Kindeswohl im Mittelpunkt der Entscheidung zu stehen[738].

ff) Kritische Stellungnahme

Mit dieser Entscheidung wurde erstmals der Grundsatz der Begründung der Elternschaft durch Parteivereinbarung („parenthood by intent“) entwickelt[739]. Dabei wird keinerlei Rücksicht genommen auf die Gefühlswelt einer Frau und die emotionale Verbundenheit einer Tragemutter unabhängig von einer genetischen Verbundenheit zum Kind, die sie während einer Schwangerschaft gegebenenfalls entwickelt. Waren sich die Parteien im Vorfeld einig und ist die Tragemutter nicht mit ihrer eigenen Eizelle schwanger geworden, spielt ihr Wille nach der Geburt keine Rolle mehr.

Im vorliegenden Fall entsprach die Entscheidung zugunsten der Calverts dem Kindeswohl. Dies wird jedoch nicht immer zutreffen. Wie ist zu entscheiden, wenn Kindeswohl und die Entscheidung für die Wunscheltern auseinander fallen, aber dies dem ursprünglichen Parteiwillen entspricht?

Wünschenswert wäre es gewesen, wenn der Supreme Court eindeutig zur Durchsetzbarkeit von Tragemutterschaftsvereinbarungen Stellung genommen hätte. Soweit hat er lediglich entschieden, dass kein Verstoß gegen die „public policy“ vorliegt. Eine generelle Durchsetzbarkeit von Tragemutterschaftsvereinbarungen kann der Entscheidung nicht entnommen werden[740].

Kommerzielle Tragemutterschaftsvereinbarungen erhalten mit diesem Urteil endgültig ihre Wirksamkeit zugesprochen. Bemerkenswert ist der Vergleich von wirtschaftlich schlecht stehenden Frauen, die gegen Bezahlung ein Kind für andere austragen, und solchen, die beispielsweise für wenig Geld putzen gehen. Das Gericht verkennt den Unterschied, dass im ersten Fall die Frauen ihre Körper „vermieten“

---

736 Johnson v. Calvert, 851 P.2d 776 (Cal. 1993), S. 789.

737 Der von der Mehrheit überstimmte Richter hieß *Justice Kennard.*

738 Johnson v. Calvert, 851 P.2d 776 (Cal. 1993), S. 788 f.

739 *Spivack*, S. 102.

740 So auch in In re Marriage of Moschetta, 25 Cal.App.4th. 1218, 30 Cal. Rptr.2d 893, S. 11.

und sich aufgrund ihrer finanziellen Lage psychischen sowie physischen Gefahren aussetzen.

Einen interessanten Aspekt greift *Anita Allen* auf. Wäre im vorliegenden Fall anders entschieden worden, hätte es sich bei der Tragmutter um eine „weiße" Frau und nicht um eine mit afro- amerikanischer Abstammung gehandelt? Wurde das Urteil gefällt, weil es nicht vorstellbar war, einer solchen Frau ein Kind mit dem genetischen Material „weißer" Wunscheltern zu überlassen („However, I suspect that few regard Black women as the appropriate legal mothers of children who are not at least part Black. Blacks are not supposed to have white children. Blacks are not supposed to want to have white children of their own – not in the adoption context and not, therefore, in the surrogacy context."[741])?

b) In re Marriage of Moschetta (1994)[742] *zur Ersatzmutterschaft im engen Sinne*

aa) Die Entscheidung

Im Gegensatz zur Entscheidung in der Sache Johnson v. Calvert (1993) handelte es sich um eine Vereinbarung über eine Ersatzmutter, deren eigene Eizelle mit der Samenzelle des Wunschvaters im Wege der künstlichen (heterologen) Insemination befruchtet wurde (Ersatzmutterschaft im engen Sinne).

Nachdem bei Cynthia Moschetta Unfruchtbarkeit festgestellt wurde, suchte das Ehepaar Moschetta im Jahr 1989 einen Ersatzmutterschaftsvermittler („surrogacy broker") auf, der ihnen Elvira Jordan vorstellte.

Noch vor ihrer Befruchtung mit der Samenzelle des Wunschvaters, Robert Moschetta, wurde von den beteiligten Parteien eine entsprechende Vereinbarung unterzeichnet. Darin erklärte sich die Ersatzmutter mit der Übergabe des Kindes nach der Geburt, dem Verzicht auf jegliche Elternrechte sowie der Unterstützung bei Abwicklung der Adoption einverstanden. Im Gegenzug sollte sie vom Ehepaar Moschetta 10.000 $ erhalten.

Vor Geburt des Kindes erfuhr Elvira Jordan von den ehelichen Problemen der Moschettas und begann den Ersatzmutterschaftsvertrag zu überdenken.

Nach Geburt des Kindes Marissa im Mai 1990 wurde es nach längerem Zögern seitens der Ersatzmutter an das Ehepaar Moschetta übergeben. Wenige Monate später kam es zur Trennung des Ehepaars und das Kind wurde in die Obhut Robert Moschettas gegeben. Cynthia Moschetta stellte den Antrag auf Auflösung der Ehe sowie auf Erteilung des Sorgerechts für Marissa.

Nachdem in einem erstinstanzlichen Urteil[743] die Elternschaft sowie das gemeinsame Sorgerecht Robert Moschetta und Elvira Jordan, den genetischen Eltern, zugesprochen wurde, legte Robert Moschetta Berufung ein und beantragte die Feststellung der rechtlichen Mutterschaft von Cynthia Moschetta, um ein gemeinsames

---

741 *Allen*, 8 Harvard Blackletter J. 17, 1991, 19.

742 In re Marriage of Moschetta, 25 Cal.App.4th. 1218, 30 Cal. Rptr.2d 893.

743 The Superior Court, Orange County, No. D324349, Nancy Weiben Stock, Judge.

Sorgerecht mit Elvira Jordan zu verhindern. Dabei verwies er im Wesentlichen auf die Entscheidung Johnson v. Calvert, wonach der in der Ersatzmutterschaftsvereinbarung geäußerte Parteiwille maßgeblich von Bedeutung sei[744].

Der California Court of Appeal bestätigte die Rechtsprechung der Vorinstanz und kam hinsichtlich der Mutterschaft zu dem Ergebnis, dass die Frage nach dem Parteiwillen, dem „intent", im zugrunde liegenden Fall nicht von Bedeutung sei. Dieses Kriterium sei nur dann als „tie-breaker" maßgeblich, wenn zwei Frauen nach dem Uniform Parentage Act gleichermaßen als Mutter des Kindes in Frage kämen. Dies sei nicht der Fall, da danach die Ersatzmutter, Elvira Johnson, als gebärende sowie genetisch verwandte Frau allein als Mutter anzusehen sei[745]. In dem Fall, in dem die Frau weder austragende noch genetische Mutter ist, stelle die Adoption den einzigen Weg zur Erlangung der rechtlichen Mutterschaft[746] dar.

Ferner wurde vom Berufungsgericht, dem California Court of Appeal, weder die Umdeutung der Ersatzmutterschaftvereinbarung in eine Vereinbarung über eine Adoption des Kindes noch über die Durchsetzbarkeit einer solchen Ersatzmutterschaftsvereinbarung („traditional surrogacy agreement") gebilligt[747].

bb) Ergebnis

Die zentrale Frage, die vom Gericht zu klären war, war die, ob eine Ersatzmutterschaftsvereinbarung bei genetischer Verwandtschaft der Ersatzmutter gegen ihren Willen und zugunsten der Wunschmutter durchsetzbar ist.

Es war somit eine Entscheidung zwischen dem von den Parteien im Vorfeld Vereinbarten sowie Beabsichtigten („intent") und der genetischen Verwandtschaft zu treffen.

Im Ergebnis ist mit diesem Urteil festgestellt worden, dass die Ersatzmutter mit der genetischen Verbindung ihr Kind nach Austragung nicht gegen ihren Willen an die Wunscheltern abzugeben hat.

Dies stehe auch nicht im Widerspruch zu der Johnson v. Calvert- Entscheidung. Darin sei weder die generelle Durchsetzbarkeit von Tragemutterschaftsvereinbarungen noch die von Ersatzmutterschaftsvereinbarungen festgelegt worden[748]. Das Urteil wird maßgeblich an der Entwicklung beteiligt gewesen sein, dass kalifornische Vermittlungsagenturen kaum noch Ersatzmutterschaften im engen Sinne anbieten.

Positiv zu werten ist, dass bei der Bestimmung des Sorgerechts dem Kindeswohl besondere Aufmerksamkeit geschenkt wurde[749].

---

744 In re Marriage of Moschetta, 25 Cal.App.4th. 1218, 30 Cal. Rptr.2d 893, S. 5.

745 („In fact, she is not Marissa's mother at all. There is no"tie" to break"; In re Marriage of Moschetta, 25 Cal.App.4th. 1218, 30 Cal. Rptr.2d 893, S. 6)

746 In re Marriage of Moschetta, 25 Cal.App.4th. 1218, 30 Cal. Rptr.2d 893, S. 5.

747 In re Marriage of Moschetta, 25 Cal.App.4th. 1218, 30 Cal. Rptr.2d 893, S. 11.

748 In re Marriage of Moschetta, 25 Cal.App.4th. 1218, 30 Cal. Rptr.2d 893, S. 11.

749 In re Marriage of Moschetta, 25 Cal.App.4th. 1218, 30 Cal. Rptr.2d 893, S. 12.

c) *In re Marriage of Buzzanca (1998)*[750] *zur Tragemutterschaft ohne genetische Verwandtschaft mit den Wunscheltern*

Bei der Entscheidung des Court of Appeal In re Marriage of Buzzanca handelte es sich ebenfalls um die Vereinbarung einer Tragemutterschaft, bei der weder die Tragemutter noch die Wunscheltern, John und Luanne Buzzanca, eine genetische Verwandtschaft zum Kind aufweisen sollten. Das Ehepaar war mit der Verwendung von Spendergameten einverstanden.

Kurz vor Geburt des Kindes, Jaycee, kam es zur Trennung des Ehepaares und John Buzzanca stellte im März 1995 den Scheidungsantrag („petition for dissolution"). Es stellte sich die Frage der rechtlichen Zuordnung des Kindes.

John Buzzanca lehnte eine verwandtschaftliche Beziehung und somit jegliche finanzielle sowie sonstige Pflichten gegenüber dem Kind ab und verwies auf die fehlende genetische Beziehung zum Kind[751].

Hinsichtlich der Mutterschaft stellte Luanne Buzzanca einen Antrag auf Feststellung der rechtlichen Abstammung. Hiergegen erhob die Tragemutter keine Einwände.

In einer erstinstanzlichen Entscheidung wurden dem Kind, Jaycee, überhaupt keine rechtlichen Eltern zugesprochen. Für das Gericht kamen weder die Tragemutter und ihr Ehemann noch die Wunscheltern als rechtliche Eltern in Betracht, da die genetische Verwandtschaft des Kindes zu den beteiligten Person fehlen würde[752]. Es wurde Berufung vor dem Court of Appeal eingelegt.

aa) Die Zuordnung des Kindes

(1) Die Bestimmung des rechtlichen Vaters

Liegt eine Zustimmung („consent") des Wunschvaters hinsichtlich der Befruchtung einer für den Embryotransfer vorgesehenen Eizelle mit einem Spendersamen vor, könne sich der Wunschvater nach Geburt des Kindes nicht auf die fehlende genetische Verbindung zum Kind berufen, um die Übernahme der sozialen oder/und finanziellen Verantwortung als rechtlicher Vater zu umgehen[753]. Dabei zieht das Gericht den Vergleich zur künstlichen (heterologen) Insemination gemäß Sec. 7613 Family Code heran. Danach wird der Ehemann der Frau, deren Eizelle mit dessen Einwilligung mit einer Spendersamenzelle befruchtet wird, als rechtlicher Vater angesehen. Es sei kein wesentlicher Unterschied zur zugrunde liegenden Sachverhaltskonstellation erkennbar, der eine unterschiedliche Beurteilung rechtfertigen

750 In re Marriage Buzzanca, 61 Cal.App.4th 1410, 72 Cal.Rptr.2d 280.
751 In re Marriage Buzzanca, 61 Cal.App.4th 1410, 72 Cal.Rptr.2d 280 (1998), S. 3.
752 In re Marriage Buzzanca, 61 Cal.App.4th 1410, 72 Cal.Rptr.2d 280 (1998), S. 4 f.
753 Hierbei bezieht sich der Court of Appeal auf ein Urteil des Supreme Court (People v. Sorensen, supra, 68 Cal.2d 280, 66 Cal.Rptr. 7, 437 P.2d 495), bei dem der Mann, der seine Einwilligung in die heterologe Insemination seiner Ehefrau gegeben hatte, als rechtlicher Vater anerkannt wurde.

würde[754]. Zudem sei es irrelevant, dass die Ersatzmutterschaftsvereinbarung vor der Insemination ausschließlich mündlich und nicht in schriftlicher Form vorlag[755].

Zudem normiere die Vorschrift den „estoppel"-Grundsatz des Verbots des widersprüchlichen Verhaltens. Ein solches widersprüchliches Verhalten sei bei John Buzzanca erkennbar[756]. John Buzzanca wurde als rechtlicher Vater des Kindes zu Unterhaltszahlungen verpflichtet[757].

(2) Die Bestimmung der rechtlichen Mutter

Eine weitere Besonderheit der Entscheidung ist darin zu sehen, dass sie die Anwendung der gesetzlichen Regelung zur Vaterschaftsbestimmung in Verbindung mit der künstlichen (heterologen) Befruchtung und der Grundsätze des Urteils Johnson v. Calvert auf die Mutterschaftsbestimmung ausweitet. Das Gericht sah keinen Unterschied zwischen einem Mann, der seine Einwilligung in eine Tragemutterschaft unter Durchführung einer nicht von ihm abstammenden Samenzelle, und einer Frau, die die Einwilligung in eine Tragemutterschaft unter Durchführung einer nicht von ihr abstammenden Eizelle erteilt[758].

Im Rahmen der Entscheidungsfindung nimmt das Gericht sowohl auf die Entscheidung Johnson v. Calvert als auch auf In re Marriage of Moschetta Bezug und zeigt die entscheidenden Unterschiede zum vorliegenden Sachverhalt auf. Neben den unterschiedlichen Konstellationen in der genetischen Verwandtschaft sei ein entscheidendes Kriterium, dass die Ersatzmutter im gegebenen Fall hinsichtlich Mutterschaft keine Ansprüche geltend macht (zu Johnson v. Calvert: „The only difference is that this case is not even close as between Luanne and the surrogate. Not only was Luanne the clearly intended mother, not bona fide attempt has been made to establish the surrogate as the lawful mother"; zu In re Marriage of Moschetta: „In *Moschetta*, the surrogate was the mother both by birth and by genes; ... Moschetta is inapposite because this court never had occasion to consider or discuss whether the original intended mother's participation in the surrogacy arrangement, which brought about the child's birth, might have formed the basis for holding her responsible as a parent."[759]).

Trotz des aufgeführten Unterschieds, dass das Kind die genetische Verwandtschaft mit der Ersatzmutter aufweist, wurde der „IntentGrundsatz" auch auf diesen Fall als anwendbar angesehen („The context was not limited to just Johnson-style

---

754 In re Marriage Buzzanca, 61 Cal.App.4th 1410, 72 Cal.Rptr.2d 280 (1998), S. 9.

755 In re Marriage Buzzanca, 61 Cal.App.4th 1410, 72 Cal.Rptr.2d 280 (1998), S. 5.

756 *„Estoppel...expressing the law's distaste for inconsistent actions and positions- like consenting to an act which brings a child into existence and then turning around and disclaiming any responsibility."*; In re Marriage Buzzanca, 61 Cal.App.4th 1410, 72 Cal.Rptr.2d 280 (1998), S. 11; *Browne*, Papa's baby, S. 76.

757 In re Marriage Buzzanca, 61 Cal.App.4th 1410, 72 Cal.Rptr.2d 280 (1998), S. 18.

758 In re Marriage Buzzanca, 61 Cal.App.4th 1410, 72 Cal.Rptr.2d 280 (1998), S. 15.

759 In re Marriage Buzzanca, 61 Cal.App.4th 1410, 72 Cal.Rptr.2d 280 (1998), S. 12.

contests between women who gave birth and women who contributed ova, but to any situation where a child not have been born „but for the effort of the intended parents"“[760)].

(3) Parteiwillen (intent) auch bei bloß mündlicher Vereinbarung entscheidend

Bei der Ermittlung der rechtlichen Eltern des Kindes ist trotz der Sachverhaltsunterschiede gemäß der höchstgerichtlichen Entscheidung Johnson v. Calvert der in der Tragemutterschaftsvereinbarung festgehaltene Wille („intent") der Beteiligten auszulegen. Jaycee wäre ohne den Willen der Wunscheltern, einen aus Spendergameten bestehenden Embryo in die Tragemutter einzupflanzen und das daraus entstehende Kind als eigenes zu erziehen, nicht zur Welt gebracht worden. Der Wille im Zeitpunkt der Vereinbarung sei dabei entscheidend. Erfolgt die schriftliche Fixierung erst nach Einpflanzung des Embryos sei der davor mündlich geäußerte Wille ausreichend[761].

(4) Keine Elternrechte der Gametenspender

Trägt ein Samenspender bzw. eine Eizellspenderin entsprechend einer Tragemutterschaftsvereinbarung Gameten bei, ohne dabei vertraglich vorgesehene/r Wunschmutter bzw. -vater zu sein, stehen der Person keine Elternrechte hinsichtlich des dadurch entstandenen Kindes zu[762].

bb) Ermittlung des Kindeswohls

Da sich das Kind, Jaycee, seit seiner Geburt in Obhut seiner Wunschmutter, Luanne Buzzanca, befunden und die Wunschmutter als einzige von den drei als rechtliche Mutter in Frage kommenden Frauen (Wunschmutter, Eizellspenderin, Tragemutter) den Antrag auf Feststellung der rechtlichen Zuordnung des Kindes gestellt hätte, würde die Entscheidung ebenfalls dem Wohle des Kindes dienen[763].

cc) Ergebnis

Das Gericht hat in dieser Entscheidung die hohe Bedeutung des Parteiwillens bei Vereinbarung der Tragemutterschaft verdeutlicht. So setzt sich dieser sowohl über den späteren, gegebenenfalls veränderten Willen einer Partei als auch über die genetische Verbindung hinweg.

Kritisch zu sehen ist die nachrangige Stellung der Kindeswohluntersuchung. Ob das Ergebnis dem Wohl des Kindes dient, wurde nur kurz im Rahmen einer Fuß-

---

760 In re Marriage Buzzanca, 61 Cal.App.4th 1410, 72 Cal.Rptr.2d 280 (1998), S. 15.
761 In re Marriage Buzzanca, 61 Cal.App.4th 1410, 72 Cal.Rptr.2d 280 (1998), S. 16.
762 In re Marriage Buzzanca, 61 Cal.App.4th 1410, 72 Cal.Rptr.2d 280 (1998), S. 12.
763 In re Marriage Buzzanca, 61 Cal.App.4th 1410, 72 Cal.Rptr.2d 280 (1998), S. 17, Fn. 21.

note der Entscheidung beleuchtet. Ist der Parteiwille als Instrument zu gebrauchen? Wäre das Kindeswohl auch dann gegeben, wenn auch die Wunschmutter, Luanne Buzzanca, die rechtliche Zuordnung des Kindes nicht mehr gewollt (und sich auf die fehlende genetische Verbindung berufen hätte) und dafür die Tragemutter mütterliche Gefühle entwickelt hätte? Wäre auch dann dem „Intent – Grundsatz" Folge zu leisten gewesen, wenn beide Frauen das Kind gewollt hätten? Die Konsequenz wäre in einem solchen Fall, dass der das Kind austragenden Frau, deren genetisches Material verwendet wurde, das Kind weggenommen werden würde. Ausgehend vom Urteil In re of Moschetta wäre eine solche Entscheidung nicht möglich gewesen. Wie ist bei Auseinanderfallen von Parteiwillen und Kindeswohl zu entscheiden? Als positiv zu bewerten ist die rechtliche Verpflichtung zu Unterhaltsleistungen, auch für den Fall, dass ein Wunschelternteil das Interesse am Kind nach der Geburt verliert.

d) Elisa B. v. Superior Court[764] zur Anerkennung der Mutterschaft bei einem homosexuellen Paar

Elisa B. und Emily befanden sich seit 1993 in einer homosexuellen Beziehung[765]. Beide beschlossen, eine Familie zu gründen, wobei jede Frau jeweils ein Kind austragen wollte. Damit die ausgetragenen Kinder genetische Geschwister („be biological brothers and sisters") sein würden, suchten sie sich gemeinsam einen Samenspender bei einer Samenbank aus. Für beide Frauen stand fest, dass Elisa B. als die besser Verdienende für den Unterhalt der Familie aufkommen und Emily zu Hause für die Erziehung der Kinder verantwortlich sein würde. Um sicher gehen zu können, dass Emily schwanger wurde, wurden ihr nach künstlicher Befruchtung in der Arztpraxis zu Hause von Elisa B. zu-

---

764 Elisa B. v. Superior Court, 117 P.3d 660 (Cal. 2005).

765 Der California Supreme Court erklärte mit seiner Entscheidung In re Marriage Cases, 183 P.3d 384 (Cal. 2008) das Verbot der gleichgeschlechtlichen Eheschließung für verfassungswidrig. Gleichgeschlechtliche Ehen sind seit dem 16.06.2008 offiziell im Bundesstaat Kalifornien legal (*Karen Lee*, S. 30). Daraufhin wurde nach einem erfolgreichen Referendum eine Verfassungsänderung („Proposition 8" auch „California Marriage Protection Act") vorgenommen, wodurch das Verbot der gleichgeschlechtlichen Ehe aufgenommen wurde (Der offizielle Text ist einsehbar unter http://voterguide.sos.ca.gov/past/2008/general/text-prposed-laws-of-prposed- laws.pdf#prop8, zuletzt abgerufen am 06.05.2013 (*Lee*, Equality, dignity, and same-sex marriage, S. 31). Proposition 8 sah die Regelung vor, dass eine Ehe nur zwischen einem Mann und einer Frau Gültigkeit besitzen würde. Die zwischenzeitlich 18.000 geschlossenen Ehen von gleichgeschlechtlichen Partnern blieben weiterhin gültig (Strauss v. Horton (2009) 46 Cal. 4[Th] 364, 207 P.3d 48, 122 (2009); *Howe*, Marriages & Family in the 21st century – A bioecological approach, 2012, S. 222). Nachdem der Absatz „Proposition 8" der California Constitution vom Federal Court of California für verfassungswidrig erklärt wurde, wurde der Fall dem U.S. Supreme Court unter der neuen Bezeichnung Holligsworth v. Perry 570 U.S._(2013) (http://www.supremecourt.gov/opinions/12pdf/12-144_8ok0.pdf) vorgelegt. Dieser bestätigte die Verfassungswidrigkeit des „Proposition 8".

sätzliche Samenzellen eingesetzt. Nachdem beide Frauen nach künstlicher Insemination schwanger wurden und die Kinder austrugen, wurden die Kinder von beiden Frauen gestillt und als ihre gemeinsamen Kinder behandelt. Ferner trug Elisa B. alle drei Kinder als ihre Angehörige in ihre Steuererklärung ein und schloss eine Lebensversicherung mit Emily als Begünstigte im Todesfall ab. Gemeinsam suchten sie zwecks Adoption der Kinder einen Anwalt auf. Zur Adoption selbst kam es jedoch nicht.

Als das Paar sich im November 1999 trennte, zahlte Elisa B. die nächsten zwei Jahre Unterhalt an Emily und an die von ihr ausgetragenen Zwillinge. Dann stellte sie die Unterhaltszahlungen nach Verlust ihrer Vollzeitposition ein. Emily klagte daraufhin auf Unterhaltszahlung für die Zwillinge[766].

Der Court of Appeal hatte in zweiter Instanz das Urteil des Superior Court of California, El Dorado County[767], in welchem zugunsten von Emily und den Zwillingen Elisa B. zur Unterhaltszahlung in Höhe von insgesamt 1815 $ im Monat verpflichtet wurde[768], zu überprüfen. Er lehnte die Mutterschaft der Elisa B. und eine damit verbundene Unterhaltspflicht ab[769]. Als Begründung führte er den in der Entscheidung Johnson v. Calvert[770] betonten Grundsatz an, dass einem Kind nur eine Mutter rechtlich zugeordnet werden könne.

aa) Das Kind kann zwei Frauen als Eltern haben

In einer höchstgerichtlichen Entscheidung entschied der Supreme Court zunächst, dass rechtlich möglich sei, dass einem Kind zwei Frauen als Eltern zugeordnet werden. Dies stünde auch nicht im Widerspruch zum „ein-Kind-eine-Mutter-Grundsatz", da die Sachverhaltskonstellation in Johnson v. Calvert eine andere sei als die im zugrunde liegenden Fall. Hätte man bei Johnson v. Calvert sowohl der austragenden als auch der genetisch verwandten Frau die rechtliche Mutterschaft zugeordnet, hätte das Kind drei Elternteile gehabt, was es zu verhindern galt. Dieses Problem stelle sich im zugrunde liegenden Fall nicht, so der Supreme Court. Es kämen nur zwei Frauen insgesamt als Eltern in Frage. Insbesondere angesichts des Inkrafttretens der Normen zur Regelung von gleichgeschlechtlichen Lebenspartnerschaften („domestic partnership statutes" in Sections 297–297.5 Family Code) seien keine Einwände gegen die Möglichkeit der Bestimmung zweier Frauen als Eltern eines Kindes ersichtlich[771].

bb) Bindung an eine durch konkludentes Verhalten begründete Mutterschaft

Elisa B. wurde vom Supreme Court neben Emily trotz der fehlenden genetischen Beziehung die Mutterschaft der Zwillinge zugesprochen. Nach Sec. 7650 Family Code

---

766 Elisa B. v. Superior Court, 117 P.3d 660 (Cal. 2005), S. 663 f.

767 Abrufbar unter http://www.eldoradocourt.org/, zuletzt abgerufen am 22.04.2013.

768 Als Rechtsgrundlage diente dem Superior Court of California das Rechtsinstitut „doctrine of equitable estoppel".

769 Elisa B. v. Superior Court, 117 P.3d 660 (Cal. 2005), S. 664.

770 Johnson v. Calvert, 851 P.2d 776 (Cal. 1993).

771 Elisa B. v. Superior Court, 117 P.3d 660 (Cal. 2005), S. 665 f.

finden die Vorschriften des Family Code zur Feststellung der Vater-Kind-Beziehung, soweit anwendbar, auf die Mutter-Kind-Beziehung ebenfalls Anwendung. Gemäß Sec. 7611 (d) Family ist derjenige der Vater, der das Kind bei sich zu Hause empfängt und es öffentlich als sein eigenes anerkennt. Für den zugrunde liegenden Fall stellte für den Supreme Court die Untersuchung dieser zwei Punkte den Schwerpunkt dar[772].

Maßgeblich für die Entscheidung sei das Verhalten von Elisa B. gewesen. Sie hätte aktiv an der Zeugung der Zwillinge im Wege der künstlichen Befruchtung teilgenommen und den Willen zur gemeinsamen Übernahme der Verantwortung für die Kinder mehrfach konkludent sowie ausdrücklich geäußert mit der Folge, dass Elisa B. eine Unterhaltspflicht gegenüber den Zwillingen treffen würde[773]. Wer an der Zeugung eines Kindes beteiligt ist und das Kind nach Geburt als eigenes in seine Obhut nimmt, den treffe die Verantwortung – unabhängig von der sexuellen Orientierung[774].

cc) Kritische Betrachtung

Zahlreiche homosexuelle Paare beauftragen eine Ersatzmutter. Bei lesbischen Paaren fungiert aufgrund der biologischen Beschaffenheit der Frau meist eine Partnerin als Ersatzmutter für die andere Partnerin[775]. In dem zugrunde liegenden Fall haben beide füreinander als Ersatzmütter gedient.

Der vorliegende Sachverhalt stellt keinen typischen Fall der Ersatzmutterschaft dar. Es wurde nämlich im Vorfeld keine Vereinbarung über die Abgabe des Kindes nach der Geburt getroffen. Es stellt sich die Frage, ob diese Rechtsprechung auch auf ein schwules Paar übertragbar wäre. Der Unterschied bei einem schwulen Paar wäre, dass es sich einer Ersatzmutter bedienen müsste, die entweder ihre eigene Eizelle oder eine Spendereizelle befruchten und einpflanzen lassen und nach Geburt das Kind an das schwule Ehepaar abgeben müsste. Würde die Ersatzmutter ihre Ansicht nach der Geburt nicht ändern und das Kind an das schwule Paar übergeben, würden nach der Entscheidung des Supreme Court beide Männer zu den rechtlichen Eltern erklärt werden.

Schwieriger gestaltet sich die Frage, wie zu entscheiden wäre, wenn die Ersatzmutter das Kind doch behalten möchte. Der im Fall Johnson v. Calvert[776] entwickelte Grundsatz, entsprechend des Parteiwillens („intent“) im Vereinbarungszeitpunkt zu entscheiden, käme nicht zur Anwendung. Es käme in einer solchen Situation lediglich eine Frau als rechtliche Mutter in Frage.

e) Kategorisierung der Lösungsansätze

Beim genaueren Vergleich der oben aufgeführten Entscheidungen in Kalifornien und dem Baby M-Urteil in New Jersey lassen sich unterschiedliche Herangehens-

---

772 Elisa B. v. Superior Court, 117 P.3d 660 (Cal. 2005), S. 667.
773 Elisa B. v. Superior Court, 117 P.3d 660 (Cal. 2005), S. 669.
774 Elisa B. v. Superior Court, 117 P.3d 660 (Cal. 2005), S. 670.
775 *Mnookin/Weisberg*, S. 629.
776 Johnson v. Calvert, 851 P.2d 776 (Cal. 1993).

weisen der Obersten Gerichte bei der Ermittlung der rechtlichen Elternschaft und der Sorgepflicht ermitteln. Während der New Jersey Supreme Court das entscheidende Kriterium in der Prüfung des Kindeswohls sieht, ziehen die kalifornischen Gerichte die Auslegung der Parteiabsichten vor. Die Begründung der rechtlichen Elternschaft beruht danach auf der in der Ersatzmutterschaftsvereinbarung festgehaltenen Absicht, die Erziehung des Kindes in der eigenen Familie erfolgen zu lassen. Unterschiede zwischen den einzelnen Entscheidungen bestehen in der Ausweitung der Anwendung dieses Auslegungskriteriums. Wurde der Wille der Parteien in der Entscheidung Johnson v. Calvert auf Ersatzmutterschaften mit genetischer Verbindung der Wunscheltern zum Kind als entscheidendes Kriterium angewandt, hat der Court of Appeal im Urteil In re Marriage Buzzanca das Kriterium auch auf Ersatzmutterschaften ohne genetische Verwandtschaft mit den Wunscheltern vorgenommen.

Damit hat sich das Gericht gegen den in In re Marriage Moschetta entwickelten Grundsatz der eingeschränkten Anwendung des „Intention-Grundsatzes" gerichtet. Anstatt die Untersuchung der Absichten der Parteien nur auf den Fall der Tragemutterschaft ohne genetische Verwandtschaft mit der Ersatzmutter anzuwenden, wurde im Rahmen der Entscheidungsfindung In re Marriage of Buccanza nach dem gleichen Grundsatz einer Wunschmutter ein ihr genetisch nicht verwandtes Kind zugesprochen.

f) Kritische Bewertung der Entscheidungen

Bei genauer Betrachtung dieser wichtigen Entscheidungen lässt sich feststellen, dass die Prüfung des Kindeswohls größtenteils nur einen Randaspekt darstellt. Hat eine Ersatzmutter nach Vereinbarung einer Ersatzmutterschaft ein Baby für die Wunscheltern ausgetragen und weist sie keine genetische Verbindung zum Kind auf, steht einer Durchsetzbarkeit der Ersatzmutterschaftsvereinbarung nichts im Wege. Sie hat das Kind an die Wunscheltern abzugeben, auch gegen ihren Willen. Dass sie das Kind ausgetragen hat, scheint keine Bedeutung für die Begründung der rechtlichen Mutterschaft zu haben. Das erscheint bedenklich. Zudem wird kaum auf die Rolle von Vermittlungsagenturen oder auf die gezahlten Beträge für die Durchführung eingegangen. Kommerzielle Ersatzmutterschaften werden fast schon als selbstverständlich hingenommen.

Mit diesem Lösungsansatz wurde eine Entscheidung gegen andere mögliche Lösungsansätze, die in anderen US-amerikanischen Bundesstaaten aufgegriffen wurden, getroffen. Diese sahen neben der Elternschaftsbestimmung anhand der Gene („Parenthood by Genes"), anhand des Vertrages („Parenthood by Contract") und der Austragung des Kindes („Parenthood by Gestation") das Kindeswohl („Best Interests of the Child") als maßgeblich an[777].

777 Eine Systematisierung aller wichtigen Ersatzmutterschaftsurteile in den USA wird vorgenommen von: *Spivack*, S. S. 101 ff.; *Voß*, FamRZ 2000, 1552, 1555 f.

Positiv zu bewerten ist die Gleichstellung der homosexuellen Wunscheltern. Festzustellen ist, dass das neue Gesetz, das zum 01.01.2013 in Kraft getreten ist, den Agenturen und Wunscheltern mehr Rechte einräumt als die bisherige Rechtsprechung.

2. Die kodifizierten Normen zur Ersatzmutterschaft

Bis zum 01.01.2013 fehlten dem kalifornischen Recht kodifizierte Normen, die die Ersatzmutterschaften, die Durchsetzbarkeit solcher Vereinbarungen oder das Elternrecht in diesem Zusammenhang regelten. Bei der Beurteilung von Rechtsstreitigkeiten im Zusammenhang mit Ersatzmutterschaftsvereinbarungen wurde ausschließlich auf Gerichtsentscheidungen der kalifornischen Gerichte, insbesondere die des Supreme Court, des höchsten Gerichts Kaliforniens[778], zurückgegriffen.

Am 23.09.2012 unterzeichnete der kalifornische Gouverneur Jerry Brown den Gesetzesentwurf Assembly Bill No. 1217, wodurch Section 7960 des kalifornischen Family Code[779] geändert und durch Section 7962 Family Code ergänzt wurde[780]. Es erfolgte ebenso die Änderung des Kapitels Part 7 of Division 12 des Family Code, welches sich mit der Regelung von Ersatzmutterschaften befasst, zu „Surrogacy Facilitators and Assisted Reproduction Agreements for Gestational Carriers". Im Zuge der Novellierung hat eine Änderung des Uniform Parentage Act, der in Part 3 (Sec. 7600–7730) des Family Code verankert ist, stattgefunden.

Das Gesetz zur Regelung von Ersatzmutterschaftsvereinbarungen ist nach fast zweijährigem Gesetzgebungsverfahren[781] unter der Federführung des Abgeordneten *Felipe Fuentes* am 01.01.2013 in Kraft getreten. Der 43-jährige Demokrat aus San Fernando Valley in Kalifornien verfasste den Gesetzesentwurf als Mitglied des California State Assembly für den 39. District. Dabei erhielt er Unterstützung von den Gründern der Vermittlungsagentur für Ersatzmutterschaften Center for Surrogate Parenting (CSP)[782].

---

778 „As the state's highest court, its decisions are binding on all other California state courts.", abrufbar unter http://www.courts.ca.gov/supremecourt.htm, zuletzt abgerufen am 30.10.2014.

779 Im Familiengesetzbuch des Family Code sind seit 1994 sämtliche das Familienrecht betreffende Vorschriften zusammengefasst (*Bermann/Ferid/Henrich*, USA/Kalifornien, S. 6).

780 Abrufbar unter http://leginfo.legislature.ca.gov/faces/billNavClient.xhtml?bill_id=201120120AB1217, zuletzt abgerufen am 30.10.2014.

781 Die erste Lesung des Gesetzesentwurfes fand am 18.02.2011 statt, http://leginfo.legislature.ca.gov/faces/billAnalysisClient.xhtml; zuletzt abgerufen am 02.04.2013.

782 „California Enacts Landmark Legislation Giving Same Sex Parents Via Surrogacy Equal Rights", in wallstreet-online am 10.10.2012, abrufbar unter: http://www.wallstreet-online.de/nachricht/5024990-california-enacts-landmark- legislation-giving-same-sex-parents-via-surrogacy-equal-parenting-rights, zuletzt abgerufen am 30.10.2014.

Bestrebungen, der Ersatzmutterschaft eine kodifizierte gesetzliche Grundlage zu geben, bestanden bereits vorher. Das Gesetz[783] aus dem Jahr 1992 scheiterte, nachdem es sowohl von der California State Assembly als auch vom California State Senate[784] verabschiedet worden war, am Veto[785] des damaligen Gouverneurs, *Pete Wilson*[786].

Hintergrund für die Novellierung war die steigende Zahl der Ersatzmutterschaften und damit auch der die Ersatzmutterschaften vermittelnden Agenturen.

Zur Klarstellung der Elternrechte der an der Ersatzmutterschaft beteiligten Parteien[787] wurde die Kodifikation der bereits durch Richterrecht („case law") festgelegten Grundsätze für unerlässlich gehalten. Das bis dahin existierende kodifizierte Recht hätte den durch die modernen Reproduktionsmethoden aufkommenden rechtlichen Schwierigkeiten nicht mehr gerecht werden können[788]. Für die Novellierung galten die vorher analysierten Gerichtsurteile als Maßstab.

Ziel der Kodifikation war es, den an der Ersatzmutterschaftsvereinbarung beteiligten Parteien ein klar strukturiertes Verfahren hinsichtlich der Gestaltung und der Durchsetzung solcher Vereinbarungen sowie der Feststellung der Elternrechte an die Hand zu geben[789].

a) Form der legalisierten Ersatzmutterschaften

Die am 01.01.2013 in Kraft getretene Vorschrift der Sec. 7960 Family Code sieht die Unterscheidung von zwei unterschiedlichen Typen der Ersatzmutterschaft („surrogacy") vor. Bei der „Traditional surrogate" handelt es sich gemäß Sec. 7960 (f) (1) Family Code um eine Ersatzmutter, die ein genetisch mit ihr verwandtes Kind austrägt (Ersatzmutterschaft im engen Sinne); sie unterscheidet sich in diesem Punkt von der „Gestational carrier", die nach Sec. 7960 (f) (2) Family Code ein ihr genetisch fremdes Kind austrägt (Tragemutterschaft).

Beiden Formen der Ersatzmutterschaft liegen die Inanspruchnahme der assistierten Reproduktionsmethoden („medically assisted reproduction") sowie eine schriftliche Vereinbarung („written agreement") zugrunde (Sec. 7960 (f) Family Code).

Die „Traditional surrogacy" wird zwar nicht verboten, doch beziehen sich die Vorschriften der Section 7962 Family Code ihrem Wortlaut nach auf die Verein-

---

783 Senate Bill No. 937.

784 *Markens*, Surrogate Motherhood, S. 165.

785 Maßgeblich beteiligt am Scheitern des Inkrafttretens waren religiöse Organisationen wie die California Catholic Conference und California Association of Catholic Hospitals (*Markens*, S. 165).

786 *Markens*, S. 156; der Republikaner Peter „Pete" Wilson war der 36. Gouverneur Kaliforniens (1991–1999), abrufbar unter http://governors.library.ca.gov/ 36- wilson.html, zuletzt abgerufen am 30.10.2014.

787 Senate Floor Analyses, 3rd Reading, 27.08.2012, S. 1, http://leginfo.legislature.ca.gov/faces/billCompareClient.xhtml; zuletzt abgerufen am 02.04.2013.

788 Senate Floor Analyses, 3rd Reading, 27.08.2012, S. 6.

789 Senate Judiciary Committee, 03.07.2012, S. 7, abrufbar unter http://leginfo.legislature.ca.gov/faces/billNavClient.xhtml, zuletzt abgerufen am 08.04.2013.

barung der Tragemutterschaft. Ebenfalls wurde das Kapitel des Part 7 im Zuge der Novellierung mit „Surrogacy Facilitators and Assisted Reproduction Agreements for Gestational Carriers“ betitelt. Die Vorschriften der Sec. 7960 bis 7962 (Part 7) Family Code treffen Regelungen, die vorwiegend Anwendung auf die Tragemutterschaft („Gestational carrier“) und nicht auf die Ersatzmutterschaft im engen Sinne („Traditional surrogacy“) finden[790]. Begründet wird diese Einschränkung mit einer vermeintlich größeren Gefahr der Ausbeutung, der die Tragemutter im Vergleich zur Ersatzmutter im engen Sinne ausgesetzt sei[791].

b) Formvoraussetzungen sowie „essentialia negotii“

Die Tragemutterschaftsvereinbarung („assisted reproduction agreement for gestational carrier“) stellt einen Vertrag über die Durchführung assistierter Reproduktionsmethoden („assisted reproduction agreement“) in Schriftform dar, bei dem zusätzlich die Regelungen der Sec. 7962 Family Code einzuhalten sind.

Das „assisted reproduction agreement“ hat die rechtlichen Vertragsbedingungen zu bestimmen sowie mindestens eine Person, welche die rechtliche Elternschaft des im Wege der assistierten Reproduktionsmethoden geborenen Kindes übernehmen will (Sec. 7962 (a) iVm. 7606 (b) Family Code). Für die Tragemutterschaftsvereinbarung ist die Schriftform allein nicht ausreichend. Zur Formwirksamkeit bedarf es der notariellen Beurkundung oder einer damit gleichzusetzenden Bestätigungsmethode, die sich aus der die Tragemutterschaft behandelnden Rechtsprechung ergibt (Sec. 7962 Family Code).

Vor der notariellen Beurkundung haben sowohl Wunscheltern bzw. – elternteil („intended parent or intended parents“) als auch Tragemutter bzw. Ersatzmutter im engen Sinne sich von voneinander unabhängigen Anwälten ihrer Wahl vertreten zu lassen (Sec. 7962 (3) (b) Family Code). Aufgrund des Charakters der entgeltlichen Tragemutterschaft sei in der Regel von einer finanziellen Diskrepanz zwischen Tragemutter und Wunscheltern bzw. -elternteil auszugehen. Wegen dieser fehlenden „Waffengleichheit“ der Parteien und der Komplexität von Tragemutterschaftsvereinbarungen sei die Vertretung durch unabhängige Anwälte zur Garantie der Wahrung der Rechte der Parteien von grundsätzlicher Bedeutung[792]. Solange die anwaltliche Vertretung sowie die notarielle Beurkundung nicht erfolgt ist, ist von jeder medizinischen Vorbereitung der Tragemutter auf einen Embryonentransfer abzusehen (Sec. 7963 (3) (d) Family Code).

---

790 Dies ergibt sich ebenfalls aus den Lesungen des Gesetzesentwurfes im Senat (Senate Floor Analyses, 3rd Reading, 22.08.2012 (zuletzt abgerufen am 03.04.2013)). Ebenso spricht der Wortlaut der Sec. 7962 Family Code für den Bezug auf die Tragemutterschaft. So wird im Gesetzestext dieser Norm der Begriff „gestational carrier/s“ 22 mal und „surrogacy“ viermal verwendet.

791 Senate Judiciary Committee, 03.07.2012, S. 5, abrufbar unter http://leginfo.legislature.ca.gov/faces/billNavClient.xhtml, zuletzt abgerufen am 08.04.2013.

792 Senate Judiciary Committee, 3.7.2012, S. 5 f., abrufbar unter http://leginfo.legislature.ca.gov/faces/billNavClient.xhtml, zuletzt abgerufen am 08.04.2013.

Erklärt sich eine bereits schwangere Frau zur Übergabe des Kindes nach Geburt gegen Entgelt einverstanden, so handelt es sich nicht um eine Ersatzmutterschaftsvereinbarung, sondern um eine gemäß Sec. 273 Penal Code[793] strafrechtlich verbotene Form der Adoption[794].

c) Vertragsparteien der Tragemutterschaftsvereinbarung

Vertragsparteien der Tragemutterschaftsvereinbarung sind die Tragemutter und die Wunscheltern bzw. der -elternteil („intended parents or intended parent"). Wie liberal das neue Gesetz in seiner Ausgestaltung ist, zeigt sich in der Legaldefinition des Begriffes „intended parent". Gemäß Sec. 7960 (b) Family Code ist hierunter ebenso ein einzelner Elternteil zu verstehen. Genauso kann es sich bei den Wunscheltern um ein nicht miteinander verheiratetes Paar handeln. Durch diese Definition wird auch Homosexuellen der Weg zu einem Kind durch eine Ersatzmutterschaft eröffnet.

Die Namen der Gametenspender sind ebenfalls in den Vertrag einzutragen, es sei denn, es handelt sich um einen anonymen Spender (Sec. 7962 (2) Family Code).

d) Wirksamkeit der Tragemutterschaftsvereinbarung

Steht die Tragemutterschaftsvereinbarung im Einklang mit den Vorschriften der Sec. 7962 Family Code, gilt sie als vermutlich rechtswirksam („presumptively valid") und ist nicht ohne gerichtliche Anordnung widerruf- oder aufhebbar. Die Vermutung ist jedoch widerlegbar (Sec. 7962 (f) Family Code).

e) Die Rolle der Ersatzmutterschaftsvermittler

Bei den Ersatzmutterschaftsvermittlern („surrogacy facilitator") kann es sich sowohl um eine Person als auch um eine Agentur handeln, die entweder für eine der am Vertrag über die Durchführung assistierter Reproduktionsmethoden („assisted reproduction agreement") beteiligten Parteien wirbt oder als Vermittlungsinstanz zwischengeschaltet ist (Sec. 7960 (e) (1) Family Code). Für die Tätigkeit muss eine Gegenleistung in Form eines Entgelts oder einer dazu gleichwertigen entgeltlichen Gegenleistung („valuable consideration") vorgesehen sein (Sec. 7960 (e) (2) Family Code). Vertraglich fixiert wird diese Gegenleistung in einer Vereinbarung über eine Fondverwaltung („fund management agreement") zwischen Wunscheltern bzw. dem Wunschelternteil und dem Ersatzmutterschaftsvermittler („surrogacy facilitator") (Sec. 7960 (b) Family Code).

---

793 Penal Code California, abrufbar unter http://www.leginfo.ca.gov/cgi-bin/displaycode?section=pen&group=00001-01000&file=270-273.75, zuletzt abgerufen am 30.10.2014.

794 Senate Floor Analyses, 3rd Reading, 23.08.2012, S. 5; *Greg Moran*, „Baby-selling case sheds light on surrogacy, in U-T San Diego am 18.02.2012, http://www.utsandiego.com/news/2012/feb/18/baby-selling-case-sheds-light-on-surrogacy/?page=2#article-copy, zuletzt abgerufen am 30.10.2014.

Es sind Fälle bekannt, in denen Vermittlungsagenturen Wunscheltern um ihr für die Durchführung einer Ersatzmutterschaft gezahltes Geld betrogen haben oder Vermittlungsagenturen den der Ersatzmutter zustehenden Anteil nicht an die Ersatzmutter weiterleiteten[795].

Um Wunscheltern bzw. den -elternteil vor Betrug durch die Ersatzmutterschaftsvermittler zu schützen, wird von der Sec. 7961 (a) Family Code[796] vorgesehen, dass der Ersatzmutterschaftsvermittler, der kein Anwalt mit Zulassung („nonattorney surrogacy facilitator" nach Section 7960 (d) Family Code) sein darf, dem Klienten zwei Möglichkeiten der Aufbewahrung der vorgesehenen Geldleistung vorzustellen hat: Das Geld wird entweder in ein unabhängiges treuhänderisches Hinterlegungskonto („bonded escrow depository"), welches von einem unabhängigen, lizensierten Treuhandunternehmen („bonded escrow company") verwaltet wird, (Sec. 7961 (a) (1) Family Code) oder in ein von einem Anwalt verwaltetes Treuhandkonto („trust account") eingezahlt (Sec. 7961 (a) (2) Family Code).

Der „nonattorney facilitator" darf keine Verbindung zum Treuhänder und kein Interesse am treuhänderisch verwalteten Geld aufweisen (Sec. 7961 (b) Family Code). Logische Konsequenz dieser Regelung ist, dass dieser „nonattorney surrogacy facilitator", der die Empfehlung an die Wunscheltern bzw. den -elternteil ausspricht, nicht zugleich Vertragspartner sein darf.

f) Die rechtliche Zuordnung des Kindes

aa) Grundsätzliche Zuordnungsvorschriften

Bis zum Inkrafttreten der Novellierung zum 01.01.2013 wurde die Zuordnung des im Rahmen einer Tragemutterschaft geborenen Kindes grundsätzlich nach den Vorschriften des Uniform Parentage Act[797] beurteilt. Die rechtliche Beziehung zwischen Eltern und Kind („Parent and child relationship") besteht gemäß Sec. 7601 Family Code zwischen dem Kind und den biologischen Eltern („natural parents") oder den Adoptiveltern. Biologische Mutter ist grundsätzlich die das Kind austragende Frau (Sec. 7610 (a) Family Code).

Die rechtliche Vaterschaft wird grundsätzlich durch Geburt des Kindes in eine bestehende Ehe mit der rechtlichen Mutter, mit der ein Zusammenleben besteht (Sec. 7540–7541 Family Code), durch Bluttest (Sec. 7550–7558 Family Code) oder durch Vaterschaftsanerkennung (Sec. 7570–7577 Family Code) begründet. Ist die Spermazelle

---

795 Senate Floor Analyses, 3rd Reading, 23.08.2012, S. 4.

796 Diese Norm wurde bereits im Jahr 2010 (Assembly Bill 2426) auf Initiative des Abgeordneten Bradford eingeführt, abrufbar unter http://www.leginfo.ca.gov/pub/09-10/bill/asm/ab_2401-2450/ab_2426_bill_ 20100813_chaptered.pdf, zuletzt abgerufen am 30.10.2014.

797 Die Normen der Division 12 Part 3 (Sec. 7600–7760) des Family Code werden als „Uniform Parentage Act" bezeichnet, abrufbar unter http://www.leginfo.ca.gov/cgi-bin/calawquery?codesection=fam&codebody=&hits=20; zuletzt abgerufen am 30.10.2014.

eines Spenders, der nicht Ehemann der Frau ist, zur künstlichen Befruchtung herangezogen worden, so ist der Ehemann (bei Einwilligungserklärung in die Befruchtung) und nicht der Spender als rechtlicher Vater anzusehen (Sec. 7613 (a) Family Code).

bb) Die Möglichkeit der Statuskorrektur durch Gerichtsbeschluss

Auf Antrag einer an der Tragemutterschaftsvereinbarung beteiligten Partei hat durch gerichtliches Urteil oder durch eine Anordnung („the court shall issue a judgement or order“) die rechtliche Zuordnung des Kindes zu den Wunscheltern bzw. zum Wunschelternteil zu erfolgen. Gleichzeitig ist die Beendigung aller Elternrechte der Ersatzmutter („surrogate“) und gegebenenfalls eines Ehemannes oder Partners hinsichtlich des Kindes ohne weiteren Beweis oder weitere Anhörung auszusprechen, es sei denn, das Gericht gelangt zu der Überzeugung („good faith, reasonable belief“), dass die Tragemutterschaftsvereinbarung oder die anwaltliche Erklärung nicht gemäß den Vorschriften dieser Section vollzogen wurde (Sec. 7962 (f) (2) Satz 4 Family Code). Das gerichtliche Urteil bzw. die Anordnung kann sowohl vor als auch nach der Geburt des Kindes erfolgen (Sec. 7962 (f) (2) Satz 2 Family Code).

Bevor es zu einer Entscheidung des Gerichts über die rechtliche Zuordnung des Kindes kommt, sind dem Gericht die notariell beurkundete Tragemutterschaftsvereinbarung und die Erklärung der Anwälte vorzulegen (Sec. 7962 (f) (1) Family Code).

Die Besonderheit im Vergleich zur Rechtslage zuvor, die vor allem durch die Gerichtsentscheidungen geprägt wurde, besteht darin, dass Wunscheltern die rechtliche Elternschaft bereits vor Geburt des Kindes anerkannt bekommen können.

g) Zur Staatsangehörigkeit des Kindes

Die rechtlichen Regelungen zur Verleihung der US-amerikanischen Staatsangehörigkeit sind im Bundesrecht verankert. Sowohl nach Sec. 1 des 14. Zusatzartikels zur Verfassung der Vereinigten Staaten (Fourteenth Amendment of the U.S. Constitution) als auch nach Sec. 301 des Immigration and Naturalization Act[798] steht allen Personen, die in den Vereinten Staaten geboren werden, die US-amerikanische Staatsangehörigkeit zu. Es gilt das Geburtsortsprinzip („birthright citizenship“). Für das Kind, das im Wege einer Ersatzmutterschaft in Kalifornien geboren wird, bedeutet dies, dass es automatisch die US-amerikanische Staatsangehörigkeit erhält. Dies trifft auch dann zu, wenn die Wunscheltern, die ihre Gameten zur Tragemutterschaft beitragen, die deutsche Staatsangehörigkeit besitzen.

C. Kritische Stellungnahme und Ergebnis

Positiv ist zu werten, dass sich durch die Novellierung bisher nicht vorhandene Formvorschriften für die Ersatzmutterschaftsvereinbarung ergeben. Damit wird zum einen ein größeres Maß an Rechtssicherheit gewährleistet. Zum anderen könn-

798 *Patel,* S. 241.

ten die relativ strengen Formvoraussetzungen eine warnende Funktion bei den teilnehmenden Parteien, aber vor allem bei der Ersatzmutter haben. Das Resultat könnte eine durchdachtere Entscheidung sein. Bedenklich erscheint, dass die Vergütung der Vermittlungsagenturen geregelt wird, jedoch eine Regelung über die Vergütung der Ersatzmutter fehlt.

In der Gesamtbetrachtung fällt auf, dass das kalifornische Recht, sowohl durch die Urteile als auch durch das kodifizierte Recht die Interessen der Vermittlungsagenturen und Wunscheltern berücksichtigt. Die Beteiligung der Vorsitzenden der Vermittlungsagentur Center for Surrogate Parenting Inc. und von in Ersatzmutterschaftsrecht spezialisierten Rechtsanwälten bei der Ausarbeitung des Gesetzesentwurfes[799] ist nicht zu verkennen. Das kalifornische Gesetz in seiner jetzigen Gestalt stellt einen optimalen Nährboden für einen Anstieg der kommerziellen Ersatzmutterschaften dar und wird dazu beitragen, dass Kalifornien künftig ein noch beliebteres Ziel für homosexuelle und heterosexuelle Wunscheltern mit einem Kinderwunsch und den notwendigen finanziellen Mitteln sein wird.

Eine einheitliche Regelung auf bundesstaatlicher Ebene erscheint derzeit als sehr unwahrscheinlich, zum einen aufgrund der stark divergierenden Gesetze, die vom Verbot bis hin zur Zulassung der kommerziellen Ersatzmutterschaften reichen, zum anderen aufgrund mehrerer Entscheidungen, die eine Einmischung in den Bereich der Elternrechte durch den Bundesgesetzgeber in Form eines Uniform Act verbieten[800].

Zudem weist die Rechtslage einen fragmentarischen Charakter auf. Komplexe Rechtsfragen, die im Rahmen einer Ersatzmutterschaft auftauchen können, sind nicht umfassend geklärt worden. Kann eine Ersatzmutter von den Wunscheltern zu einer Abtreibung gezwungen werden, nur weil sie kein behindertes Kind haben wollen[801] ? Darf eine solche Klausel überhaupt in die Ersatzmutterschaftsvereinbarung aufgenommen werden? Was soll mit dem Kind geschehen, das nach der Geburt aufgrund einer Behinderung oder eines sonstigen Grundes weder von der Ersatzmutter noch von den Wunscheltern gewollt wird? Dass eine Meinungsänderung der Wunscheltern eintreten kann, verdeutlicht sich an dem Fall des Jungen Gammy. Nachdem ein australisches Wunschelternpaar eine thailändische Tragemutter gegen Entgelt in Höhe von 10.000 € beauftragt hatte und diese mit Zwillingen schwanger wurde, wurde bereits während der Schwangerschaft für den einen Embryo die Diagnose Downsyndrom gestellt. Als die Wunschmutter dem Wunsch der Wunscheltern

799 Center for Surrogate Parenting Inc., http://www.creatingfamilies.com/content_detail.aspx?Id=272, zuletzt abgerufen am 30.10.2014.

800 Troxel v. Granville, 530 U.S. 57, 66 (200); Washington v. Glucksberg, 521 U.S. 702, 720 (1997); vgl. dazu *Stehr*, S. 153, 163.

801 Ein solcher Fall ist in Conneticut aufgetreten (Harry Alsop, „US surrogate mother Crystal Kelley flees after baby's parents order her to abort foetus", „The Telegraph", abrufbar unter http://www.telegraph.co.uk/ news/worldnews/northamerica/usa/9910263/US-surrogate-mother-Crystal- Kelley-flees-after-babys-parents-order-her-to-abort-foetus.html, zuletzt abgerufen am 30.10.2014.

zur Abtreibung nicht nachkam, nahm das Paar nach der Geburt der Zwillinge den gesunden Zwilling mit nach Australien, während der am Downsyndrom leidende Gammy bei der Tragemutter zurückblieb[802].

Wie sieht das Prozedere aus, wenn die Mutter nach der Übertragung der rechtlichen Elternschaft während der Schwangerschaft oder nach der Geburt des Kindes eine so starke emotionale Bindung zum Kind aufbaut, dass sie es nicht abgeben will?

Vorschriften zum Schutze der Ersatzmutter und des Kindes in Form einer Pflicht zur medizinischen Voruntersuchung oder der Festlegung von Höchstgrenzen hinsichtlich der Zahl der übertragenen Embryonen oder des Alters der Ersatzmutter fehlen[803]. Die erlassenen Regelungen zur Übertragung des Geldes scheinen vor allem dem Schutz der Wunscheltern vor Betrug seitens der Vermittlungsagenturen zu dienen. Es sind keine Bestrebungen ersichtlich, die Ersatzmutter vor Betrug durch die Vermittlungsagenturen und Kliniken zu schützen. Die fehlende staatliche Regulierung und Kontrolle führt dazu, dass die Klinken und Vermittlungsagenturen weiterhin die Hauptprofiteure bleiben. Der kalifornische Gesetzgeber hat es versäumt, im Zuge der Gesetzesnovellierung einen kalifornischen Beitrag zur Eindämmung des globalen Geschäfts mit Frauen zu leisten.

Die Darstellung der Rechtslage in Kalifornien verdeutlicht Konflikte, die mit der Liberalisierung von Ersatzmutterschaften einhergehen können. Festzustellen ist, dass im Rahmen einer Gesetzesnovellierung in Deutschland vermieden werden sollte, Ersatzmutterschaften in privatrechtlichen Vereinbarungen zu regeln und darauf zu vertrauen, dass die Rechte der Ersatzmutter und des Kindes von den Parteien angemessen berücksichtigt werden.

---

802 *ulz/dpa/AFP/AP*, Zurückgewiesenes Baby Gammy: Leihmutter will Jungen mit Downsyndrom bei sich behalten, „spiegel online" v. 04.08.2014, abrufbar unter http://www.spiegel.de/panorama/gammy-leihmutter-will-jungen-mit- downsyndrom-bei-sich-behalten-a-984324.html, zuletzt abgerufen am 29.12.2014.

803 Vgl. Empfehlungen des ASRM, abrufbar unter http://www.asrm.org/uploadedFiles/ASRM_Content/News_and_Publications/Pra ctice_Guidelines/Committee_Opinions/recommendations_for_practices_utilizing_gestational_carriers_nonmembers.pdf, zuletzt abgerufen am 30.10.2014.

6. Kapitel: Die Rechtslage in England (und Wales)

England ist im Bereich der Ersatzmutterschaften, wie auf vielen anderen medizintechnischen Gebieten[804], ein Pionierland. Spätestens mit dem ersten Gerichtsurteil „Baby Cotton“[805] im Jahr 1985, in dem sich die Richter mit der kommerziellen Ersatzmutterschaft zu befassen hatten, wuchs der öffentliche Wunsch nach einer gesetzlichen Regelung. Die prompte Reaktion des Gesetzgebers bestand im Erlass des Surrogacy Agreement Act 1985[806].

Bereits im Jahr 1982, nach Geburt des weltweit ersten durch das IVF- Verfahren geborenen Kindes, Louise Brown, im Jahr 1978, wurde ein Komitee unter der Federführung der Philosophin Baroness Mary Warnock[807] zur Erarbeitung von Regularien für die Forschung im Bereich der IVF und der Embryologie gebildet. Das Ergebnis war der im Jahr 1984 veröffentlichte Warnock Report[808], der als Grundlage für den später erlassenen Human Fertilisation and Embryology Act 1990[809] diente, welcher durch den Human Fertilisation and Embryology Act 2008 abgelöst wurde.

---

804 Derzeit ist ein Gesetzesentwurf in Planung, wonach die Möglichkeit bestehen soll, dass einem Kind drei genetische Elternteile zugeordnet werden können, indem Eizellkern und Eizellhülle auseinanderfallen, abrufbar unter http://www.spiegel.de/wissenschaft/mensch/briten-koennten-umstrittene- befruchtungstechnik-erlauben-a-908321.html, zuletzt abgerufen am 30.10.2014.

805 Re C (1985) FLR 846.

806 Abrufbar unter http://www.legislation.gov.uk/ukpga/1985/49/pdfs/ukpga_19850049_en.pdf, zuletzt abgerufen am 30.10.2014.

807 Zur Biographie von Mary Warnock vgl.: The practical philosopher, The Guardian v. 19.07.2003, abrufbar unter http://www.theguardian.com/books/2003/ jul/19/society1, zuletzt abgerufen am 17.12.2014.

808 Report of the Committee of Inquiry into Human Fertilisation and Embryology, abrufbar unter http://www.hfea.gov.uk/docs/Warnock_Report_of_the_ Committee_of_Inquiry_into_Human_Fertilisation_and_Embryology_1984.pdf, zuletzt abgerufen am 30.10.2014.

809 Zwar basiert der HFEA 1990 auf dem „Warnock Report“, doch besteht ein wesentlicher Unterschied darin, dass der „Warnock Report“ eine deutlich strengere Auffassung vorgab. Darin wurde die Ansicht vertreten, dass sowohl profitorientierte als auch nichtprofitorientierte Organisationen und Personen, die Ersatzmutterschaften zum Zustandekommen verhelfen, strafrechtlich zu verbieten („Warnock Report“ Rn. 8.18–8.19, abrufbar unter http://www.hfea.gov.uk/docs/Warnock_Report_of_the_Committee_of_Inquiry_i nto_Human_Fertilisation_and_Embryology_1984.pdf, zuletzt abgerufen am 30.10.2014.

Im Jahr 1998 wurde der vom Parlament initiierte Brazier Report[810] veröffentlicht, in dem untersucht wurde, ob die damalige Rechtslage im Bereich der Ersatzmutterschaften den öffentlichen Bedenken gerecht wurde. Der Gesetzgeber hat im Ergebnis keine der im Brazier Report geäußerten Empfehlungen umgesetzt.

A. Ablauf der Ersatzmutterschaft in der Praxis

In der Regel kommen Ersatzmutterschaften in England über die drei Hauptorganisationen zustande, die nichtprofitorientiert arbeiten und die Durchführung ermöglichen bzw. unterstützen. Childlessness Overcome Through Surrogacy (COTS)[811] wurde 1988 gegründet und hat seitdem über 885 Wunscheltern zu einem Kind im Wege der Ersatzmutterschaft verholfen. Ähnliche Zahlen weist Surrogacy UK auf. Allein im Jahr 2012 wurden von der nichtprofitorientierten Organisation über 30 Wunscheltern auf ihrem Weg zu einem Kind begleitet[812]. Beim British Surrogacy Centre handelt es sich um eine nicht mit den beiden anderen vergleichbare Organisation. Diese vermittelt englischen Wunscheltern den Kontakt zu kalifornischen Ersatzmüttern auf kommerzieller Basis.

Die Frau, die sich als Ersatzmutter zur Verfügung stellen will, nimmt Kontakt zur Organisation auf und wird nach einem von bspw. COTS empfohlenen Gesundheitscheck[813] in die eigene Datei aufgenommen. An einer Ersatzmutterschaft interessierte Wunscheltern lassen sich bei einer der Organisationen registrieren und befinden sich zunächst auf einer Warteliste. Die Ersatzmutter erhält von der Organisation ein anonym gehaltenes „personal statement" der Wunscheltern, anhand dessen sie über eine eventuelle künftige „Zusammenarbeit" entscheidet[814].

Hauptanlaufstelle für Wunscheltern auf der Suche nach einer Ersatzmutter und für Frauen, die ihren Körper zur Austragung eines Kindes für ein anderes Paar zur Verfügung stellen, sind ausgewählte gemeinnützige Organisationen[815].

810 Surrogacy–Review for Health Ministry of Current Arrangements for Payments and Regulation. Benannt wurde der Report nach der 1. Vorsitzenden des Kommitees Margaret Brazier. Abrufbar unter http://webarchive.nationalarchives.gov.uk/20130107105354/http://www.dh.gov.u k/prod_consum_dh/groups/dh_digitalassets/@dh/@en/documents/digitalasset/dh_4014373.pdf, zuletzt abgerufen am 30.10.2014.

811 Childness Overcome Through Surrogacy, abrufbar unter http://www.surrogacy.org.uk/About_COTS.htm, zuletzt abgerufen am 30.10.2014.

812 Childness Overcome Through Surrogacy, abrufbar unter http://www.surrogacyuk.org/about_us, zuletzt besucht am 30.10.2014.

813 Einige medizinische Untersuchungen wie auf HIV und Hepatitis B stellen für COTS eine obligatorische Voraussetzung dar (COTS–Information Booklet, S. 4; abrufbar unter http://www.surrogacy.org.uk/pdf/COTS%20booklet.pdf, zuletzt abgerufen am 30.10.2014.

814 COTS–Information Booklet, S. 4, abrufbar unter http://www.surrogacy.org.uk/pdf/COTS%20booklet.pdf, zuletzt abgerufen am 30.10.2014.

815 *Hayden/Allman/Greenan/Nhinda-Latvio/Penna*, Children and Same Sex Families – A Legal Handbook, 2012, S. 53; *Brazier/Golombok/Campbell*, Human Reproduction Update 1997, 623, 627.

B. Rechtliche Behandlung der Ersatzmutterschaft in England und Wales

Das englische Rechtssystem beruht auf dem System des common law, des richterlich geschaffenen Rechts[816]. Die Rechtssysteme in England und Wales sind übereinstimmend[817]. Dabei kommt Gerichtsurteilen maßgebliche Bedeutung zu[818].

Die für die Ersatzmutterschaft relevante gesetzliche Grundlage ergibt sich aus dem Gesetz Surrogacy Agreement Act, 1985, dem Human Fertilsation and Embryology Act, 1990 und 2008, sowie dem Adoption and Children Act, 2002[819].

I. Die kodifizierten Normen zur Ersatzmutterschaft

Im englischen Recht wird die Ersatzmutterschaftsvereinbarung gemäß Sec. 1 (3) Surrogacy Agreement Act 1985[820] als eine Vereinbarung, nach der eine Frau ein Kind als Ersatzmutter austrägt, definiert. Die Vereinbarung über die Übergabe des Kindes und der elterlichen Pflichten („parental responsibility") nach Geburt an die Wunscheltern muss gemäß Sec. 1 (2) (a) SAA bereits vor Austragen des Kindes[821] („... before she began to carry the child") getroffen werden. Nach der Definition des SAA ist für das Vorliegen einer Ersatzmutterschaft die Vereinbarung und nicht die Art der Empfängnismethode entscheidend. Bei der Untersuchung, ob die Voraussetzungen einer Ersatzmutterschaftsvereinbarung gegeben sind, ist nach Sec. 1 (4) SAA auf die Gesamtumstände abzustellen. Eine Aussage über ein Formerfordernis wird im SAA nicht getroffen.

1. Form der legalisierten Ersatzmutterschaften

Der SAA nimmt weder eine Unterscheidung zwischen den verschiedenen Formen der Ersatzmutterschaft vor noch wird auf die künstlichen Befruchtungsmethoden Bezug genommen[822].

Das englische Recht erkennt sowohl die Ersatzmutterschaft im engen Sinn als auch die Tragemutterschaft an, sodass ebenso die Möglichkeit besteht, dass die Ersatzmutter ein genetisch mit ihr verwandtes Kind austrägt.

816 Rieck/*Woelke*, England und Wales, Rn. 1.
817 *Crownie/Bradney/Burton*, English Legal System in Context, S. 1.
818 *Kiralfy*, The English Legal System, S. 1.
819 Durch das Inkrafttreten des Adoption and Children Act 2002 am 30.12.2005 ist eine grundlegende Reform des englischen Adoptionsrechts erfolgt.
820 Nachfolgend mit SAA abgekürzt.
821 Gemäß Section 1 (6) SAA ist als Beginn des Austragens entweder der Zeitpunkt der Befruchtung oder der Einnistung des Embryos („... as beginning to carry it at the time of the insemination or of the placing in her of an embryo ...") anzusehen.
822 Für die Erteilung einer sog. Parental order (Elternbestimmung) nach Section 54

2. *Anforderungen an die Ersatzmutter*

Die Gesetze sehen nur wenige bestimmte Anforderungen an die Ersatzmutter vor. Weder dem SAA noch dem HFEA 2008 lässt sich entnehmen, dass als Ersatzmutter lediglich eine verheiratete oder ledige Frau in Betracht käme. Weiterhin wird keine bestimmte Staatsangehörigkeit der Ersatzmutter gesetzlich festgelegt.

3. *Anforderungen an die Wunscheltern*

Wunscheltern, die sich ein Kind im Wege der Ersatzmutterschaft wünschen, haben bestimmte Kriterien zu erfüllen. So müssen Wunscheltern entweder miteinander verheiratet sein (Sec. 54 (a) HFEA 2008), sich in einer zivilen Partnerschaft („civil partners" entsprechend des Civil Partnership Act 2004[823]) befinden (Sec. 54 (1) (b) HFEA 2008) oder Partner einer dauerhaften familiären Beziehung („partners in an enduring family relationship") sein (Sec. 54 (1) (c) HFEA 2008). Die „civil partnership" entspricht in weiten Teilen der eingetragenen Lebenspartnerschaft nach dem Lebenspartnerschaftsgesetz. Der Civil Partnership Act 2004 ermöglicht gleichgeschlechtlichen Paaren die amtliche Anerkennung als Lebenspartner und räumt ihnen ehepartnerähnliche Rechte und (1) (a) HFEA 2008 darf die Zeugung des Kindes nicht auf eine natürliche Befruchtung im Wege des Geschlechtsverkehrs zurückzuführen sein.

Pflichten ein. Eine genauere Definition zu „partners in an enduring family relationship" lässt sich der Entscheidung Re WT (2014)[824] entnehmen. Richterin *Theis* bezeichnet ein Wunschelternpaar, das sich bereits seit über zehn Jahren in einer Beziehung befand und trotz Höhen und Tiefen hinsichtlich der Erfüllung ihres Kinderwunsches als Partner in einer dauerhaften familiären Beziehung („The applicants are clearly in an enduring family relationship. They have been together as a couple since 2002 and their relationship has remained strong despite the long and difficult emotional journey they have undergone to fulfil their wish to have a family (s54(2))."[825]).

In den Kreis der Antragsberechtigten wurden Partner einer „civil partnership" erst mit Inkrafttreten des HFEA 2008 am 06.04.2009 aufgenommen. Der ursprüngliche HFEA von 1990 verwehrte gleichgeschlechtlichen Partnern einer zivilen Partnerschaft noch das Recht zur Anspruchnahme der Dienste einer Ersatzmutter.

---

823 Die „civil partnership" nach dem Civil Partnership Act 2004, abrufbar unter http://www.legislation.gov.uk/ukpga/2004/33/pdfs/ukpga_20040033_en.pdf?vie w=extent&timeline=true; zuletzt abgerufen am 30.10.2014; Anwendung auf England und Wales findet das Gesetz über Part 2; Zur genaueren Bedeutung des „civil partnerships" nach dem Civil Partnership Act 2004 vgl.: *Harper/Downs/Wilson/Landells*, Civil Partnership; *Gray/Brazil*, The Civil Partnership Act 2004).

824 Re WT (2014) EWHC 1303 (Fam) (2014) WL 1219851, Fam Div.

825 Re WT (2014) EWHC 1303 (Fam) (2014) WL 1219851, Fam Div, paragraph 25.

Außerdem müssen beide gemäß Sec. 54 (5) HFEA 2008 mindestens 18 Jahre alt sein[826]. Für Singles besteht daher nicht die Möglichkeit, die Dienste einer Ersatzmutter in Anspruch zu nehmen. Da nach Sec. 54 (1) (b) HFEA 2008 die genetische Verwandtschaft zu mindestens einem Wunschelternteil vorzuliegen hat, muss mindestens ein Partner in der Lage sein, Gameten zur Befruchtung beizusteuern.

4. Verbot der kommerziellen Ersatzmutterschaft

a) Zur Strafbarkeit der Vertragsverhandlungen zur kommerziellen Ersatzmutterschaft

Das englische Recht hat sich für die Legalisierung der altruistischen Ersatzmutterschaft entschieden. Andererseits schiebt es der kommerziellen Ersatzmutterschaft einen Riegel vor, indem es sie nach Sec. 4 SAA zur Straftat erklärt. Sinn und Zweck der Sec. 4 SAA ist die Verhinderung der Entstehung kommerzieller Agenturen, die mit der Ersatzmutterschaft Profit machen[827].

Erfasst von der Strafbarkeit werden gemäß Sec. 2 (1) SAA Vorbereitungshandlungen wie die Anstiftung zur Aufnahme von Vertragsverhandlungen („initiate negotiatons ...") oder der Teilnahme an solchen, („take part in any negotiations with a view to the making of a surrogacy agreement") die auf den Abschluss einer kommerziellen Ersatzmutterschaftsvereinbarung abzielen. Ebenfalls unter Strafe gestellt ist das Angebot sowie die Annahme eines Angebots zur Verhandlungsaufnahme („offer or agree to negotiate the making of a surrogacy agreement") sowie das Zusammentragen von Informationen mit einem darauf gerichteten Verwendungszweck („compile any information ...").

Strafrechtlich untersagt sind damit jegliche Handlungen, die mit der kommerziellen Ersatzmutterschaft in Verbindung stehen. Rechtswidriges Handeln der Vertreter der kommerziell handelnden Personengemeinschaft („body of persons") wird der Personengemeinschaft nach Sec. 2 (5) SAA zugerechnet. Ebenfalls strafbar macht sich die Person, die in einer kommerziell agierenden Personengemeinschaft erheblichen Einfluss hat („... takes part in the management or control"), wenn durch diesen der Abschluss oder die Vertragsverhandlungen zu Ersatzmutterschaftsvereinbarungen auf kommerzieller Grundlage erleichtert werden (Sec. 2 (7) und (8) SAA).

b) Ausnahme von der Strafbarkeit nach Sec. 2 SAA

Von der Straffreiheit der Sec. 2 (2) SAA sind zum einen die Ersatzmutter (Sec. 2 (2) (a) SAA) und zum anderen die Wunscheltern (Sec. 2 (2) (b) SAA), die eine nach Sec. 2 (1) SAA strafbare Handlung vornehmen, erfasst. Für die Praxis bedeutet die Regelung, dass eine Frau im privaten Bereich für ihre „Dienste" als Ersatzmutter

---

826 Als Zeitpunkt für die Vollendung des 18. Lebensjahres wird der Erlass der Anordnung, die „parentage order", maßgeblich.

827 *Hayden/Allman/Greenan/Nhinda-Latvio/Penna*, S. 48.

werben und auch ein direkt an sie ausgezahltes Honorar für die Austragung eines Kindes für die Wunscheltern entgegennehmen darf. Wunscheltern dürfen ein solches Honorar an die Ersatzmutter leisten und dabei ebenfalls von der Straffreiheit profitieren. Grundsätzlich bliebe es bei der Straffreiheit für beide Parteien, wenn sie durch öffentliche Annoncierung oder Werbung sich als Ersatzmutter „anbieten" oder als Wunscheltern eine Ersatzmutter suchen. In der Regel scheitert ein solches Vorhaben daran, dass beispielsweise der Herausgeber der die Annonce veröffentlichenden Zeitschrift sich strafbar machen würde. Damit erfasst die Straffreiheit auch das öffentliche Werben durch Wunscheltern und Ersatzmutter.

Ebenfalls in den Genuss der Straffreiheit kommt eine auf einen gemeinnützigen Zweck gerichtete Personengemeinschaft[828] (Sec. 2 (2 A) SAA) oder Personen, die eine solche Personengemeinschaft gründen (Sec. 2 (2 B), wenn sie eine der in Sec. 2 (1) (a) und (c) SAA genannten Handlungen in Verbindung mit der Entgegennahme einer Aufwandsentschädigung („reasonable payments") ausführen. Die Höhe der Aufwandsentschädigung darf gemäß Sec. 2 (2 C) SAA lediglich den Kosten entsprechen, die der Personengemeinschaft bei ihrer mit der Ersatzmutterschaftsvereinbarung in Verbindung stehenden Tätigkeit entstehen („... payment not exceeding the body's costs reasonably attributable to the doing of the act.").

Strafrechtlich sanktioniert wird somit weiterhin das Anbieten und die Einwilligung in die Vertragsverhandlung über den Abschluss einer Ersatzmutterschaftsvereinbarung nach Sec. 2 (1) (b) SAA.

c) *Die kommerzielle Ersatzmutterschaft*

Zur Strafbarkeit nach Sec. 2 SAA ist gemäß Sec. 2 (1) SAA ein kommerzielles Element („... on a commercial basis ...") erforderlich. Dieses ist bei jeglicher Entgegennahme von Zahlungen („payment") aufgrund einer Ersatzmutterschaft (Sec. 2 (3) (a) SAA) oder der Absicht auf Erhalt von Zahlungen für den Abschluss, die Vertragsverhandlung oder die Erleichterung des Vertragsabschlusses (Sec. 2 (3) (b) SAA) anzunehmen.

Nicht erfasst von der in Sec. 2 (3) (a) und (b) SAA gegebenen Definition von „payments" sind Zahlungen, die an die Ersatzmutter bzw. die künftige Ersatzmutter geleistet werden. Solche Zahlungen sind nach dem SAA mithin nicht rechtswidrig. Eine Beschränkung auf die Erstattung etwaiger Kosten, die in Verbindung mit der Ersatzmutterschaft entstanden sind, findet nicht statt[829]. In diesem Punkt besteht ein wesentlicher Unterschied zur Definition von Sec. 54 (8) HFEA 2008. Mithin sind zwei Ausnahmen von der Strafbarkeit bei Zahlungen im Zusammenhang mit der Ersatzmutterschaft gegeben: Zum einen bei Zahlungen im Rahmen der „reasonable

828 „'Non-profit making body' means a body of persons whose activities are not carried on for profit." (Sec. 1 (7A) SAA); „Body of persons" means a body of persons corporate or unincorporate" (Sec. 1 (7) SAA).

829 In diesem Punkt besteht ein wesentlicher Unterschied zur Definition von 54 (8) HFEA 2008.

payments“ an einen „non-profit-making-body“ (Sec. 2 (2 A) – (2 C) SAA); zum anderen, wenn die Zahlung an oder zugunsten der Ersatzmutter erfolgt (Sec. 2 (3) SAA).

d) Im Ausland durchgeführte Ersatzmutterschaften auf kommerzieller Grundlage

Keine Straftat liegt vor, wenn die in Sec. 2 (1) SAA aufgezählten Tathandlungen außerhalb des Vereinigten Königreichs erfolgen („... and no person shall in the United Kingdom knowingly cause another to do any of those acts on a commercial basis.“). Für die Praxis bedeutet diese Regelung, dass englische Paare im Ausland kommerzielle Ersatzmutterschaften in Auftrag geben können, ohne dass die Strafbarkeit nach Sec. 4 iVm. 2 SAA einschlägig ist.

e) Verbot der Werbung für Ersatzmutterschaften

Ein weiteres Mittel zur Verhinderung der Kommerzialisierung der Ersatzmutterschaften stellt das Werbeverbot der Sec. 3 SAA dar. Danach ist die öffentliche Annoncierung und Werbung in jeglicher Form, bei der die Bereitschaft zur Aufnahme von Vertragsverhandlungen oder zum Abschluss einer Ersatzmutterschaftsvereinbarung vermittelt wird („that any person is willing to enter into a surrogacy arrangement or to negotiate or facilitate the making of a surrogacy arrangement ...“ (Sec. 3 (1) (a) SAA)) oder die Suche nach einer Frau, die sich zur Ersatzmutterschaft bereit erklärt („that any person is looking for a woman willing to become a surrogate mother or for persons wanting a woman to carry a child as a surrogate mother“), unter Strafe gestellt (Sec. 3 (1) (b) SAA)). Wurde eine entsprechende Publikation von einer Zeitung oder einer Zeitschrift („newspaper or periodical“) herausgegeben, so wird gemäß Sec. 3 (2) und (3) SAA der jeweilige Herausgeber und bei elektronischen Telekommunikationsmedien („electronic telecommunication network“), wie beim Internet, der Verursacher zur strafrechtlichen Verantwortung herangezogen. Die Regelungen der Sec. 3 SAA betreffen Werbung und Publikationen auf dem Gebiet des Vereinigten Königreichs.

Wird die Werbung von einem „non-profit-making body“ oder in dessen Namen geschaltet und liegt kein Verstoß gegen Sec. 2 (1) SAA vor, greift die Strafbarkeit nach Sec. 3 SAA nicht (Sec. 3 (1 A) SAA).

f) Fehlende Durchsetzbarkeit

Auch bei Einhaltung der für die Wirksamkeit der Ersatzmutterschaftsvereinbarung erforderlichen Punkte ist eine entsprechende Vereinbarung nach Sec. 1 (A) SAA gegen beide Parteien nicht durchsetzbar („... by or against any of the persons making it.“)[830]. Konkret bedeutet das, dass die Ersatzmutter noch nach Geburt ihre Meinung hinsichtlich der Übergabe des Kindes ändern kann. In einem solchen Fall können

830 So auch bestätigt in CW v NT, TT (a child, by her guardian Joanne Farnswortg) (2011) EWHC 33 (Fam) 2011 WL 1654.

die Wunscheltern nicht gerichtlich die Übergabe erreichen, obwohl das Kind eine genetische Verbindung zu ihnen aufweist[831]. Nicht zu verwechseln ist die Nichtdurchsetzbarkeit mit der Nichtigkeit einer Vereinbarung.

5. Die rechtliche Zuordnung des Kindes und die Möglichkeit der Statuskorrektur

Die Abstammung von Kindern, die nach dem 06.04.2009 geboren wurden, beurteilt sich hauptsächlich nach den Vorschriften des HFEA 2008 und des Children Act 1989[832].

a) Die rechtliche Mutter im Zeitpunkt der Geburt

Die rechtliche Problematik der Mutterschaftsbestimmung hat sich auch in England erst mit den modernen Reproduktionsmethoden ergeben[833]. Für Kinder mit dem Geburtstag am oder nach dem 01.08.1991, bei denen die genetische und die austragende Mutter auseinanderfallen, besteht rechtliche Klarheit. Seitdem regelt der Sec. 27 (1) HFEA 1990, der vom Sec. 33 (1) HFEA 2008 abgelöst wurde, die rechtliche Mutterschaft. Rechtliche Mutter ist immer die austragende Frau.

Bei Vorliegen einer Ersatzmutterschaftsvereinbarung ist gemäß Sec. 33 HFEA 2008 die Ersatzmutter die rechtliche Mutter unabhängig davon, ob die genetische Verbindung zur Wunschmutter oder einer Eizellspenderin besteht, als auch davon, ob die entsprechende Behandlung in einer Klinik in England oder im Ausland durchgeführt wurde. Die Frau, die die Eizelle zur Befruchtung der austragenden Frau spendet, ist gemäß Sec. 47 HFEA 2008 nicht als Elternteil des Kindes anzusehen, es sei denn, es liegt eine Ausnahme gemäß Sec. 47 (a)-(b) HFEA 2008 vor.

Die gebärende und somit rechtliche Mutter trägt unabhängig davon, ob sie im Zeitpunkt der Geburt verheiratet war oder nicht, die elterliche Verantwortung für das Kind (Sec. 2 (1) und (2) CA 1989). Die rechtliche Mutter wie auch der rechtliche Vater tragen die Veranwortung für das Kind und können nach dem Child Support Act 1991 zur Rechenschaft gezogen werden. Weiterhin spielt die rechtliche Mutterschaft eine entscheidende Rolle bei der Erlangung der britischen Staatsangehörigkeit.

---

831 In der Regel wird die Ersatzmutter ihre für eine „parental order" erforderliche Einwilligung verweigern. Dem Wunschvater bleibt die Möglichkeit, einen Antrag auf Anordnung einer „residence order" zu stellen. Diese kann nach Kindeswohlerwägungen verweigert werden. So auch in CW v NT and another (2011) EWHC 33, abrufbar unter http://www.familylawweek.co.uk/ site.aspx?i=ed79071, zuletzt abgerufen am 03.09.2013; vgl.: *Wells-Greco,* International Surrogacy Agreements, 2013, United Kingdom, S. 376.

832 Nachfolgend mit CA 1989 abgekürzt.

833 *Lord Simon* behauptete noch im Jahr 1976 im The Ampthill Peerage Fall (1977) AC 547 at 577: "... motherhood, although also a legal relationship, is based on a fact, being demonstrably by parturition.".

b) Der rechtliche Vater im Zeitpunkt der Geburt

Grundsätzlich ist nach common law der genetische Vater der rechtliche Vater des Kindes[834]. Bei der Bestimmung des rechtlichen Vaters im Zusammenhang mit einer Ersatzmutterschaftsvereinbarung sind Sonderregelungen einschlägig[835], bei denen zwischen einer im Zeitpunkt der Vornahme der künstlichen Befruchtung verheirateten und einer unverheirateten Ersatzmutter zu unterscheiden ist. Rechtliche Bedeutung erlangt die rechtliche Vaterschaft in Angelegenheiten, die mit der britischen Staatsangehörigkeit („British Citizenship") in Verbindung stehen. Ferner verleiht sie das Recht, eine Anordnung nach Sec. 8 CA 1989 zu beantragen.

Ist die Ersatzmutter verheiratet und hat ihr Ehemann seine Einwilligung erteilt oder kann er nicht beweisen, nicht in die Befruchtung eingewilligt zu haben, so wird er gemäß Sec. 35 HFEA 2008 als rechtlicher Vater vermutet, obgleich die Spermazelle nicht von ihm stammt[836]. Dabei kann es sich sowohl um Spendersamen als auch um Samenzellen des Wunschvaters handeln (heterologe Insemination). Aus dem Zusammenspiel der Sec. 28 und 35 HFEA 2008 ergibt sich, dass der Ehemann auch dann als Vater des Kindes gilt, wenn das Ehepaar getrennt ist und sich die Frau als Ersatzmutter mit den Spermazellen des Wunschvaters in einer lizensierten Klinik befruchten lässt.

Erst recht ist der Ehemann, der seine Samenzelle zur Befruchtung zur Verfügung gestellt hat, als rechtlicher Vater des Kindes bei Geburt anzusehen. Der Samenspender wird gemäß Sec. 41 (1) HFEA 2008 als rechtlicher Vater ausgeschlossen. Probleme können sich für Konstellationen mit Auslandsbezug ergeben, wenn nach ausländischem Recht der Wunschvater als rechtlicher Vater des Kindes angesehen wird, aber nach englischem Recht der Ehemann der Ersatzmutter die Vaterschaft innehat[837].

Es kann die Fallkonstellation vorliegen, in der die Samenzelle vom Wunschvater oder einem anderen bekannten Spender stammt.

Ist die Ersatzmutter verheiratet, aber ihr Ehemann hat nicht seine Einwilligung zur Befruchtung mit den Samenzellen des Wunschvaters erteilt, so kann die Vaterschaftsvermutung („presumption of ligitimacy") widerlegt werden, mit der Folge, dass der Wunschvater bzw. der Samenspender als genetischer Vater zugleich auch rechtlicher Vater des Kindes ist[838]. Hierzu ist nicht ausreichend, dass der Ehemann nicht seine Zustimmung zur Behandlung gegeben hat. Vielmehr muss eindeutig

---

834 *Lowe*, Issues of Descent – The Position in English Law, S. 322.

835 Re G (Surrogacy: Foreign Domicile) (2007) EWHC 2814 (Fam) 2007 WL 4610522, paragraph 32, 33.

836 Re X and Y (Foreign Surrogacy) (2008) EWHC 3030 (Fam), paragraph 5.

837 So auch in Re X and Y (Foreign Surrogacy) (2008) EWHC 3030 (Fam).

838 *Leeds Teaching Hospital v A* (2003) EWHC 259 (QB), (2003) 1 FLR 1091. In diesem Fall hatte die lizensierte Klinik die Spermazellen eines Mannes anstatt der Ehefrau fälschlicherweise einer anderen Frau injiziert. Trotz fehlenden Verschuldens des Mannes wurde er als genetischer Vater zum rechtlichen Vater der daraus resultierten Zwillinge erklärt.

zum Ausdruck gebracht werden, dass der Ehemann nicht in die Befruchtung eingewilligt hat[839].

In der anderen möglichen Fallkonstellation stammen die Spermazellen von einem anonymen Spender. Kann nachgewiesen werden, dass der Ersatzmutter von einer Klinik in Großbritannien Spendersamen eingesetzt worden ist, obwohl dies nicht dem Willen des Ehemannes entsprach, so gilt nach Sec. 37 (1) (a) und (b) HFEA 2008 nicht er als rechtlicher Vater des Kindes, sondern der Wunschvater, der im Vorfeld seine Einwilligung zur Anerkennung der Vaterschaft gegeben hatte.

Handelt es sich bei der Ersatzmutter um eine Frau, die weder verheiratet ist noch in einer zivilen Partnerschaft („civil partnership") lebt, ist grundsätzlich der genetische Vater auch der rechtliche[840]. Nicht zu verwechseln ist die rechtliche Vaterschaft mit der elterlichen Sorge („parental responsibilty"), die ihm nicht automatisch mit der rechtlichen Vaterschaft zusteht, sondern zunächst allein der rechtlichen Mutter (Sec. 2 (2) (a) CA 1989). Dies hat zur Folge, dass in der Konstellation, in der die Wunscheltern aus zwei homosexuellen Männern bestehen, der genetisch mit dem Kind nicht verwandte Wunschelternteil nicht gemäß Sec. 4 A CA 1989 die elterschaftliche Sorge beantragen kann. Hierzu müsste der genetische und rechtliche Vater diese inne haben, die ihm jedoch fehlt[841]. Zur Übertragung der rechtlichen Elternschaft und der elterlichen Sorge wird auf den Antrag auf Anordnung einer „parental order" gemäß Sec. 54 HFEA 2008 verwiesen.

Wurden zur Befruchtung Spermazellen eines anonymen Spenders verwendet und wurde die Behandlung durch eine lizensierte Person im Vereinigten Königreich durchgeführt (Sec. 36 (a) HFEA 2008), besteht nach Sec. 36 HFEA 2008 weiterhin die Möglichkeit, dass ein Mann, dessen Spermazellen nicht zur Befruchtung verwendet wurden, die Vaterschaft durch eine vereinbarte Vaterschaft („agreed fatherhood") anerkennt[842]. Ebenso ist bei Einhaltung der Voraussetzungen möglich, dass eine

---

839 *Hayden/Allman/Greenan/Nhinda-Latvio/Penna*, S. 30, 1.99 (c).

840 Rechtslage nach dem HFEA 1990: Wesentliche Unterschiede hinsichtlich der Vaterschaftsbestimmung ergaben sich abhängig davon, ob die künstliche Befruchtung in einer lizensierten Klinik und ob die Behandlung mit einem Ehemann oder einem Samenspender durchgeführt wurde. Wurde die Anwendung der modernen assistierten Reproduktionsmethoden im Ausland oder nicht von einer lizensierten Person („by a person to whom a license applies") vollzogen, so war der HFEA 1990 nicht anwendbar und der genetische Vater war der rechtliche Vater des Kindes. War die Ersatzmutter nicht verheiratet und zur Befruchtung wurden die Samenzellen des Wunschvaters erteilt, so war der Wunschvater als genetischer Vater zugleich auch rechtlicher Vater des Kindes. Wurden zur Zeugung des Kindes im Wege der assistierten Reproduktionsmethoden von einer lizensierten Klinik Samenzellen eines anonymen Spenders verwendet, ist dem Kind gar kein rechtlicher Vater zuzuordnen (Sec. 28 (6) HFEA 1990).

841 A & B v SA (2013) EWHC 426 (Fam) 2013 WL 617673, paragraph 16.

842 Für eine wirksame vereinbarte Vaterschaft („agreed fatherhood") haben die in Sec. 37 HFEA aufgezählten Voraussetzungen vorzuliegen.

andere Frau, die mit der austragenden Mutter nicht in einer zivilen Partnerschaft lebt, die Elternschaft für das Kind übernimmt („agreed female parenthood" gemäß Sections 43–45 HFEA 2008[843]).

Durch Sec. 36 und 37 HFEA 2008 wird eine Form der Ersatzmutterschaft ermöglicht, bei der ein Partner eines männlichen homosexuellen Paares rechtlicher Vater werden kann, obwohl Spendersamen verwendet werden. Der andere Partner würde durch Adoption die Elternschaft für das Kind des Partners erlangen können. Im Gegensatz zu Sec. 28 HFEA 1990 stellt der Sec. 36 und 37 HFEA 2008 keine bestimmten Anforderungen an die Natur der Beziehung zwischen dem Mann, von dem die Spermazellen stammen, und der ledigen Frau, bei der die Behandlung vorgenommen wird.

Ist der Wunschvater rechtlicher Vater des Kindes, so führt dies nicht automatisch zur gemeinschaftlichen elterlichen Verantwortung („parental responsibility") des Wunschvaters. Um diese zu erhalten und damit in der Lage zu sein, wichtige Entscheidungen hinsichtlich des Kindes treffen zu können, wird in der Regel ein „parental responsibility agreement" nach Sec. 2 (2) CA 1989[844], mit dem die Einräumung der elterliche Sorge („parental responsibility") vereinbart wird, zu treffen sein.

c) Die austragende Frau lebt in einer zivilen Partnerschaft („civil partnership")

Handelt es sich um ein homosexuelles Paar, bei dem zwei Frauen im Zeitpunkt der Behandlung in einer zivilen Partnerschaft („civil partnership") leben, wird nach Sec. 42 HFEA 2008 die Partnerin der austragenden Frau als rechtlicher Elternteil des Kindes anerkannt, wenn das Kind nach dem 06.04.2009 geboren wurde. In diesem Fall hat das Kind anstatt einer Mutter und eines Vaters zwei weibliche Elternteile. Keinen Unterschied macht es, ob es sich bei der Samenzelle um die eines der Frau bekannten oder die eines anonymen Spenders handelt, die künstliche Befruchtung zu Hause oder in einer lizensierten Klinik, in Großbritannien oder im Ausland durchgeführt wurde. Dem Samenspender stehen keine elterlichen Rechte hinsichtlich des Kindes zu[845].

Die Vermutung kann widerlegt werden, wenn nachgewiesen werden kann, dass die Partnerin in der zivilen Partnerschaft in die Übertragung des Embryos oder die Injektion der Gameten oder die künstliche Befruchtung nicht eingewilligt hatte. Dabei ist es nicht ausreichend, dass sich die Verwehrung der Einwilligung auf die Übernahme der Elternschaft bezieht. Vielmehr ist gemäß Sec. 42 (2) HFEA 2008 er-

---

843 Die zusätzlichen Voraussetzungen sind in Sec. 43 und 44 aufgezählt.

844 Der Children Act 1989 ist nicht zu verwechseln mit dem Children Act 2004, der nur für England und Wales gilt und keinen Ersatz für den Children Act 1989 darstellt.

845 *Hayden/Allman/Greenan/Nhinda-Latvio/Penna*, S. 21, 1.62; Leben beide Frauen nicht in einer zivilen Partnerschaft und wollen sie beide dennoch als Elternteile des Kindes angesehen werden, so haben sie die Befruchtung von einer lizensierten Klinik in Großbritannien durchführen zu lassen (vgl. „agreed female parenthood" nach Sec. 43–45 HFEA 2008).

forderlich, dass die Partnerin nicht in die künstliche Befruchtung eingewilligt hat. Liegt ein solcher Nachweis vor, gilt das Kind als vaterlos (Sec. 45 HFEA 2008). Als Konsequenz hat das Kind nur einen rechtlichen Elternteil.

d) Zur Korrekturmöglichkeit durch gerichtliche Anordnung einer „parental order“

Das englische Recht sieht mit einer „parental order“ nach Sec. 54 HFEA 2008 die Korrekturmöglichkeit der rechtlichen Zuordnung des Kindes vor[846]. Die „parental order“ stellt im Grundsatz eine vereinfachte und schnellere Form der Adoption dar[847]. Eine im Ausland getroffene Anordnung, die der Ersatzmutter den Status als rechtliche Mutter entzieht, ist als unwirksam anzusehen[848].

Eine „parental order“ des Gerichts kann gemäß Sec. 54 (1) HFEA nur auf Antrag zweier Personen[849], bei denen es sich nicht um die Tragemutter handelt, getroffen werden. Der Antrag muss innerhalb von sechs Monaten seit Geburt des Kindes und frühestens nach sechs Wochen seit der Geburt gestellt werden (Sec. 54 (3)[850] und Sec. 54 (7) HFEA 2008)[851]. Das Gericht darf die „parental order“ nur dann erlassen, wenn es davon überzeugt ist, dass die das Kind austragende Ersatzmutter (Sec. 54 (6) (a) HFEA 2008) sowie ein weiterer Elternteil, der jedoch nicht zum Kreis der Antragsteller gehört[852], freiwillig („freely“), mit vollem Verständnis („with full understanding of what is involved“) und bedingungslos eingewilligt hat („agreed unconditionally to the making of the order“) (Sec. 54 (6) (b) HFEA 2008).

Wird die Einwilligung von einer Ersatzmutter außerhalb des Vereinigten Königreichs erteilt, muss diese gemäß rule 13.11 (4) Family Procedure Rule 2010 bezeugt werden[853].

---

846 Vgl. hierzu: *Helms*, StAZ 2013, 114.

847 In einem Diskussionsentwurf zur Novellierung des HFEA 1990 , beschreibt das Department of Health die „parental order“ als Übertragungsmechanismus der Elternschaft von der Ersatzmutter auf die Wunscheltern („The parental order, if granted by a court, has the effect of removing parenthood from the surrogate mother and reassigning it to the intending parents.“). Health Department, Review of the Human Fertilisation and Embryology Act, S. 19, abrufbar unter http://www.hfea.gov.uk/docs/Review_HFEA_Act_White_Paper_DH.pdf, zuletzt abgerufen am 30.10.2014.

848 *Hayden/Allman/Greenan/Nhinda-Latvio/Penna*, S. 32.

849 Der Antrag ist beim Family Proceedings Court einzureichen.

850 Die Ausnahmen finden sich in Sec. 54 (11) HFEA 2008.

851 Hat die Ersatzmutter die Einwilligung in den Erlass der Anordnung der „parental order“ vor Ablauf dieser sechs Wochen erteilt, wird sie gemäß Sec. 54 (6) (b) HFEA 2008 als unwirksam erachtet.

852 Dieser Elternteil kann entweder rechtlicher Vater nach Sec. 35 und 36 HFEA 2008 oder zweiter weiblicher Elternteil gemäß Sec. 42 oder 43 HFEA 2008 sein.

853 Im Urteil D, L (Minors) (Surrogacy) and in the Matter of Human Fertlisation and Embryology Act 2008 (2012) EWHC 2631 (Fam) 2012 WL 4738897, 30, 31 hat der

In der Regel handelt es sich bei den Antragstellern um die Wunscheltern, bei denen das von der Ersatzmutter ausgetragene Kind seit Geburt lebt (Sec. 54 (3) (a) HFEA 2008)[854]. Das Kind darf nicht im Wege der natürlichen Befruchtung, durch Geschlechtsverkehr, gezeugt worden sein[855]. Das Gesetz zählt in Sec. 54 (1) (a) HFEA 2008 als mögliche Behandlungen die Einpflanzung eines Embryos, die Injektion von Samen- und Eizellen und die künstliche Befruchtung auf. Die Alternative der künstlichen Befruchtung macht deutlich, dass die Anordnung einer „parental order" ebenso in Fällen der Ersatzmutterschaft im engen Sinn, bei der die Ersatzmutter genetisch mit dem Kind verwandt ist, getroffen werden kann. Liegt ein solcher Fall vor, so hat die Samenzelle vom Wunschvater, der die „parental order" mit der Wunschmutter beantragt, abzustammen. Sec. 54 (1) (b) HFEA 2008 setzt die genetische Verbindung mindestens zu einem der Antragsteller voraus. Konkret bedeutet die Bestimmung für Paare, bei denen beide Partnerteile keine reifen Gameten produzieren können, dass ihnen der Weg der „parental order" verschlossen bleibt.

Neben der Erfüllung der bereits erörterten Voraussetzungen im Zeitpunkt der Antragstellung müssen die Wunscheltern oder zumindest ein Wunschelternteil gemäß Sec. 54 (4) (b) HFEA 2008 in Großbritannien, auf den Kanalinseln oder der Isle of Man wohnhaft sein.

Für den Erlass der Anordnung hat das Gericht davon überzeugt zu sein, dass weder Geld noch sonstige Leistungen von den Wunscheltern als Entgelt für die Einwilligung nach Sec. 54 (6) (b) HFEA 2008 oder die Übergabe des Kindes an die Wunscheltern und die Vereinbarung über den Erlass einer „parental order"-Anordnung gegeben oder entgegen genommen wurden, es sei denn die Leistung wurde gerichtlich genehmigt („unless authorized by court") (Sec. 54 (8) HFEA 2008). Ausgenommen von dieser Regelung sind die „reasonable expenses" (angemessene Unkosten). An die Ersatzmutter dürfen Geldleistungen zwar geleistet worden sein, jedoch nicht über die Deckung der „reasonable expenses" hinaus.

Geldleistungen, die über diese Grenze hinausgehen, sind nach Sec. 2 (2) und (2 A) SAA zwar weder für die die Zahlungen entgegennehmende Ersatzmutter noch für die leistenden Wunscheltern oder die gemeinnützig tätige Personengemeinschaft unter Strafe gestellt, doch führen sie dazu, dass keine „parental order"-Anordnung vom Gericht getroffen werden kann.

High Court of Family Justice entschieden, dass auf die Einwilligungserklärung der in Indien lebenden, aber seit Geburt unauffindbaren Ersatzmutter aus Kindeswohlerwägungen verzichtet werden kann.

854 Der Wortlaut der Section 54 HFEA verwendet den Begriff „applicants" anstatt „intended parents" oder „commissioning parents".

855 Wurde das Kind untypischerweise durch Geschlechtsverkehr zwischen Ersatzmutter und Wunschvater gezeugt, so ist der Wunschvater der rechtliche Vater des Kindes, unabhängig davon, ob die Ersatzmutter verheiratet und ledig ist („Alternative Family Law – Children", abrufbar unter: http://www.alternativefamilylaw.co.uk/en/children/paternity-after- surrogacy.htm#10, zuletzt abgerufen am 30.10.2014).

Besondere Bedeutung haben die in Sec. 1 Adoption and Children Act 2002[856] aufgezählten Punkte, die ursprünglich für Adoptionsverfahren gedacht waren, nun aber durch Sec. 2 iVm. Schedule 1 Human Fertilisation and Embryology (Parental Orders) Regulations 2010[857] ebenfalls Anwendung auf die „parental order" im Rahmen von Ersatzmutterschaften nach Sec. 54 HFEA 2008 finden. Die Anwendbarkeit des Sec. 1 (2) ACA 2002 seit 2010 führt dazu, dass das Kindeswohl an Bedeutung gewonnen hat, indem es nicht nur als „court's first consideration", sondern vielmehr „paramount consideration" zu sein hat[858].

Eine Kernerwägung bei der Entscheidung des Gerichts über die Übertragung der Elternschaft von der Ersatzmutter auf die Wunscheltern ist der des Kindeswohls („The paramount consideration of the court or the adoption agency must be the child's welfare, throughout his life", Sec. 1 (2) ACA 2002). Zur Einschätzung des Kindeswohls ist eine Gesamtbetrachtung unter Berücksichtigung der Bedürfnisse des Kindes und der zu erwartenden Auswirkungen der „parental order" unerlässlich (Sec. 1 (4) und (6) ACA 2002). Grundsätzlich geht aus Sec. 2 SAA 1985 hervor, dass im Ausland geschlossene kommerzielle Ersatzmutterschaftsvereinbarungen keine Straftat darstellen („No person shall on a commercial basis do any of the following acts in the United Kingdom."). Von elementarer Bedeutung für die Anordnung einer „parental order" ist diese Regelung, weil danach kommerzielle Ersatzmutterschaftsvereinbarungen, die im Ausland geschlossen werden, grundsätzlich mit Sec. 54 HFEA 2008 vereinbar sind und nicht gegen die „public policy" verstoßen[859]. Hinter dieser Anwendungsübertragung steckt der Versuch des Gesetzgebers, ein Gleichgewicht zwischen der Anerkennung der der Ersatzmutter wegen der Schwangerschaft entstehenden Kosten und der Verhinderung der kommerziellen Ersatzmutterschaft herzustellen[860].

Geht die vereinbarte Leistung über die „reasonable expenses" hinaus und wurde eine kommerzielle Ersatzmutterschaft im Ausland durchgeführt, so gilt aufgrund von Sec. 2 (1) SAA 1985, dass unter Einhaltung der entsprechenden Voraussetzung der Sec. 54 HFEA 2008 und der „public policy" eine „parental order"-Anordnung

---

856 Nachfolgend mit ACA 2002 abgekürzt. (Adoption Children Act, abrufbar unter http://www.legislation.gov.uk/ukpga/2002/38/section/1, zuletzt abgerufen am 30.10.2014).

857 The Human Fertilisation and Embryology (Parental Orders) Regulations 2010, abrufbar unter http://www.legislation.gov.uk/uksi/2010/985/pdfs/uksi_20100985_en.pdf, zuletzt abgerufen am 30.10.2014.

858 Re L (A child) (Parental Order: Foreign Surrogacy) (2010) EWHC 3146 (Fam) (2011) Fam. 106, paragraph 4; Die Anordnung der Anwendung der ACA 2001- Vorschriften auf Sec. 54 HFEA 2008 durch The Human Fertilisation and Embryology (Parental Orders) Regulations 2010, SI 2010/985 führt dazu, dass das Gericht bei jeder Sec. 54 HFEA 2008-Entscheidung das Kindeswohl als „paramount consideration" anzusehen und die „welfare checklist" zu prüfen hat.

859 *Hayden/Allman/Greenan/Nhinda- Latvio/Penna,* S. 48, Rn. 3.20.

860 *Hayden/Allman/Greenan/Nhinda- Latvio/Penna,* S. 50, Rn. 3.24.

getroffen werden kann, wenn eine kommerzielle Ersatzmutterschaft im Ausland vereinbart und das Kind nach Geburt von den Wunscheltern in das Vereinigte Königreich geholt wurde. Gesondert zu prüfen ist das Vorliegen des Kindeswohls („child's welfare"), das gemäß Sec. 1 (2) ACA 2002 von höchster Priorität („paramount consideration") ist.

Es besteht die Möglichkeit, dass das Gericht die Bezahlung der Ersatzmutter nachträglich genehmigt. Eine solche „retrospective authorisation" wurde in mehreren gerichtlichen Entscheidungen für rechtlich zulässig erklärt[861].

e) Der „parental order"-Prozess in der Praxis

Nachdem die Wunscheltern den Antrag der „parental order"- Anordnung (form C51) beim Family Proceedings Court gestellt haben (Rule 21D Family Proceedings Courts (Children Act 1989) (Amendment) (No. 2) Rules 2010)[862], wird vom Gericht aus bei Cafcass[863] die Anfrage gestellt, einen Family Court Advisor zum Parental Order Reporter[864] (POR) zu ernennen (Rule 21H (c) FPC 2010). Der POR hat dem Gericht ein Gutachten vorzulegen, in dem eine Prognose darüber getroffen wird, ob die Anordnung dem Kindeswohl entspricht. Im Rahmen der Gutachtenerstellung ist zu berücksichtigen, ob die Voraussetzungen des Sec. 54 HFEA 2008 (Rule 21JF (2) (a) FPC 2010) und die Kindeswohl-Checkliste („welfare checklist") der Sec. 1 Adoption and Children Act 2002 eingehalten wurden (Rule 21JF (2) (c) FPC 2010). Ferner ist der POR für das Vorliegen aller erforderlichen Dokumente verantwortlich (Rule 21I FPC 2010) Die Cafcass nimmt somit in ihrer Beraterfunktion für das Gericht eine Schlüsselrolle hinsichtlich der Entscheidung zur „parental order" ein[865].

f) Die Wirkung der „parental order"

Bei Vorliegen der Voraussetzungen kann das Gericht gemäß Sec. 54 (1) HFEA 2008 durch Erlass einer „parental order"- Anordnung das Kind rechtlich den Antragstellern und damit den Wunscheltern zuordnen. Die Folge ist die Entbindung der Ersatzmutter von der rechtlichen Verantwortlichkeit hinsichtlich des Kindes und die Festsetzung des Status der Wunscheltern als die rechtlichen Eltern. Nach Schedule 2 Human Fertilisation and Embryology (Parental Orders) Regulations 2010 kommt Sec. 1 (2) ACA 2002 zur Anwendung auf die „parental order", so dass nach der

---

861 So auch in Re C (Mr. And Mrs. X) EWHC 157 (Fam), (2002) 1 FLR 909; Re X and Y (Foreign Surrogacy) (2008) EWHC 3030 (Fam).

862 The Family Proceedings Court (Children Act 1989) (Amendment) (No. 2) Rules 2010, aufrufbar unter http://www.legislation.gov.uk/uksi/2010/1065/made, zuletzt abgerufen am 30.10.2014; Nachfolgend abgekürzt mit FPC 2010.

863 Cafcass steht für Children and Family Court Advisory and Support Service.

864 Nach der Definition gemäß Rule 21JF (1) des FPC 2010 handelt es sich beim POR um eine ernannte Person, die die Pflicht trifft, für die Einhaltung der Interessen des Kindes zu sorgen.

865 Kritisch hierzu: *Harne*, The Operation of the Family Courts, S. 118.

Anordnung einer „parental order“ sowohl die rechtliche Elternschaft als Status als auch die Elternrechte auf die Wunscheltern übergehen (Sec. 46 (2) (a) ACA 2002 über Sec. 2 iVm. Schedule 1 Human Fertilisation and Embryology (Parental Orders) Regulations 2010).

Handelt es sich um ein heterosexuelles Paar, das in einer wirksamen Ehe oder einer dauerhaften familiären Beziehung lebt, so wird der Wunschvater zum rechtlichen Vater des Kindes und die Wunschmutter zur rechtlichen Mutter des Kindes erklärt, es sei denn, die Ersatzmutter ist unverheiratet.

Beim homosexuellen Paar in einer „civil partnership“ (zivilen Partnerschaft) besteht seit dem HFEA 2008 die Möglichkeit, beide Partner im Wege einer „parental order“ (Elternbestimmung) als rechtliche Eltern des Kindes anzuerkennen. Wird dem Antrag zweier Männer auf eine „parental order“ stattgegeben, hat das Kind anstatt einer Mutter einen zweiten männlichen Elternteil.

Da Sec. 42 HFEA bereits die Abstammung des Kindes, ausgetragen von einer Frau in einer „civil partnership“, regelt, findet die „parental order“ vorrangig Anwendung in Fallkonstellationen, in denen eine Frau für ein schwules Paar in einer „civil partnership“ oder für ein lesbisches Paar, bei denen beide Frauen nicht in der Lage sind, ein Kind auszutragen, als Ersatzmutter fungiert.

Innerhalb von 42 Tagen nach der Geburt muss das in England neugeborene Kind in das Geburtsregister eingetragen werden. Die Namen der Ersatzmutter als rechtliche Mutter und des rechtlichen Vaters werden hierzu in das Register eingetragen (Sec. 1 und 2 Births and Deaths Registration Act 1953) und es wird eine entsprechende Geburtsurkunde ausgestellt (Sec. 12 Births and Deaths Registration Act 1953). Ein zentrales öffentliches Register für „parental order“ existiert nicht[866]. Eine neue Geburtsurkunde mit den Namen der Wunscheltern wird erst mit der Anordnung der „parental order“ ausgestellt. Im „Parental Order Register“ werden alle entschiedenen „parental order“ unter der Zuständigkeit des Registrar General gesammelt (Sec. 77 (1) ACA 2002 über Sec. 2 iVm. Schedule 1 Human Fertilisation and Embryology (Parental Orders) Regulations 2010. Dieses Register ist ferner mit dem Geburtsregister verbunden. Sobald eine „parental order“-Anordnung gerichtlich getroffen wird, wird vom Registrar General eine Anmerkung „Re-registered by the Registrar General“ Sec. 79 (1) ACA 2002 über Sec. 2 iVm. Schedule 1 Human Fertilisation and Embryology (Parental Orders) Regulations 2010 eingetragen.

Wenn der Wunschvater schon vorher als rechtlicher Vater eingetragen war, wird nur der Name der rechtlichen Mutter ausgetauscht. Die Originalurkunde wird auch bei Neuausstellung einer Geburtsurkunde mit den Namen der Wunscheltern nicht vernichtet. Die neu ausgestellte Geburtsurkunde tritt an die Stelle der Originalurkunde[867]. Mit Erreichen des 18. Lebensjahres wird nach Sec. 80 (3) und (5) ACA

866 *Morgan*, Surrogate Motherhood – International Perspectives, S. 83.

867 Cambridgeshire, County Council, abrufbar unter http://www.cambridgeshire.gov.uk/info/20101/births/486/registering_a_birth_aft er_fertility_or_surrogacy, zuletzt abgerufen am 11.12.2014.

2002 über Sec. 2 iVm. Schedule 1 Human Fertilisation and Embryology (Parental Orders) Regulations 2010 dem Kind die Möglichkeit gegeben, sich eine Kopie der Originalurkunde ausstellen zu lassen.

g) Ein alternativer Weg zur Übernahme der Verantwortung für das Kind

Ändert die Ersatzmutter ihre Meinung über die Übergabe des Kindes und die Einwilligung in die „parental order", wird dem genetisch mit dem Kind verwandten Wunschvater die Möglichkeit eingeräumt, einen Antrag auf die Anordnung einer „residence order" gemäß Sec. 10 (5) (a) Children Act 1989 zu stellen[868].

Bei der „residence order" handelt es sich um eine Anordnung, mit der gerichtlich entschieden wird, bei wem das Kind leben soll. Es ändert sich jedoch nichts an der rechtlichen Zuordnung des Kindes. Mit der Anordnung der „residence order" wird auch die „parental responsibility" (elterliche Verantwortung) verliehen. Wird den Wunscheltern eine „residence order" erteilt, wird die elterliche Sorge („parental responsibility") mit der Ersatzmutter geteilt (Sec. 12 Children Adoption Act 1989).

6. Staatsangehörigkeitsbestimmung bei einer im Inland durchgeführten Ersatzmutterschaft

Die Staatsangehörigkeit richtet sich nach dem am 01.01.1983 in Kraft getretenen British Nationality Act 1981[869]. Gemäß Sec. 1 (a) BNA 1981 ist britischer Staatsangehöriger („British Citizen"), wessen Mutter oder Vater zum Zeitpunkt seiner Geburt die britische Staatsangehörigkeit besitzt. Wer als die rechtlichen Eltern des Kindes nach dem BNA 1981 zu beurteilen ist, richtet sich nach Sec. 50 (9) bis (9C) BNA 1981. Gemäß Sec. (50) BNA 1981, übereinstimmend mit Sec. 33 (1) HFEA 2008, ist die austragende Frau die rechtliche Mutter des Kindes. Bei der Bestimmung des Vaters ergibt sich ein Unterschied zu den Regelungen des HFEA 2008, da nach Sec. 50 (9) 1981 BNA unabhängig von der Art der Empfängnis der genetische Vater der rechtliche Vater des Kindes ist, wenn es sich um eine verheiratete Ersatzmutter handelt.

Da die Anordnung einer „parental order" voraussetzt, dass die Ersatzmutter britische Staatsangehörige zu sein hat, ist das Kind in der Regel britischer Staatsbürger gemäß Sec. 1 (a) BNA 1981, wenn es im Rahmen einer Ersatzmutterschaft im Vereinigten Königreich, auf den Kanalinseln oder der Isle of Man geboren wurde.

---

868 So auch entschieden in CW v NT, TT (a child, by her guardian Joanne Farnswortg) (2011) EWHC 33 (Fam) 2011 WL 1654, paragraph 18. In dieser Entscheidung wurde aufgrund von Kindeswohlerwägungen zugunsten des Wunschvaters geurteilt.

869 Nachfolgend mit BNA 1981 abgekürzt. Davor galten die British Nationality Acts 1948–1965.

7. Staatsangehörigkeitsbestimmung bei einer im Ausland durchgeführten Ersatzmutterschaft

Wurde die Ersatzmutterschaft im Ausland durchgeführt, wird es rechtlich komplizierter. Zahlreiche englische Paare suchen sich eine im indischen, kalifornischen oder ukrainischen Ausland lebende Ersatzmutter.

Die Gründe für das Ausweichen auf das Ausland sind vielfältig[870]. Bedingt durch die gesetzlichen Rahmenbedingungen, sind die Wartelisten für Wunscheltern, die sich bei den gemeinnützigen Organisationen wie COTS und Surrogacy UK anmelden, lang und die Wartezeit ist dementsprechend lang. So hat COTS verkündet, auf unbestimmte Zeit keine neuen Wunscheltern als Mitglieder aufzunehmen und somit auch nicht den Kontakt zu potentiellen Ersatzmüttern herzustellen[871].

Ob das im Ausland von einer Ersatzmutter ausgetragene Kind die britische Staatsangehörigkeit besitzt, ist abhängig davon, ob die Ersatzmutter verheiratet und ob der Wunschvater der genetische Vater des Kindes ist.

Handelt es sich bei der im Ausland lebenden Ersatzmutter um eine verheiratete Frau ohne britische Staatsangehörigkeit, steht weder der Mutter noch dem Vater, der gemäß Sec. 50 (9) BNA 1981 der Ehemann der Ersatzmutter ist, die britische Staatsangehörigkeit zu und folglich nach Sec. 2 (a) BNA 1981 auch nicht dem Kind[872].

Für die Einreise des Kindes muss ein Antrag auf Registrierung des Kindes als britischer Staatsangehöriger gemäß Sec. 3 (1) BNA 1981[873] gestellt werden. Diese Regelung ermöglicht es Minderjährigen, die nicht automatisch nach Sec. 2 (a) BNA 1981 die britische Staatsangehörigkeit erlangen, nach Ermessen des Home Office[874] diese erteilt zu bekommen[875]. Hierzu muss das Ministerium davon überzeugt sein, dass mindestens ein Wunschelternteil die britische Staatsbürgerschaft besitzt (Sec. 3 (3) (a) BNA 1981), die Ersatzmutter und ihr Ehemann eingewilligt haben und die Wunscheltern nach britischem Recht die Eltern des Kindes sind.

Die „parental order" wird ausschließlich unter der Voraussetzung erteilt, dass mindestens ein Wunschelternteil eine genetische Verwandtschaft zum Kind aufweist. Unter der hypothetischen Annahme, dass das Kind von der Wunschmutter geboren worden wäre, müsste dem Kind entweder die britische Staatsangehörigkeit nach Sec.

870 *Gamble*, September 2012 International Family Law, 308, 308.

871 Abrufbar unter http://www.surrogacy.org.uk/About_COTS.htm, zuletzt abgerufen am 30.10.2014.

872 Es sei denn, es liegt der unwahrscheinliche Fall vor, dass die im Ausland lebende Ersatzmutter oder ihr Ehemann die britische Staatsangehörigkeit besitzen.

873 Foreign & Commonwealth Office, Surrogacy Overseas Gov. UK, S. 3, abrufbar unter https://www.gov.uk/government/uploads/system/uploads/attachment_data/file/324487/Surrogacy_overseas updated_June_14_.pdf, zuletzt abgerufen am 30.10.2014.

874 Das ist die Bezeichnung für das britische Innenministerium.

875 In the matter of X and Y (Children) (2011) EWHC 3147 (FAM) 2011 WL 5903077, paragraph 21.

1 (1) oder Sec. 2 (1) BNA 1981 oder ein Anspruch auf Registrierung nach Sec. 1 (3) oder Sec. 3 (2) oder 3 (5) BNA 1981 zustehen. Steht nicht der Vater, sondern die Wunschmutter mit dem Kind in genetischer Verbindung, so hat vom Gericht eine „parental order" nach Sec. 54 HFEA 2008 zugunsten der Wunscheltern angeordnet zu werden[876].

Besteht die genetische Verwandtschaft zwischen Kind und Wunschmutter, ist dieses Verfahren unabhängig vom Status der Ersatzmutter einzuhalten, um für das Kind die britische Staatsbürgerschaft zu erhalten[877]. Ausreichend ist meist die Antragstellung für eine „parental order" und die Darlegung, dass die Anordnung als wahrscheinlich gilt bzw. die Einreise des Kindes zwecks Antragstellung einer „parental order" dient[878].

Anders beurteilt sich die Rechtslage, wenn die Ersatzmutter nicht verheiratet und auch nicht mit einer anderen Frau in einer der eingetragenen Lebenspartnerschaft vergleichbaren rechtlichen Beziehung lebt. Vorausgesetzt, der Wunschvater ist der genetische Vater des Kindes und ist britischer Staatsbürger durch Abstammung („by decent") im Zeitpunkt der Geburt des Kindes, ergibt sich für das Kind die britische Staatsangehörigkeit aus Sec. 2 (a) BNA 1981. Erforderlich ist die Erbringung des Nachweises über die genetische Verwandtschaft des Wunschvaters mit dem Kind.

Zwar ist die Einreise des Kindes in dieser Konstellation in der Regel rechtlich unkompliziert, dennoch wird von offizieller Stelle die Kontaktaufnahme mit der Britischen Botschaft vor Geburt des Kindes angeraten[879].

Hinsichtlich der Agenturen, die auf einer non-profit-Basis beide Parteien bei der Organisation der Ersatzmutterschaft unterstützen, handelt es sich um einen unregulierten Sektor. Hierdurch bedingt variiert auch die Qualität der von den Organisationen angebotenen Dienstleistungen[880].

II. Von der Family Division entschiedene Präzedenzfälle

1. *Re X and Y (Foreign Surrogacy) (2008)*

Dieser Entscheidung lag der Sachverhalt zugrunde, dass ein englisches Paar eine Ersatzmutterschaft in der Ukraine bei einer verheirateteten, ukrainischen Ersatzmutter in Auftrag gegeben hatten. Dieser wurde eine mit der Spermazelle des englischen

876 Home Office, UK Border, Inter-Country Surrogacy And Immigration Rules, Agency http://www.ukba.homeoffice.gov.uk/sitecontent/documents/residency/Intercountry-surrogacy-leaflet, § 44 (zuletzt besucht am 30.10.2014); So auch entschieden in Re IJ (A Child) (2011) EWHC 921 (Fam) 2011 WL 1151441, paragraph 1.

877 Home Office, UK Border, Inter-Country Surrogacy And Immigration Rules, Agency, § 29.

878 Home Office, UK Border, Inter-Country Surrogacy And Immigration Rules, Agency, § 41; Re IJ (A Child) (2011) EWHC 921 (Fam) 2011 WL 1151441, paragraph 11.

879 Home Office, UK Border, Inter-Country Surrogacy And Immigration Rules, Agency, § 48.

880 *Hayden/Allman/Greenan/Nhinda-Latvio/Penna,* S. 54.

Wunschvaters befruchtete Eizelle einer Eizellspenderin eingepflanzt. Zwischen den Parteien wurde die Vereinbarung getroffen, dass die ukrainische Ersatzmutter während der Schwangerschaft monatlich einen Betrag von 234 Pfund und nach Austragung des Kindes weitere 25.000 Pfund erhält.

Der gezahlte Betrag sollte nicht lediglich zur Deckung ihrer durch die Schwangerschaft entstehenden Kosten dienen, sondern war ebenfalls zur Anzahlung der von der Ersatzmutter und ihrem Ehemann gekauften Wohnung vorgesehen. Das Kind wurde nach seiner Geburt den Wunscheltern ausgehändigt, die in die ukrainische Geburtsurkunde eingetragen wurden. Die Einreise mit dem Kind nach England wurde den Wunscheltern erst erlaubt, als ein DNA-Test die genetische Verbindung des Wunschvaters zum Kind bestätigte. In England angekommen, beantragten sie eine „parental order".

Der Richter *Hedley* entschied, dass kein Verstoß gegen die „public policy" vorliegt und eine rückwirkende, gerichtliche Genehmigung bei Vorliegen dreier Bedingungen erfolgen darf[881].

Zum einen dürfe die an die Ersatzmutter geleistete Zahlung im Vergleich zu den erlaubten „reasonable expenses" nicht unverhältnismäßig hoch sein („was the sum paid disproportionate to reasonable expenses?")[882]. Zur Ermittlung der Antwort seien das jeweilige Land, in dem die Ersatzmutterschaft vollzogen wird, und die dortigen Lebenshaltungskosten miteinzubeziehen[883].

Zum anderen sei zu erfragen, ob die Wunscheltern im guten Glauben und ohne moralisch verwerflichen Umgang mit der Ersatzmutter gehandelt haben („were the applicants acting in good faith and without „moral taint" in their dealings with the surrogate mother?"). Die Wunscheltern dürfen ferner in keiner Weise an einem Betrugsversuch gegenüber einer Behörde teilgenommen haben („were the applicants party to any attempt to defraud the authorities?")[884]. Nicht ohne Bedenken erließ

881 Re X and Y (Foreign Surrogacy) (2008) EWHC 3030 (Fam), Fam Div., paragraph 17, 18. Genauso urteilte Richter *Hedley* in RE IJ (a child) (overseas surrogacy: parental order) (2011) EWHC 921 (Fam), Fam Div. Ähnlich entschied die Richterin *Theis* in P-M (Parental Order: Payments to Surrogacy Agency) (2013) EWHC 2328 (Fam), Fam Div. Entwickelt wurde der Grundsatz der rückwirkenden Genehmigungsfähigkeit von Geldleistungen von Richter *Latey* in Adoption Application (Payment for Adoption) (1987) Fam 81, (1987) 3 WLR 31, (1987) 2 FLR 291 im Zusammenhang mit Adoptionen. Erstmalig auf Ersatzmutterschaftskonstellationen übertragen, wurde sie durch Richter *Wall* in Re C (Mr. And Mrs. X) EWHC 157 (Fam), (2002) 1 FLR 909.

882 Re X and Y (Foreign Surrogacy) (2008) EWHC 3030 (Fam), Fam Div, paragraph 21.

883 Re X and Y (Foreign Surrogacy) (2008) EWHC 3030 (Fam), Fam Div, paragraph 22. So liegt eine Überschreitung bei einer Bezahlung an eine indische Ersatzmutter bereits bei einem Betrag von 260.000 Rupees (umgerechnet 2.957 Pfund) vor (A & B v SA (2013) EWHC 426 (Fam) 2013 WL 617673, paragraph 30), während in England sogar bei der Zahlung von 4.500 Pfund zzgl. der Übernahme der medizinischen Behandlungskosten noch kein Überschreiten anerkannt wird (A, A v P, P, B (2011) EWHC 1738 (Fam) 2011 WL 2649357, Fam Div, paragraph 32).

884 Re X and Y (Foreign Surrogacy) (2008) EWHC 3030 (Fam), Fam Div, paragraph 21.

Richter *Hedley* die „parental order". Obwohl es zu einem für die Wunscheltern positiven Ergebnis kam, bewertete er den Prozess der nachträglichen Autorisation als höchst unbefriedigend („I find this process of authorisation most uncomfortable"). Wird in einem Fall der Ersatzmutterschaft ein Antrag auf Erlass einer „parental order" gestellt, ist keine Situation vorstellbar, in der das Kindeswohl nicht gefährdet ist („... it is almost impossible to imagine a set of circumstances in which by the time the case comes to court, the welfare of any child (particularly a foreign child) would not be gravely compromised ..."). Selbst die Versagung einer „parental order" führe zur Kindeswohlbeeinträchtigung („.. (at the very least) by a refusal to make an order.")[885]. Die Kinder wären ohne die Anordnung der „parental order" „eltern- und staatenlos geworden", da nach dem ukrainischen Recht nicht die ukrainische Ersatzmutter und ihr Ehemann, sondern die britischen Wunscheltern die gesetzlichen Eltern gewesen wären[886]. Im Ergebnis wurde in Re X and Y (Foreign Surrogacy) die Elternschaft trotz Vorliegen einer kommerziellen Ersatzmutterschaft durch die Anordnung einer „parental order" auf die Wunscheltern übertragen[887].

2. Re G (Surrogacy: Foreign Domicile) (2007)

In Re G (Surrogacy: Foreign Domicile)[888] hat ein Ehepaar, das die türkische Staatsangehörigkeit besitzt und in der Türkei seinen dauerhaften Wohnsitz hat, mit einer in England wohnhaften Ersatzmutter mit britischer Staatsangehörigkeit eine Ersatzmutterschaftsvereinbarung getroffen. Dabei wurden die türkischen Wunscheltern von der gemeinnützigen Agentur COTS im Vorfeld rechtlich falsch beraten. Die Falschberatung bestand darin, dass ihnen die Information erteilt wurde, einer „parental order" würde nach englischem Recht nichts im Wege stehen, obgleich es an der Voraussetzung der Sec. 54 (4) (b) HFEA 2008, des Wohnsitzes im Vereinigten Königreich, auf den Kanalinseln und der Isle of Man fehlte[889]. Bei der englischen Ersatzmutter handelte es sich um eine verheiratete Frau, die getrennt von ihrem Ehemann lebte. Dieser wurde über die Ersatzmutterschaft nicht in Kenntnis gesetzt. Der Ersatzmutter wurde eine ihrer eigenen Eizellen, befruchtet mit der Spermazelle des Wunschvaters, eingesetzt[890].

---

885 Re X and Y (Foreign Surrogacy) (2008) EWHC 3030 (Fam), Fam Div, paragraph 24.

886 Vgl.: *Theis/Gamble/Ghevaert*, Family Law 2009 Vol. 39 (239–243), Anm. zu Re X and Y (Foreign Surrogacy), 239, 239 f.

887 Re X and Y (Foreign Surrogacy) (2008) EWHC 3030 (Fam), Fam Div, paragraph 23; Ähnlich entschieden in Re IJ (a child) (overseas surrogacy: parental order) (2011) EWHC 921.

888 Re G (Surrogacy: Foreign Domicile) (2007) EWHC 2814 (Fam) 2007 WL 4610522, Fam Div.

889 Re G (Surrogacy: Foreign Domicile) (2007) EWHC 2814 (Fam) 2007 WL 4610522, Fam Div, paragraph 17.

890 Re G (Surrogacy: Foreign Domicile) (2007) EWHC 2814 (Fam) 2007 WL 4610522, Fam Div, paragraph 7 ff.

Nach der Geburt des Kindes stellten die Wunscheltern einen Antrag auf Anordnung einer „parental order“ nach Sec. 30 HFEA 1990 (Sec. 54 HFEA 2008). Die Ersatzmutter erteilte hierzu ihre Einwilligung. Der High Court of Justice Family Division lehnte die „parental order“ ab. Mit dem kurzzeitigen Aufenthalt der Wunscheltern in England sei das Kriterium der Sec. 30 (3) (b) HFEA 1990 (Sec. 54 (4) (b) HFEA 2008) nicht als erfüllt anzusehen. Im Ergebnis hat das Gericht den Wunscheltern die „parental responsibility" zugesprochen, um eine Adoption in der Türkei zu erleichtern[891]. Eine „parental order“ kann im Umkehrschluss auch an Wunscheltern mit nicht britischer Staatsangehörigkeit erteilt werden, solange mindestens ein Wunschelternteil im Vereinigten Königreich, auf den Kanalinseln oder der Isle of Man wohnhaft ist.

Ferner wurde entschieden, dass, wenn der Ehemann der Ersatzmutter keine Kenntnis von der Schwangerschaft der Ehefrau im Rahmen einer Ersatzmutterschaft hatte und weder die Möglichkeit, seine Einwilligung zu erteilen noch sie zu verweigern, weil das Ehepaar getrennt, aber nicht geschieden ist, bei entsprechender Beweislage der genetische Vater der rechtliche Vater des Kindes ist[892]. In einem solchen Fall sind noch vor Prozessauftakt alle möglichen Mittel zu ergreifen, um zu ermitteln, dass der Ehemann seine Einwilligung in die Ersatzmutterschaftsvereinbarung verweigert hat[893].

Hinsichtlich der Haftung bei einer Falschberatung durch die Agentur wurde entschieden, dass, wenn die Agentur, wie im vorliegenden Fall, aus ehrenamtlich Engagierten ohne juristische Ausbildung besteht, sich die Haftung auf einen Teil der entstandenen Gerichtskosten beschränkt[894]. Die Frage des Haftungsanteils ist unter Berücksichtigung der Gesamtumstände zu ermitteln. Agenturen und Anwälte, die im Ausland wohnende Wunscheltern beraten, trifft die Pflicht, sie darauf hinzuweisen, dass das Gericht gemäß Rule 110 The Family Procedure (Adoption) Rules 2005 ihnen die Gerichtskosten auferlegen kann[895].

3. Z, B v. C, Cafcass Legal as Advocate to the Court (2011)

Wann ein Wunschelternteil als wohnhaft nach Sec. 54 (4) (b) HFEA 2008 zu beurteilen ist, wurde von Richterin *Theis* in Z v C (Parental Order: Domicile) ent-

891 Re G (Surrogacy: Foreign Domicile) (2007) EWHC 2814 (Fam) 2007 WL 4610522, Fam Div, paragraph 15. Ähnlich wurde geurteilt in Re Q (A Child) (Parental Order): Domicile) (2014) EWHC 1307 (Fam), (2014) Fam Law 1256, Official Transcript, Fam Div.

892 Re G (Surrogacy: Foreign Domicile) (2007) EWHC 2814 (Fam) 2007 WL 4610522, Fam Div, paragraph 36, 37.

893 Re G (Surrogacy: Foreign Domicile) (2007) EWHC 2814 (Fam) 2007 WL 4610522, Fam Div, paragraph 52 e).

894 Re G (Surrogacy: Foreign Domicile) (2007) EWHC 2814 (Fam) 2007 WL 4610522, Fam Div, paragraph 23.

895 Re G (Surrogacy: Foreign Domicile) (2007) EWHC 2814 (Fam) 2007 WL 4610522, Fam Div, paragraph 52 f.).

schieden[896]. Das israelische, homosexuelle Wunschelternpaar hatte die Dienste einer Ersatzmutter in Indien in Anspruch genommen. Als den Zwillingen die Einreise nach Israel versagt wurde, wurde dies als Anlass für die Auswanderung genommen. In England stellte das Wunschelternpaar einen Antrag nach Sec. 54 HFEA, wobei das Gericht die Frage nach dem „domicile" des die israelische Staatsangehörigkeit besitzenden Wunschelternpaares zu klären hatte.

Bei der Beurteilung des „domicile" greift Richterin *Theis* auf die in Henwood v Barlow Clowes International Ltd. (In Liquidation)[897] entwickelten Grundsätze zurück, dass eine Person in dem Land „domiciled" ist, in dem sie ihr dauerhaftes Zuhause hat („A person is, in general, domiciled in the country in which he is considered by English law to have his permanent home.")[898] , wobei auf die Gesamtumstände („a finding as to domicile requires a careful evaluation of all the facts")[899] und das Motiv für die Wahl des Wohnsitzes abzustellen sei („in determining whether a person intends to reside permanently or indefinitely, the court may have regard to the motive for which residence was taken up, the fact residence was not freely chosen, and the fact that residence was precarios."[900])[901]. Der Wille, sich dauerhaft in England niederlassen zu wollen, müsse feststehen („The intention of residence must be fixed and and must be for the indefinite future.")[902] und sich auf unbestimmte Zeit erstrecken sowie sich aus den objektiven Umständen ergeben. Im vorliegenden Fall fand Berücksichtigung, dass das homosexuelle Paar in Israel sowohl seitens der eigenen Familien als auch der Gesellschaft wenig Akzeptanz erfahren hat, sie ihren Zwillingen englische Namen gegeben, in England vollständig neue Wohnungseinrichtung erworben,

896 Z, B v. C, Cafcass Legal as Advocate to the Court, (2011) EWHC 3181 (Fam) 2011 WL 6329332, Fam Div.

897 Barlow Clowes International Limited (in liquidation), Nigel James Hamilton, Micheal Anthony Jordan v Peter Stephen William Henwood (2008) EWCA Civ 577 2008 WL 2148114; *Dicey/ Morris/ Collins*, Dicey, Morris and Collins on The Conflict of Laws, Rn. 6–018.

898 Barlow Clowes International Limited (in liquidation), Nigel James Hamilton, Micheal Anthony Jordan v Peter Stephen William Henwood (2008) EWCA Civ 577 2008 WL 2148114, paragraph 8 (i).

899 Barlow Clowes International Limited (in liquidation), Nigel James Hamilton, Michael Anthony Jordan v Peter Stephen William Henwood (2008) EWCA Civ 577 2008 WL 2148114, paragraph 16.

900 Barlow Clowes International Limited (in liquidation), Nigel James Hamilton, Michael Anthony Jordan v Peter Stephen William Henwood (2008) EWCA Civ 577 2008 WL 2148114, paragraph 8 (viii) (Dicey, pages 144 to 151).

901 Z, B v. C, Cafcass Legal as Advocate to the Court, (2011) EWHC 3181 (Fam) 2011 WL 6329332, Fam Div, paragraph 13.

902 Barlow Clowes International Limited (in liquidation), Nigel James Hamilton, Micheal Anthony Jordan v Peter Stephen William Henwood (2008) EWCA Civ 577 2008 WL 2148114, paragraph 10.

ihr eigenes Geschäft aufgebaut haben und Steuern zahlen[903]. Die Beweislast liegt bei den Antragstellern[904].

Der Fall Z v C (Parental Order: Domicile) verdeutlicht, welche internationalen Dimensionen eine internationale Ersatzmutterschaft annehmen kann. Die Wunscheltern sind israelische Staatsangehörige, die eine indische Ersatzmutter beauftragten, diese mit einer Spendereizelle aus Südafrika haben befruchten lassen und nach Geburt der Zwillinge die Übertragung der Elternschaft in England beantragt haben[905].

4. *In the matter of X and Y (Children) (2011)*

Der Entscheidung In the matter of X and Y (Children)[906] lag der Sachverhalt zugrunde, dass ein englisches Ehepaar in Indien über eine indische Klinik in Neu-Delhi zwei verheiratete Ersatzmütter für die Austragung eines Kindes „vergütete". Beiden Ersatzmüttern wurden Eizellen von anonymen Spendern, befruchtet mit der Spermazelle des Wunschvaters, eingepflanzt, sodass genetische Zwillinge zur Welt kamen. Jede Ersatzmutter erhielt umgerechnet 3.015, 60 Pfund. Nach der Austragung der Kinder wurden sie den Wunscheltern übergeben. Zudem unterschrieben die Ersatzmütter ein Dokument, mit dem sie auf ihre Elternrechte verzichteten. Diese Verfügungen, die im Ausland getroffen wurden und die Elternrechte der gebärenden Mütter für erloschen erklären, erklärte Richter *Wall* für unwirksam, da nach englischem Recht eine „parental order" erforderlich sei. Nachdem den Kindern der britische Reisepass durch die britische Botschaft in Neu-Delhi ausgestellt worden war, traten sie die Rückreise nach England an, wo die Wunscheltern einen Antrag auf die Anordnung einer „parental order" stellten. Die „parental order" hat Richter *Wall* den Wunscheltern schließlich aus Kindeswohlerwägungen gewährt[907].

5. *A, A v P, P, B (2011)*

In A, A v P, P, B (2011) trafen englische Wunscheltern über eine in Indien ansässige Klinik eine kommerzielle Ersatzmutterschaftsvereinbarung mit einer indischen Ersatzmutter. Bei der Befruchtung wurden Spermazellen des Wunschvaters verwendet. Nach der Rückkehr der Wunscheltern mit dem Kind nach England verstarb der Wunschvater wenige Monate nach Antragsstellung zur Anordnung der „parental

---

903 Z, B v. C, Cafcass Legal as Advocate to the Court, (2011) EWHC 3181 (Fam) 2011 WL 6329332, Fam Div, paragraph 23.

904 A & B v SA (2013) EWHC 426 (Fam) 2013 WL 617673, paragraph 24.

905 Z, B v. C, Cafcass Legal as Advocate to the Court, (2011) EWHC 3181 (Fam) 2011 WL 6329332, paragraph 2.

906 In the Matter of X and Y (Children) (2011) EWHC 3147, 2011 WL 5903077, Fam Div.

907 In the Matter of X and Y (Children) (2011) EWHC 3147, 2011 WL 5903077, Fam Div, paragraph 38 f.

order“[908]. Richter *Theis* entschied, dass bei Vorliegen einer solchen Konstellation die „parental order“ auf den lebenden Antragsteller übertragen werden müsse, selbst wenn keine genetische Verbindung zum Kind besteht[909]. Anders beurteile sich die Rechtslage, wenn die Trennung bzw. der Tod zeitlich vor der Geburt des Kindes bzw. vor Antragsstellung eintritt. In einem solchen Fall könne kein Antrag auf die Anordnung einer „parental order“ gestellt werden[910].

C. Kritische Stellungnahme

Der britische Gesetzgeber hat einen gesetzlichen Rahmen für die Durchführung geschaffen, doch bleiben viele Fragen ungeklärt[911]. Es bleibt offen, welche rechtlichen Konsequenzen sich ergeben, wenn die Wunscheltern sich weigern, die Erstattung der „reasonable expenses“ zu leisten oder das Kind nach der Geburt zu übernehmen. Was soll mit dem Kind geschehen, wenn weder Ersatzmutter noch Wunscheltern es nach seiner Geburt haben wollen; beispielsweise, weil es eine Behinderung aufweist? Es könnte auch der Fall eintreten, dass die Ersatzmutter die Schwangerschaft abbrechen möchte und die Wunscheltern bereits Geld ausgegeben haben. Steht den Wunscheltern ein Schadensersatzanspruch zu?[912] Fraglich bleibt, wie verhindert werden kann, dass unter der Hand zusätzlich zu den „reasonable expenses“ der Ersatzmutter Geld zur Austragung des Kindes gezahlt wird.

Ungeklärt bleibt ebenfalls, wie es rechtlich um die Vaterschaft bestellt ist, wenn eine Spendersamenzelle verwendet wurde, die Ersatzmutter ledig ist und der Wunschvater seine Meinung über die Beantragung einer „parental order“ ändert und doch nicht Vater des Kindes sein möchte. Wird dem Kind in einem solchen Fall kein Vater und somit die Mutter als einziger rechtlicher Elternteil zugeordnet? Die Vaterlosigkeit des Kindes wäre die Konsequenz.

Ferner sind keinerlei rechtliche Regelungen zum Schutze des körperlichen Wohlbefindens der Mutter und des Kindes ersichtlich. Es könnten der Ersatzmutter theoretisch mehr als drei Embryonen in einem Behandlungszyklus eingesetzt werden, wodurch das Risiko einer Mehrlingsschwangerschaft steigt. Es wird weder eine medizinische Voruntersuchung noch ein Mindestalter der Ersatzmutter vorgeschrieben. Außerdem wäre es denkbar, dass eine Ersatzmutter sich mehrmals als Ersatzmutter zur Verfügung stellt. Auch wird die Hinzuziehung einer Ersatzmutter nicht auf medizinisch indizierte Fälle beschränkt und eröffnet somit die Möglichkeit, eine Ersatzmutter aus ästhetischen Gründen zu beauftragen.

---

908 A, A v P, P, B (2011) EWHC 1738 (Fam) 2011 WL 2649357, paragraphs 3 ff.
909 A, A v P, P, B (2011) EWHC 1738 (Fam) 2011 WL 2649357, paragraphs 6, 7, 31.
910 A, A v P, P, B (2011) EWHC 1738 (Fam) 2011 WL 2649357.
911 Ähnlich *Crawshaw/Blyth/van den Akker*, J. of Social Welfare and Fam. Law 2012, 267, 267.
912 Ähnliche Bedenken: *Bromley*, The Legal Aspects of Surrogacy Agreements, 1990, S. 22.

Die Anordnungsvoraussetzungen einer „parental order“ gemäß Sec. 54 HFEA 2008 dienen an erster Stelle dem Schutz von Ersatzmutter und Kind. Ein wesentliches Instrument hinsichtlich des Mutterschutzes stellen dabei die sechs Wochen Bedenkzeit dar.

Missbrauchsfälle sind jedoch dadurch vorprogrammiert, dass die Ersatzmutter nicht die britische Staatsangehörigkeit besitzen muss und dadurch die Gefahr besteht, dass aus dem Ausland Frauen ausschließlich zur Ersatzmutterschaft nach England gebracht werden. Eine neue Form des Menschenhandels könnte auch hier entstehen[913]. Zahlungen in Höhe der „reasonable expenses“, somit zur Deckung der angemessenen Unkosten, dürfen von den Wunscheltern erstattet werden. Das birgt die Gefahr, dass eine indirekte Art von kommerzieller Ersatzmutterschaft gefördert wird, indem Zahlungen unter dem Deckmantel der „reasonable expenses“ getätigt werden.

Vor allem bei Ersatzmutterschaftsvereinbarungen, die im Ausland durchgeführt werden, führt die rückwirkende Genehmigung der englischen Gerichte (fast) immer dazu, dass Zahlungen, die weit über die Deckung der „reasonable expenses“ hinausgehen, einer „parental order“ nicht entgegen stehen. Auf diese Weise wird die kommerzielle Ersatzmutterschaft im Ausland gefördert[914]. Selbst Richter, die die rückwirkende Genehmigung aufgrund von Kindeswohlerwägungen erteilen, äußern ihre Bedenken. Es erscheint einleuchtend, wenn Richter *Hedley* in seinem Urteil vorbringt, dass keine Fallkonstellation vorzustellen sei, in der für ein im Ausland von einer Ersatzmutter ausgetragenes Kind vor einem englischen Gericht eine „parental order“ beantragt wird und das Kindeswohl bei Ablehnung der Anordnung nicht gefährdet wäre[915].

Auch wenn es sich um eine kommerzielle Ersatzmutterschaft handelt, ist die Frage zu stellen, was mit dem Kind geschehen soll, wenn den Wunscheltern keine „parental order“ erteilt wird. Soll das Kind in einem solchen Fall der meistens in Armut lebenden Ersatzmutter zurückgegeben werden?

Dass das gesetzliche Gerüst der Verbesserung bedarf, spiegelt sich in der hohen Zahl an Wunscheltern wider, die trotz der gesetzlichen Zulassung altruistischer Ersatzmutterschaften nach englischem Recht im Ausland Ersatzmütter beauftragen[916]. Die Normen, die die Kommerzialisierung der Ersatzmutterschaft verhindern, sind in ihrer Reichweite auf das Gebiet des Vereinigten Königreichs beschränkt. Nicht zuletzt durch die Straflosigkeit der kommerziellen Ersatzmutterschaft im Ausland wird der Anreiz geschaffen, eine Ersatzmutter im Ausland auf kommerzieller Basis zu beauftragen, um anschließend in England eine „parental order“ für das Kind zu beantragen.

---

913 Ähnlich: *Crawshaw/Blyth/van den Akker*, The changing profile of surrogacy in the UK – implications for national and international policy and practice, J. of Social Welfare and Fam. Law 2012, S. 271, 273.

914 Ähnlich: *Steiner*, Angleterre, S. 46.

915 Re X and Y (Foreign Surrogacy) (2008) EWHC 3030 (Fam), paragraph 24.

916 Vgl.: *Crawshaw/Blyth/van den Akker*, J. of Social Welfare and Fam. Law 2012, S. 272.

D. Aktuelle Entwicklungen und Ergebnis

Die aktuellste Entwicklung ist im Bereich des Mutterschutzes zu verzeichnen. Derzeit besteht für die Wunscheltern nicht die Möglichkeit, nach Geburt des Kindes durch eine Ersatzmutter den Mutterschutz bis zu 52 Wochen in Anspruch zu nehmen (Sec. 4 Maternity and Parental Leave etc. 1999). Diese Regelung könnte sich mit einem Inkrafttreten des Gesetzesentwurfes „Children and Family Bill“[917] ändern[918].

Die Aufforderung des Richters *Hedley* an den Gesetzgeber, gesetzlich gegen die Ersatzmutterschaft mit ausländischem Bezug einzuschreiten, hat bisher keine Reformbestrebungen ergeben („Parliament is clearly entitled to legislate against commercial surrogacy and is clearly entitled to expect that the courts should implement that policy considerations in its decisions“)[919].

Der englische Gesetzgeber hat mit der Zulassung der altruistischen Ersatzmutterschaft und der Übertragung der rechtlichen Elternschaft durch die „parental order“ einen Mittelweg gefunden, bei dem kein ausnahmsloses Verbot der Ersatzmutterschaft vorgesehen ist. Dabei ist positiv zu bewerten, dass die Inanspruchnahme von Ersatzmutterschaften nicht allein verheirateten und heterosexuellen Wunscheltern vorbehalten bleibt und dass die Entwicklung des Marktes für den Handel mit Ersatzmüttern auf unterschiedlichsten Wegen zu verhindern versucht wird. Eine wesentliche Rolle spielt in diesem Zusammenhang der gerichtliche Übertragungsakt, der erst nach Geburt und einer angemessenen Bedenkzeit der Ersatzmutter erfolgen kann. Bedeutsam ist hier, dass nicht der Inhalt des von den Parteien Vereinbarten, sondern das Kindeswohl sowohl in der Rechtsprechung als auch nach kodifiziertem Gesetz den maßgeblichen Aspekt für die Übertragung der Elternschaft darstellt. Andererseits zeigt auch das englische Recht Schwachstellen auf. So führt die nachträgliche Genehmigung einer von über eine Aufwandsentschädigung hinausgehenden Zahlung an die im Ausland lebende Ersatzmutter zur Übertragung der Elternrechte, obwohl dadurch eine indirekte Form der Kommerzialisierung vorliegt. Zudem hat es der englische Gesetzgeber versäumt, eine Gesundheitsgefährdung der Ersatzmutter durch Schutzvorschriften zu vermeiden. Der Blick auf das englische Recht bietet den Vorteil, auf Erfahrungswerte von zwei Jahrzehnten im Umgang mit der Legalisierung der altruistischen Ersatzmutterschaft zurückgegreifen zu können. Sowohl hinsichtlich des Einflusses auf die Gesellschaft, der sich ergebenden Konflikte, als auch hinsichtlich des Umgangs der Judikatur mit dem Thema können diese Erfahrungswerte im Rahmen einer Gesetzesnovellierung in Deutschland von Bedeutung sein.

---

917 Sec. 75 H (18) Children and Families Bill, abrufbar unter http://www.publications.parliament.uk/pa/bills/cbill/2012-2013/0131/2013131.pdf, zuletzt abgerufen am 30.10.2014).

918 Der Gesetzesvorschlag zur Änderung der Bestimmungen für Wunschmütter wurde auf Initiative des MP *John Healey*, im April 2013 dem Parlament vorgelegt.

919 Re X and Y (Foreign Surrogacy) (2008) EWHC 3030 (Fam), paragraph 24; ähnlich: *Theis/Gamble/Ghevaert*, Anm. zu Re X and Y (Foreign Surrogacy), S. 243.

7. Kapitel: Rechtsvergleichende Betrachtung

Die Untersuchung der verschiedenen Rechtsordnungen hat gezeigt, dass den Problemen der Ersatzmutterschaften in sehr unterschiedlicher Weise Rechnung getragen worden ist. Der deutsche Gesetzgeber hat mit den Vorschriften des ESchG den strafrechtlichen Weg gewählt. Jegliche Form der Ersatzmutterschaft soll strafrechtlich unterbunden werden. Indien und Kalifornien dagegen eröffnen in unterschiedlichster rechtlicher Ausgestaltung auf zivilrechtlicher Ebene der Erfüllung des unerfüllten Kinderwunsches einen Weg. England wählt einen besonderen Weg der rechtlichen Regelung, die sowohl im Zivil- als auch im Strafrecht verankert ist.

A. Divergenzen und Gemeinsamkeiten

I. Form der vorgesehenen Legalisierung

Die gegenwärtige Rechtslage in Indien sieht kein Verbot der kommerziellen Ersatzmutterschaft vor, weshalb sie als rechtlich zulässig gilt. Das indische Recht würde bei einem Inkrafttreten der ART-Bill 2010 die Zulässigkeit der Ersatzmutterschaften auf die Tragemutterschaften beschränken. Die genetische Verbindung zum Kind dürfte weder zur Ersatzmutter noch zu ihrem Ehemann vorliegen. Des Weiteren könnten Wunscheltern nur in medizinisch indizierten Fällen eine Ersatzmutter beauftragen, womit Wunscheltern, die zur Verhinderung von kosmetischen Begleiterscheinungen einer Schwangerschaft eine Ersatzmutterschaft in Betracht ziehen, nicht erfasst wären.

Nach kalifornischem Recht kann eine Ersatzmutterschaft mit der eigenen Eizelle der Ersatzmutter in Auftrag gegeben werden[920], wobei sich die einzelnen Vorschriften des zum 01.01.2013 in Kraft getretenen Kapitels 7 des Family Code auf die Tragemutterschaft beziehen.

Der englische Gesetzgeber regelt sowohl Tragemutterschaften als auch Ersatzmutterschaften im engen Sinne. Es besteht kein Gesetz, welches festlegt dass Ersatzmutter und Kind keine genetische Verbindung aufweisen dürften.

Sollte sich der deutsche Gesetzgeber für die Legalisierung von Ersatzmutterschaften entscheiden, verdient in diesem Punkt die ART- Bill 2010 besondere Beachtung. Zum einen sollten ausschließlich Wunscheltern oder Wunschpersonen Ersatzmutterschaften in Anspruch nehmen können, die aus medizinischen und nicht aus ästhetischen Gründen kinderlos sind. Zum anderen sollte das Risiko der zu starken emotionalen Bindung der Ersatzmutter zum Kind, soweit wie möglich, minimiert werden, indem die Legalisierung der Ersatzmutterschaft im engen Sinne ausgeschlossen wird.

---

920 Kalifornien, Rn. 115; So auch in In re Marriage of Moschetta, 25 Cal. App.4th. 1218, 30 Cal. Rptr.2d 897.

II. Formvorschriften für die Ersatzmutterschaftsvereinbarung

Hinsichtlich der Form von Ersatzmutterschaftsvereinbarungen haben sich unterschiedliche Erfordernisse entwickelt. So sieht die indische ART-Bill 2010 keinerlei Formerfordernisse vor, sodass die Vereinbarung ebenfalls formlos wirksam ergehen könnte.

Das englische Recht gibt keine Anhaltspunkte für ein etwaiges Formerfordernis der Ersatzmutterschaftsvereinbarung selbst.

Strengere Voraussetzungen sieht das kalifornische Gesetz vor, wonach die Vereinbarung im Beisein der anwaltlichen Vertreter notariell beurkundet werden muss.

Hinsichtlich der Formvorschriften für Ersatzmutterschaftvereinbarungen lässt sich feststellen, dass grundsätzlich alle drei Rechtsordnungen lockere Regelungen treffen. In England lässt sich die fehlende Vorschrift damit erklären, dass die Übertragung der Elternrechte auf einem hoheitlichen Akt und nicht auf einer privatrechtlichen Vereinbarung beruht. Nicht nachvollziehbar ist insbesondere das fehlende Formerfordernis der ART-Bill 2010. Bereits eine mündlich geschlossene Ersatzmutterschaftsvereinbarung wäre ausreichend, um einen so bedeutungsvollen Akt wie den der Übertragung der Elternrechte einer Mutter zu erreichen. Dies erscheint vor dem Hintergrund des ethisch komplexen Sachverhalts völlig verfehlt. Ausbeutung und Missbrauch der Ersatzmutter sind vorprogrammiert.

Im Zuge einer Gesetzesnovellierung wäre es von herausragender Bedeutung, der Ersatzmutter die Tragweite ihrer Entscheidung vor Augen zu führen, indem eine privatrechtliche Vereinbarung über eine Ersatzmutterschaft ausgeschlossen und stattdessen ein dem englischen Recht ähnelnder Mechanismus anvisiert wird.

III. Kommerzielle und altruistische Ersatzmutterschaften

Während der deutsche Gesetzgeber sich sowohl gegen altruistische als auch gegen kommerzielle Ersatzmutterschaften entschieden hat, lassen sich in Indien, England und Kalifornien zwei unterschiedliche Herangehensweisen feststellen.

Das englische Recht stellt unter Zulassung von Ausnahmen die kommerzielle Form von Ersatzmutterschaften unter Strafe. Vermittlungstätigkeiten und Werbung von Agenturen, die Ersatzmutter und Wunscheltern zusammenbringen, wie auch damit zusammenhängende Vorbereitungs- und Teilnahmetätigkeiten sind von der Strafbarkeit erfasst. Ausgenommen von der Strafbarkeit sind die das Geld entgegennehmende Ersatzmutter und die Wunscheltern sowie gemeinnützige Organisationen, die Ersatzmutterschaften vermitteln, die nicht auf kommerzieller Basis beruhen.

In Kalifornien wurde bereits vor Kodifizierung des Ersatzmutterschaftsrechts durch zahlreiche Gerichtsurteile die rechtliche Zulässigkeit von Ersatzmutterschaften gegen Bezahlung festgelegt. Das am 01.01.2013 in Kraft getretene Gesetz sieht ausdrücklich eine Vergütung für die beteiligte Vermittlungsagentur vor, wobei kein bestimmter Betrag und ebenfalls keine bestimmte prozentuale Beteiligung der Agenturen dem Gesetz zu entnehmen sind. Für einen reibungslosen Ablauf der Übertragung des Geldes an Vermittlungsagentur und Ersatzmutter wird ein Verfahren unter Einbeziehung eines lizensierten Treuhänders durchgeführt.

Bei Inkrafttreten der ART-Bill 2010 würde in Indien die bereits durch den Präzedenzfall Baby Manji Yamada v. Union of India legal erklärte kommerzielle Ersatzmutterschaft kodifiziert werden.

Zur Frage der Durchsetzbarkeit der Ersatzmutterschaftsvereinbarung ergibt sich für das englische Recht die Nichtdurchsetzbarkeit solcher Verträge, während bei Inkrafttreten der ART-Bill 2010 in Indien die Durchsetzbarkeit vorgesehen wäre. Nach dem kalifornischen Family Code wird die Wirksamkeit der Ersatzmutterschaftsvereinbarung bei Einhaltung der gegebenen Vorschriften vermutet. Ein Widerruf oder eine Aufhebung des Vertrages ist nur auf gerichtlichem Wege zu erreichen. Bei Betrachtung der einschlägigen Präzedenzfälle fällt auf, dass der oberste kalifornische Gerichtshof bei der Tragemutterschaft gegen den Willen der Ersatzmutter die Elternschaft auf die Wunscheltern übertragen hat, aber in einem anderen Urteil bei Vorliegen der genetischen Verbindung des Kindes zur Ersatzmutter (Ersatzmutterschaft im engen Sinne) die Übertragung und damit die Durchsetzbarkeit abgelehnt hat. Es ist festzustellen, dass die kalifornische Rechtsprechung durch die Uneinheitlichkeit ihrer Entscheidungen geprägt ist.

Die Zulassung kommerzieller Ersatzmutterschaften in Indien und Kalifornien ist als Ausdruck ihres liberalen politischen Systems zu werten. Der wirtschaftliche Aspekt steht im Vordergrund, auch wenn die Konsequenz in diesem Fall ist, dass durch die Vorschrift der Weg für das Geschäft mit Ersatzmüttern und Kindern geebnet wird. Englands Gesetzgeber hat hingegen den pragmatischen Weg gewählt und sieht von einem gänzlichen Verbot von Ersatzmutterschaften ab.

Es ist zu betonen, dass im Rahmen einer Gesetzesnovellierung den Gesetzgeber die Pflicht trifft, kommerzielle Ersatzmutterschaften zu verbieten. Da selbst bei Beschränkung auf eine ausschließlich altruistische Ersatzmutterschaft das Risiko besteht, dass „unter der Hand" Geld an die Ersatzmutter oder Vermittlungsagenturen fließt, müssen Maßnahmen getroffen werden, die dieses Risiko verringern. Zudem sollte es nicht möglich sein, einer Ersatzmutter gegen ihren Willen das Kind aufgrund einer privatrechtlichen Vereinbarung, selbst bei fehlender genetischer Verbindung, wegzunehmen.

IV. Anforderungen an den Status der Wunscheltern

Hinsichtlich der Wunscheltern wird in den einzelnen Ländern kein bestimmtes Anforderungsprofil gestellt. Als einzig relevanter Punkt wird auf den Status der Wunscheltern eingegangen.

Kalifornien ermöglicht ledigen, verheirateteten, unverheirateten sowie auch homosexuellen Wunscheltern die Inanspruchnahme von Ersatzmüttern.

Ähnlich würde dieser Punkt durch das indische Recht geregelt werden, sollte die ART-Bill 2010 unverändert als Gesetz erlassen werden. Aufgrund der erst kürzlich eingeführten Visa-Auflagen, die homosexuellen Partnern und ledigen Paaren aus dem Ausland seit Sommer 2013 die Einreise zwecks Beauftragung einer indischen Ersatzmutter erschweren, erscheint diese Entwicklung als unwahrscheinlich.

Nach dem englischen Recht ist die Heirat oder die eingetragene Lebenspartnerschaft bei homosexuellen Paaren keine unabdingbare Voraussetzung. Vielmehr können die Wunscheltern auch Partner sein, die sich in einer dauerhaften familiären Beziehung befinden.

Die Anforderungen in diesem Bereich ähneln sich in den miteinander verglichenen Rechtsordnungen. Dem deutschen Gesetzgeber ist zu empfehlen, sowohl miteinander verheirateten Wunscheltern und Partnern einer eingetragenen Lebensgemeinschaft als auch ledigen Einzelpersonen die Inanspruchnahme von Ersatzmutterschaften zu gestatten.

V. Rechtliche Zuordnung des Kindes und die Möglichkeit der Statuskorrektur

Mit der Einführung des § 1591 BGB fällte der deutsche Gesetzgeber seine Entscheidung über die Feststellung der Mutterschaft zugunsten der austragenden Mutter. Im Gegensatz zu den Rechtsordnungen in Indien, England und Kalifornien sieht das BGB, abgesehen von der Möglichkeit der Adoption, keine Möglichkeit der Statuskorrektur vor. Die Mutterschaft kann somit auch bei genetischer Verwandtschaft des Kindes zu einer anderen als der austragenden Frau nicht anerkannt oder gerichtlich festgestellt werden, wie es bei der Vaterschaft ermöglicht wird.

1. Originäre Elternschaft der Wunscheltern

a) Zuordnung vor Geburt des Kindes („pre-order“) – Kalifornien

Seit Inkrafttreten des neuen Ersatzmutterschaftsrechts in Kalifornien am 01.01.2013 können Wunscheltern die abstammungsrechtliche Zuordnung des Kindes gerichtlich durch Antrag beim zuständigen Gericht bereits vor Geburt des Kindes herbeiführen. Ebenso kann die Zuordnung erst nach der Geburt erfolgen.

b) Zuordnung nach Geburt des Kindes – Indien

Nach der ART-Bill 2010 wären nach indischer Rechtslage die Namen der Wunscheltern nach Geburt des Kindes in die Geburtsurkunde einzutragen, wobei aufgrund der sich widersprechenden Regelungen in Sec. 34 (10) und Sec. 35 (7) bei Verwendung von Spendergameten die Rechtslage unklar wäre. Aus den Entwürfen ergibt sich nicht die Möglichkeit der vorzeitigen Beantragung der Übernahme der Elternschaft durch Wunscheltern. Die Beteiligung des Gerichts wird rechtlich nicht vorgesehen.

2. Die derivative Elternschaft im Wege der Statuskorrektur („parental order") – England

Englands Gesetzgeber hat sich gegen die originäre Bestimmung der Wunscheltern als rechtliche Eltern entschieden. Durch die Wartefrist von sechs Wochen wird der Ersatzmutter Bedenkzeit eingeräumt, bevor sie den Antrag zur Anordnung der Übertragung der Elternschaft („parental order") unterzeichnet. Erlassen wird die „parental order" vom zuständigen Gericht.

3. Kritische Stellungnahme

Die drei Rechtsordnungen bieten hinsichtlich des Status drei unterschiedliche Wege der Korrektur. Die Lösungsansätze in Kalifornien und Indien sollten nicht als Maßstab für den deutschen

Gesetzgeber dienen, da sie bereits vor Geburt des Kindes die Elternrechte übertragen, ohne die endgültige Entscheidung der Mutter nach der Geburt abzuwarten. Absolut abzulehnen ist der Weg, den die ART-Bill 2010 beschreitet. Allein auf Grundlage der privatrechtlichen Vereinbarung wird die rechtliche Elternschaft vor bzw. unmittelbar nach der Geburt auf die Wunscheltern übertragen.

Es ist zu betonen, dass der Grundsatz des § 1591 BGB zu befürworten ist. Selbst bei Legalisierung von Ersatzmutterschaften sollte weiterhin die austragende Mutter zunächst auch die rechtliche Mutter sein. Zur Korrektur könnte die „parental-order"-Lösung der englischen Rechtsordnung hinzugezogen werden, die eine ausgewogene Lösung bietet.

VI. Schutzvorschriften zugunsten der einzelnen beteiligten Parteien

Aufgrund der derzeit fehlenden gesetzlichen Vorschriften in Indien können bei Ersatzmüttern grundsätzlich medizinische Behandlungen ohne Rücksicht auf die gesundheitlichen Risiken und Nebenwirkungen durchgeführt werden. Anforderungen und Begrenzungen zu bestimmten medizinischen Maßnahmen würden sich erst mit der ART- Bill 2010 ergeben. Vergleichbar mit dem deutschen Recht, würde eine „Dreier-Regel" eingeführt werden[921], nach der einer Ersatzmutter zur Verhinderung von Mehrlingsschwangerschaften während eines Befruchtungs-Behandlungszyklus höchstens drei Embryonen bzw. Eizellen übertragen werden dürfen. Dabei ist nach drei fehlgeschlagenen Behandlungszyklen für das gleiche Wunschelternpaar von einer weiteren Behandlung abzusehen. Eine Ersatzmutter darf zudem höchstens drei Kinder im Rahmen einer Ersatzmutterschaftsvereinbarung zur Welt gebracht haben.

Es darf keine Frau unter 21 Jahren und über 45 Jahren und keine, die bereits mehr als fünf Lebendgeburten, einschließlich der eigenen Kinder, hinter sich hat, als

921 § 1 Abs. 1 Nr. 4 ESchG.

Ersatzmutter fungieren. Bevor es zur Anwendung der assistierten Reproduktionsmedizin kommt, ist die als Ersatzmutter in Frage kommende Frau auf übertragbare Infektionskrankheiten zu untersuchen.

Weder der kalifornische noch der englische Gesetzgeber hat sich um vergleichbare Regelungen zur Sicherstellung der physischen und psychischen Gesundheit der Ersatzmutter, der Wunscheltern oder des Kindes bemüht. In diesem Bereich könnten die ART-Bill 2010- Regelungen im Rahmen einer Gesetzesnovellierung dem deutschen Gesetzgeber von Nutzen sein. Insbesondere werden durch die Vorschriften relevante medizinische Aspekte aufgezeigt, die regelungswürdig sein könnten und die sich nicht auf den ersten Blick erschließen.

VII. Rechte und Ansprüche der einzelnen beteiligten Parteien

1. Rechte und Ansprüche der Ersatzmutter

Mit der ART-Bill 2010 würde der indischen Ersatzmutter gegen die Wunscheltern ein Anspruch auf Abschluss einer Krankenversicherung für den Zeitraum der Schwangerschaft und der Zeit unmittelbar danach bis Abklingen aller mit der Schwangerschaft verbundenen Beschwerden zustehen. Zudem kann sie von den Wunscheltern die Abnahme des Kindes verlangen, wenn diese aufgrund einer Behinderung des Kindes oder aus sonstigen Gründen Zweifel äußern. Unklar bleibt, ob der Ersatzmutter weitergehende Rechte wie das eines Abtreibungsrechts zusteht. Weder das kalifornische noch das englische Recht sehen vergleichbare Rechte der Ersatzmutter vor.

Im Rahmen einer Gesetzesnovellierung des deutschen Rechts sollte die von der ART-Bill 2010 geregelte Pflicht zur Annahme des Kindes durch die Wunscheltern Berücksichtigung finden. Wunscheltern sollte nicht das Recht eingeräumt werden, die Annahme zu verweigern, weil beispielsweise das Kind mit einer Behinderung geboren wird.

Zahlungen an die Ersatzmutter werden von allen drei Rechtsordnungen gestattet. Unterschiede ergeben sich in der Höhe des gestatteten Zahlungsbetrages.

Das englische Recht bestimmt, dass eine „parental order" bei Überschreiten einer Aufwandsentschädigung („reasonable expenses") grundsätzlich verwehrt und die Elternschaft grundsätzlich nicht auf die Wunscheltern übertragen werden kann. Zu einer nachträglichen Genehmigung durch die Gerichte kommt es jedoch regelmäßig. Die Folge ist, dass Wunscheltern, die in England keine Ersatzmutter finden, im Ausland eine kommerzielle Ersatzmutterschaftsvereinbarung abschließen und die „parental order" für das Kind in England beantragen. Es ist festzuhalten, dass bei einer Entscheidung für die altruistische Ersatzmutterschaft in Deutschland von einer nachträglichen Genehmigung von Leistungen, die über die Aufwandsentschädigung hinausgehen, abzusehen ist. Zudem wäre ein genauer Katalog der im Rahmen einer Ersatzmutterschaft ersatzfähigen Ausgaben zu erstellen.

Nach der ART-Bill 2010 in Indien und nach dem kalifornischen Recht kann ein über die Aufwandsentschädigung hinausgehender Betrag vereinbart werden. Die Ersatzmutter darf damit für ihre Dienste vergütet werden.

2. Rechte und Ansprüche der Wunscheltern

Die Frage, ob Schadensersatzansprüche der Wunscheltern bei vorsätzlicher oder fahrlässiger Verletzung des Kindes durch die Ersatzmutter während der Schwangerschaft bestehen, wird von allen drei Rechtsordnungen unbeantwortet gelassen. Der ART-Bill 2010 sieht die Pflicht der Ersatzmutter zur Waltung besonderer Vorsicht während ihrer Schwangerschaft vor. Es wird nicht deutlich, ob daraus ein Schadensersatzanspruch folgen kann.

3. Rechte und Ansprüche des Kindes

Hinsichtlich dem Kind zustehender Ansprüche sind kaum Regelungen in den einzelnen Ländern getroffen worden. Sind aus dem Ausland stammende Wunscheltern als Auftraggeber beteiligt, trifft die ART- Bill 2010 die Bestimmung über die Ernennung eines gesetzlichen Vertreters in Indien, der während ihrer Abwesenheit für das Wohlergehen des Kindes verantwortlich ist.

Das Recht auf Kenntnis seiner Abstammung wird dem Kind nur nach dem englischen Recht gewährt. Danach kann das Kind mit Erlangen seiner Volljährigkeit eine Kopie seiner Originalgeburtsurkunde einfordern.

Nach deutschem Recht sollte dem Kind aus verfassungsrechtlichen Gründen das Recht auf Kenntnis der eigenen Abstammung eingeräumt werden. Besonders wichtig ist dieses Recht in Fällen der Samen- und Eizellspende. Kann die Abstammung nicht geklärt werden, ist dem Kind ein Schadensersatzanspruch zu gewähren.

VIII. Kontrollmechanismen und Instrumente zur Einhaltung eines bestimmten Qualitätsstandards bei ART-Kliniken

Einen staatlichen Regulierungs- und Kontrollmechanismus für das Geschäft mit Ersatzmutterschaften sieht der kalifornische Gesetzgeber nicht vor. Vermittlungsagenturen und Kliniken, die den medizinischen Teil übernehmen, unterliegen keiner Registrierungspflicht. Nach derzeitiger Rechtslage trifft dieser Zustand ebenfalls auf Indien zu. Eine Änderung würde mit Inkrafttreten der Gesetzesentwurfes ART-Bill 2010 erfolgen, welcher ein Akkreditierungsverfahren von ART-Kliniken vorsieht.

In England ist zwar eine Registrierung für die gemeinnützigen Organisationen nicht vorgesehen, jedoch sind die Kliniken zur Beantragung einer Lizenz für die Durchführung des medizinischen Teils der Ersatzmutterschaften verpflichtet.

B. Bewertung der Unterschiede

I. Die globalisierte Ersatzmutterschaft als Konsequenz der rechtlichen und strukturellen Unterschiede

Durch die unterschiedliche Ausgestaltung der Rechtslage in den einzelnen Ländern hat sich im Laufe der letzten Jahre ein internationaler Markt für Ersatzmutterschaften entwickelt. An der Spitze der „Ersatzmuttergeber"-Länder befinden sich die USA, insbesondere der Bundesstaat Kalifornien, und Indien. Beide weisen eine liberale rechtliche Haltung dem Thema gegenüber auf. In beiden Ländern werden Ersatzmutterschaften auf kommerzieller Basis abgewickelt. Bedingt durch die strukturellen Unterschiede und die damit einhergehenden niedrigeren Preise für ein Kind, stellt Indien selbst für Amerikaner ein bevorzugtes Ziel zur Erfüllung ihres Kinderwunsches im Wege der Ersatzmutterschaft dar[922]. Aufgrund der herrschenden Armut, des Status der Frau innerhalb der indischen Gesellschaft und der Offenheit des Gesetzgebers für die Lobbyarbeit der Profiteure befinden sich die indischen Ersatzmütter auf der untersten Hierarchiestufe.

Das englische Recht lässt nur Ersatzmutterschaften aus altruistischen Motiven zu. Das führt dazu, dass sich nicht genügend Frauen zur Ersatzmutterschaft bereit erklären, um den Bedarf zu decken. Teilweise werden keine neuen Wunscheltern mehr auf die Warteliste der gemeinnützig agierenden Vermittlungsagenturen gesetzt[923]. Trotz der rechtlichen Zulässigkeit der Ersatzmutterschaft suchen englische Wunscheltern Angebote kommerzieller Art in Indien[924] und Kalifornien[925].

Zu den Ländern, deren Bürger und Bürgerinnen die Dienste von Ersatzmüttern in Indien und Kalifornien gegen Bezahlung in Anspruch nehmen, gehört Deutschland. Nach einer von *Katarina Trimmings* und *Paul Beaumont* durchgeführten Studie stellen in den befragten kalifornischen Agenturen 26 % der registrierten Kunden Wunscheltern deutscher Herkunft dar. Weitere Länder, die Abnehmer des Ersatz-

922 *Holly Williams*, „Are Indian surrogacy programs exploiting impoverished women?", "CBS news", abrufbar unter: http://www.cbsnews.com/8301-18563_162-57579212/are-indian-surrogacy-programs-exploiting-impoverished-women/, zuletzt abgerufen am 30.10.2014.

923 Vgl. Childnessless Overcome Though Surrogacy (COTS), abrufbar unter http://www.surrogacy.org.uk/About_COTS.htm, zuletzt abgerufen am 30.10.2014.

924 A & B v SA (2013) EWHC 426 (Fam) 2013 WL 617673; D, L (Minors) (Surrogacy) and in the Matter of Human Fertilisation and Embryology Act 2008 (2012) EWHC 2631 8Fam) 2012 WL 4738897; In the Matter of X and Y (Children) (2011) EWHC 3147 (Fam) 2011 WL 5903077.

925 Re C (2013) EWHC 2408 (Fam) 2013 WL 3878895; Re P-M (2013) EWHC 2328 (Fam) 2013 WL 47 88783; J v G (2013) EWHC 1432 (Fam) 2013 WL 2299892; *Bednall*, Distant relatives – Laura Bednall tells a cautionary tale, 1433, 1433.

mutterschaftenangebots in Indien und Kalifornien stellen, sind Italien, Israel, Kanada und Frankreich[926].

Der deutsche Gesetzgeber sollte einen pragmatischeren Umgang mit dem Thema Ersatzmutterschaften beschreiten und erkennen, dass durch das rigorose Verbot ungewollt kinderlose Partner ins Ausland getrieben werden. Die Augen davor zu verschließen, führt zur Gefährdung der im Ausland geborenen Kinder sowie der ausländischen Ersatzmütter.

Zu einem Reformvorschlag können insbesondere Vorschriften des indischen und des englischen Rechts einbezogen werden. Die kalifornische Rechtsordnung lässt sich vorrangig von der Berücksichtigung der individuellen Freiheitsräume leiten, insbesondere der der Wohlhabenden.

926 *Trimmings/Beaumont*, International Surrogacy Agreements, S. 468 f.

8. Kapitel: Reformvorschlag

A. Klärung der Standortfrage

I. Diskussion um die Frage der Einführung eines Fortpflanzungsmedizingesetzes

Im Rahmen einer Novellierung der Ersatzmutterschaftsvorschriften könnten diese in einem vielfach geforderten Fortpflanzungsmedizingesetz verankert werden[927]. Dieses soll zur umfassenden Regelung von durch Fortpflanzungsmedizin geprägten Sachverhalten im Zuge der Reform des ESchG erlassen werden. Bereits im Rahmen des Gesetzesentwurfes zum ESchG wurde vorrangig von der Fraktion der SPD eine umfassende Gesamtlösung des Bereiches angestrebt[928]. Zur Regelung eines Fortpflanzungsmedizingesetzes hat es jedoch bei Erlass des ESchG an einer Kompetenznorm des Bundes im damaligen Art. 74 Abs. 1 Nr. 1 GG gefehlt. Der Gesetzgeber hätte mithin vor Erlass eines Fortpflanzungsmedizingesetzes eine Verfassungsänderung durchführen müssen, weshalb er sich zur Regelung der Rechtsmaterie des Strafrechts bedient und das ESchG als strafrechtliches Nebengesetz erlassen hat. Dem Bund wurde die Kompetenz zur konkurrierenden Gesetzgebung erst im Jahr 1994 durch die Einfügung des Art. 74 Abs. 1 Nr. 26 GG, worunter alle Bereiche der modernen Fortpflanzungsmedizin fallen, eingeräumt[929].

Seit der Verfassungsänderung hat es mit der Einrichtung einer „Bund- Länder-Arbeitsgruppe zur künstlichen Befruchtung beim Menschen“ durch das Bundesministerium für Gesundheit zwischen 1996 und 1998 einen vorsichtigen Vorstoß hinsichtlich des Erlasses eines Fortpflanzungsmedizingesetzes gegeben. Zu einem zielführenden Ergebnis führte die Arbeit des Ausschusses nicht[930]. Ähnlich ergebnis- und wirkungslos erwies sich die Arbeit der Enquete-Kommission „Recht und Ethik der modernen Medizin“ unter der Leitung von *Margot v. Renesse* im Jahr 2002[931].

Vergleichbare Gesetze bestehen bereits in der Schweiz[932], in Österreich[933] und auch England mit dem HFEA. Mit dem Augsburg- Münchener-Entwurf wurde ein

---

927 *Riedel*, Reproduktionsmedizin im internationalen Vergleich, S 90; *Wendehorst*, Rechtliche Anforderungen an ein künftiges Fortpflanzungsmedizingesetz, S. 35; *Kreß*, ZRP 2012, 234, 234.

928 BT-Drucks. 11/8057, 13.

929 BT-Drucks. 16/813, 14.

930 Staatssekräterin *Christa Nickels* auf Frage 53 von *Hubert Hüppe* in BT-Drucks. 14/577; BT-Drucks. 13/4899, 166.

931 Schlussbericht, BT-Drucks. 14/9020.

932 Am 01.01.2001 ist das Bundesgesetz über die medizinisch unterstützte Fortpflanzung (Fortpflanzungsmedizingesetz) v. 18.12. 1998 in Kraft getreten.

933 Seit dem 01.07.1992 ist das Bundesgesetz mit den Regelungen über die medizinisch unterstützte Fortpflanzung (Fortpflanzungsmedizingesetz) v. 04.06.1992 in Kraft (BGBl. Nr. 275/1992 – RIS).

Gesetzesvorschlag zur Regelung der „medizinisch unterstützte(n) Fortpflanzung beim Menschen“ in Deutschland über 29 Paragraphen unterbreitet[934].

II. Kritische Stellungnahme

Der Gesetzgeber sollte trotz der Komplexität der Materie der Regelung medizinischer Fortpflanzungsmethoden sich der politischen sowie ethischen Herausforderung stellen und mit der ihm eingeräumten Gesetzeskompetenz ein neues und umfassend regelndes Fortpflanzungsmedizingesetz, welches nicht nur im Strafrecht angesiedelt ist, erlassen.

Für den im Rahmen dieser Arbeit erarbeiteten Regelungsvorschlag würde der Erlass eines Fortpflanzungsmedizingesetzes durch die Anlehnung an die adoptionsrechtlichen Vorschriften im BGB und im AdVermiG von geringer Bedeutung sein, da eine Zersplitterung in Form von Aufteilung der für die Ersatzmutterschaft relevanten Normen auf mehrere Gesetze weiterhin gegeben sein würde. Daher werde ich mich im Rahmen des Reformvorschlags, obwohl ich ein Fortpflanzungsmedizingesetz befürworte, auf die Änderung der bereits vorhandenen Normen konzentrieren. Bei Einführung eines umfassenden Fortpflanzungsmedizingesetzes wären die vorgeschlagenen Normänderungen im ESchG in das Fortpflanzungsmedizingesetz zu übertragen.

B. Inhaltliche Ausgestaltung des Reformvorschlags

I. Legalisierung von Ersatzmutterschaften in bestimmten Konstellationen

1. Konkreter Änderungsvorschlag hinsichtlich strafrechtlicher und verwaltungsrechtlicher Normen

a) Änderung des ESchG

aa) Änderung des § 1 ESchG

(1) Wegfall von § 1 Abs. 1 Nr. 1 ESchG.

(2) Änderung von § 1 Abs. 1 Nr. 2 ESchG „es unternimmt, eine Eizelle zu einem anderen Zweck zu befruchten, als eine Schwangerschaft herbeizuführen,“

(3) Änderung von § 1 Abs. 1 Nr. 6 ESchG: „einer Frau einen Embryo vor Abschluss seiner Einnistung in der Gebärmutter entnimmt, um diesen für einen nicht seiner Erhaltung dienenden Zweck zu verwenden, oder“

(4) Wegfall von § 1 Abs. 1 Nr. 7 ESchG.

(5) Wegfall von § 1 Abs. 2, 3 und 4 ESchG

934 *Gassner/Kersten/Krüger/Lindner/Rosenau/Schroth*, Augsburg-Münchner-Entwurf, S. 1.

bb) Einführung des § 1a ESchG „Ersatzmutterschaften; Verordnungsermächtigung"

„(1) 1. Wer durch künstliche Befruchtungsmethoden eine unbefruchtete Eizelle oder einen Embryo auf eine Frau überträgt oder eine künstliche Befruchtung durchführt, damit das Kind nach der Geburt Dritten (Wunscheltern) überlassen werden soll (Ersatzmutter), wird mit einer Freiheitsstrafe bis zu einem Jahr oder mit Geldstrafe bestraft.

(2) Erfolgt die Überlassung des Kindes gegen ein Entgelt, das über die Aufwandsentschädigung der Ersatzmutter hinausgeht, oder liegt der Ersatzmutterschaft eine verbotene Vermittlung nach § 1 c AdVermiG zugrunde, liegt die Freiheitsstrafe bei drei Jahren.

2. Der Versuch ist strafbar.

(3) Die Strafbarkeit nach Abs. 1 entfällt, wenn kumulativ

1. die Ersatzmutter nicht ihre eigene Eizelle zur Entstehung des Embryos beigetragen hat (Tragemutterschaft),
2. mindestens von einem Wunschelternteil die Gameten stammen und
3. die gerichtlich erteilte Zustimmung nach § 1741 a BGB vor Vornahme der künstlichen Befruchtung vorgelegen hat,
4. Aufklärung und Beratung zu den medizinischen, psychologischen und sozialen Folgen der von der Ersatzmutter gewünschten künstlichen Befruchtung, der Schwangerschaft und der Überlassung des Kindes nach Geburt an die Wunscheltern vor Einwilligung der Mutter stattgefunden hat (nach Vorbild des § 3 a Abs. 3 Nr. 1 ESchG),
5. die künstliche Befruchtung und die damit einhergehende medizinische Behandlung durch einen qualifizierten Arzt in einem der für Befruchtungsmethoden in Verbindung mit Ersatzmutterschaften zugelassenen medizinischen Zentren vorgenommen wurde (nach Vorbild des § 3 a Abs. 3 Nr. 3 ESchG) und
6. die Wunschmutter aus gesundheitlichen Gründen kein Kind austragen kann.

Die in Verbindung mit Ersatzmutterschaften durchgeführten Behandlungen „werden von den zugelassenen Zentren an eine Zentralstelle in anonymisierter Form gemeldet und dokumentiert. Die Bundesregierung bestimmt durch Rechtsverordnung unter Einbeziehung der Ethikkomission und mit Zustimmung des Bundesrates Vorschriften über

1. die Anzahl und die Voraussetzungen für die Zulassung von Zentren, in denen der medizinische Teil der Ersatzmutterschaften durchgeführt werden darf, einschließlich der Qualifikation der dort tätigen Ärzte und der Dauer der Zulassung,
2. Regelungen zur Einrichtung und Ausgestaltung der Zentralstelle, der die Dokumentation von im Rahmen der Ersatzmutterschaften durchgeführten Maßnahmen obliegt,

3. die Anforderungen an die Meldung von in Verbindung von Ersatzmutterschaften durchgeführten Maßnahmen an die Zentralstelle und die Anforderungen an die Dokumentation“ (nach Vorbild des § 3 a Abs. 3 ESchG)
4. die Anforderungen an das Alter, die körperliche Konstitution, die familiären Umstände der als Ersatzmutter in Frage kommenden Frau,
5. zur Festlegung von Höchstzahlen hinsichtlich der Durchführung von IVF- bzw. ICMR-Behandlungszyklen, von Geburten durch die Ersatzmutter sowie andere medizinisch relevante Aspekte zum Schutze der Ersatzmutter,
6. zur genauen Festlegung von im Rahmen der Aufwandsentschädigung an die Ersatzmutter erstattungsfähigen Kosten durch die Wunscheltern, um einer kommerziellen Ersatzmutterschaft entgegenzuwirken.
7. zur Regelung von Mehrlingsschwangerschaften und Schwangerschaften mit einem Embryo, der voraussichtlich zu einem Kind mit physischer oder psychischer Behinderung führen wird,
8. zu den Anforderungen von Eizellspenden.

(3) Die Bundesregierung erstellt alle vier Jahre einen Bericht über die Erfahrungen mit Ersatzmutterschaften. Der Bericht enthält auf der Grundlage der zentralen Dokumentation und anonymisierter Daten die Zahl der jährlich wissenschaftliche durchgeführten Auswertung.“ Maßnahmen sowie (nach Vorbild eine des § 3 a Abs. 6 ESchG).

b) Änderung des AdVermiG

aa) Umnummerierung des § 13 a in § 1 a AdVermiG und Änderung Ersatzmutter

„(1) Ersatzmutter ist eine Frau, die bereit ist...
(2) Tragemutter ist eine Ersatzmutter, bei der die genetische Verwandtschaft zu dem Kind, das sie für die Wunscheltern austrägt, fehlt.“

bb) Umnummerierung des § 13 b in § 1 b AdVermiG und Änderung

„Ersatzmuttervermittlung Ersatzmuttervermittlung ist das Zusammenführen von Personen, die das aus einer Ersatzmutterschaft entstandene Kind annehmen oder in sonstiger Weise auf Dauer bei sich aufnehmen wollen (Wunscheltern), mit einer Frau, die zur Übernahme einer Ersatzmutterschaft bereit ist.“

cc) Umnummerierung des § 13 c in § 1 c AdVermiG und Änderung

„Verbot der kommerziellen Ersatzmutterschaftsvermittlung

(1) Sowohl die kommerzielle Vermittlung von Ersatzmutterschaften als auch die Vermittlung kommerzieller Ersatzmutterschaften, die keine Tragemutterschaften sind, sind verboten.
(2) Die Ersatzmutterschaftsvermittlung erfolgt unter Einhaltung des § 1 a ESchG nach Maßgabe des AdVermiG.

dd) Ergänzung zu § 2 AdVermiG

„(1) DieAdoptionsvermittlung und die im Rahmen von § 1 a ESchG gestattete Ersatzmutterschaftsvermittlung ist Aufgabe des Jugendamtes und des Landesjugendamtes."

ee) Entsprechende Anwendung der §§ 2, 3, 4, 5, 7–13 AdVermiG, in auf Ersatzmutterschaften angepasster Form und soweit auf Ersatzmutterschaften anwendbar

2. Erläuterung

Hinsichtlich der strafrechtlichen und verwaltungsrechtlichen Ebene des Reformvorschlags haben Änderungen sowohl im ESchG als auch im AdVermiG zu erfolgen. Im Rahmen einer künftigen Gesetzesnovellierung wäre eine Legalisierung der Ersatzmutterschaft in Form der Tragemutterschaft in Fällen des Bestandes der genetischen Verbindung zu mindestens einem Wunschelternteil gesetzlich zu verankern. Die Beschränkung auf die Tragemutterschaft soll dazu beitragen, dass es der Ersatzmutter durch Fehlen der genetischen Verbundenheit ein Stück weit erleichtert wird, das von ihr geborene Kind nach Geburt an das Wunschelternpaar abzugeben.

Eine weitere Einschränkung wird dadurch vorgesehen, dass die Tragemutterschaft nur für Wunscheltern legalisiert sein soll, bei denen entweder Wunschmutter oder -vater Gameten zur Einpflanzung in den Körper der Tragemutter beitragen kann. Dieser Aspekt stützt sich darauf, dass die Legalisierung der Ersatzmutterschaften mit Sicherheit Auswirkungen auf die Adoptionszahlen durch deutsche Wunscheltern haben wird[935]. Diese Auswirkungen erscheinen lediglich in Fällen gerechtfertigt, in denen ein entscheidender Unterschied zur Adoption besteht und zwar die genetische Verwandtschaft zum Kind. Sind beide Wunschelternteile medizinisch nicht in der Lage, Gameten zur Entstehung des Kindes beizutragen, ist das Wunschelternpaar auf die Adoption eines Kindes, das auf die Liebe und Fürsorge adoptionswilliger Eltern angewiesen ist, zu verweisen. Im Jahr 2011 ergaben sich für einen Minderjährigen, der zur Adoption freigegeben wurde, statistisch gesehen sechs interessierte Adoptiveltern[936]. Dadurch bedingt ist die Wartezeit für ungewollt kinderlose Paare lang. Sollte diese selbst nach Umsetzung des erörterten Reformvorschlags konstant lang bleiben, sollte in Erwägung gezogen werden, auch Wunscheltern, die durch die Ersatzmutterschaft zu einem mit ihnen genetisch nicht

935 Vgl. zu den Adoptionsstatistiken im Jahr 2012 „Statistiken und Kinder- Adoptionen" vom Statistischen Bundesamt Destatis, S. 23, abrufbar unter https://www.destatis.de/DE/Publikationen/Thematisch/Soziales/KinderJugendhil fe/Adoptionen5225201127004.pdf? blob=publicationFile, zuletzt abgerufen am 30.10.2014.

936 Statistisches Bundesamt Destatis, Pressemitteilung Nr. 250 v. 26.07.2013, abrufbar unter: https://www.destatis.de/DE/PresseService/Presse/Pressemitteilungen/2013/07/PD13_250_225pdf.pdf? blob=publicationFile, zuletzt abgerufen am 30.10.2014.

verwandten Kind gelangen würden, bei Verstreichen einer angemessenen Wartefrist die Vereinbarung einer Ersatzmutterschaft zu gestatten.

Zur Ermöglichung der Tragemutterschaft müsste neben der Ersatzmutterschaft die Eizellspende von der strafrechtlichen Sanktion befreit werden. Da es ohnehin unwahrscheinlich ist, dass die Ersatzmutterschaft in Deutschland vor der Legalisierung der Eizellspende für straffrei erklärt wird, wird diese vorausgesetzt. Es ist nicht vorstellbar, dass der Gesetzgeber das Auseinanderfallen von gebärender und „erziehender" Mutter gestattet, die gespaltene Mutterschaft bei der Eizellspende jedoch nicht.

Hinsichtlich der Novellierung im ESchG lassen sich teilweise Regelungs- und Schutzvorschriften, die vom Gesetzgeber bereits zur Präimplantationsdiagnostik in § 3 a ESchG getroffen wurden, heranziehen. Der vorgeschlagene § 1 a ESchG ist vor diesem Hintergrund stark an § 3 a ESchG angelehnt. Einen bedeutenden Bestandteil stellen bei der Novellierung die medizinische und psychologische Beratung sowie die Dokumentationspflicht der Kliniken dar[937].

Die zu erlassende Rechtsverordnung nach dem vorgeschlagenen § 1 a Abs. 2 ESchG sollte vorsehen, dass eine Ersatzmutter zur besseren Einschätzung dessen, was sie während der Schwangerschaft und Geburt erwartet, bereits eigene leibliche Kinder hat und ihre eigene Familienplanung soweit abgeschlossen ist. Zum Schutze der Gesundheit der Ersatzmutter und des Kindes sollte vorgesehen sein, dass die Ersatzmutter nicht mehr als drei eigene Kinder und insgesamt nicht mehr als zwei Kinder für Wunscheltern im Rahmen einer Ersatzmutterschaft ausgetragen haben sollte. Zudem müsste die Höchstzahl an IVF- bzw. ICSI-Behandlungsmethoden festgelegt werden, damit verhindert wird, dass die Frau im Vorfeld jeder Schwangerschaft unzähligen Behandlungen erfolglos unterzogen wird. Einen Schwerpunkt des Reformvorschlags stellt die Legalisierung der Ersatzmutterschaft dar, bei der die Frau aus altruistischen Motiven sich zur Ersatzmutterschaft bereit erklärt. Die kommerzielle Ersatzmutterschaft ist weiterhin strafrechtlich zu sanktionieren, um den Handel mit Ersatzmüttern, wie er in Indien und Kalifornien beobachtet werden kann, zu verhindern. Damit Klarheit bezüglich der Grenzen besteht, obliegt es dem Gesetzgeber, deutlich auszuformulieren, welche genauen Kosten von den Wunscheltern erstattet werden dürfen.

Auf eine internationale Ersatzmutterschaftsvermittlung nach dem Vorbild des § 2 a AdVermiG sollte, solange ein mit dem Haager Übereinkommen vergleichbares Abkommen fehlt, verzichtet werden.

II. Übergang der Elternschaft

1. *Anfechtungslösung*

Zum Übergang der Elternschaft besteht die Möglichkeit, der Mutter, vergleichbar mit dem Anfechtungsrecht der Vaterschaft nach §§ 1600 ff. BGB, ein Anfechtungsrecht einzuräumen. Damit würde die Unanfechtbarkeit und Unwiderrufbarkeit der

937 *Heß*, FPR 2013, 240, 243.

Mutterschaft nach § 1591 BGB aufgehoben werden. Trägt die Tragemutter ein Kind aus, zu dem die Wunschmutter ihre Eizelle beigetragen hat, könnte der Wunschmutter ein Anfechtungsrecht gewährt werden. So lautet auch der von *Wellenhofer* unterbreitete Vorschlag, wonach das Anfechtungsrecht weder der Eizellspenderin noch der Ersatzmutter zusteht und zur Korrektur bei Auseinanderfallen von genetischer und rechtlicher Mutter gegeben sein sollte[938]. Gegen diese Anfechtungslösung spricht zum einen bei Erfordernis der genetischen Verwandtschaft der Wunschmutter zum Kind, dass kein Anfechtungsrecht für die Wunschmutter bestünde, wenn die Eizelle nicht von ihr, sondern von einer Eizellspenderin stammt. Zudem stellt die Anfechtung als einseitiges Gestaltungsrecht ein ungeeignetes Instrument zur Korrektur der Zuordnung des Kindes im Rahmen von Ersatzmutterschaften dar. Unabhängig davon, ob die Ersatzmutter mit dem von ihr ausgetragenen Kind genetisch verwandt ist oder nicht, darf sich ihr Status als rechtliche Mutter des Kindes nicht ohne ihre Zustimmung ändern. Die austragende Mutter entwickelt unabhängig von der genetischen Verwandtschaft ein unsichtbares Band zum Kind. Sie trägt es neun Monate lang als Teil ihres Körpers in sich, trägt also zu seiner Entstehung maßgeblich bei. Dieser Aspekt ist durch das Gesetz zu würdigen, indem der gerichtlichen Übertragung der Elternschaft und somit auch der Mutterschaft angesichts der überragenden Bedeutung der rechtlichen Zuordenbarkeit des Kindes zur Mutter gegenüber der Anfechtungsmöglichkeit durch Ersatz- oder Wunschmutter der Vorrang gewährt wird.

2. Ergänzung der Adoptionsvorschriften

a) Konkrete Änderungsvorschläge zum BGB

Einführung des § 1741 a BGB: „Ergänzende Vorschriften zur Zulässigkeit der Annahme Minderjähriger bei Ersatzmutterschaften"

„(1) Zur Annahme eines von einer Tragemutter ausgetragenen Kindes ist von Wunscheltern und Tragemutter ein Antrag beim Familiengericht zu stellen. Das Gericht hat vor Durchführung der künstlichen Befruchtung der Überzeugung zu sein, dass es dem freien Willen der Tragemutter entspricht, das Kind nach der Geburt den Wunscheltern zu überlassen und die rechtliche Elternschaft übertragen zu lassen, sowie dass die Überlassung dem Kindeswohl entsprechen wird. Es darf kein Verstoß gegen das AdVermiG vorliegen.

(2) Das Gericht hat der Überzeugung zu sein, dass der Tragemutter durch die Wunscheltern kein Entgelt gezahlt wird, das über die mit der Tragemutterschaft zusammenhängenden Unkosten hinausgeht, und auch bei der Vermittlung keine iSd. AdVermiG strafbare Vermittlungshandlungen vorliegen. Eine zwischen der Tragemutter und den Wunscheltern getroffene Vereinbarung ist nicht durchsetzbar.

938 MüKo/*Wellenhofer*, § 1591, Rn. 33 ff.

(3) Bei Vorliegen von Abs. 1 und 2 wird zunächst die gerichtliche Einwilligung zur Durchführung der künstlichen Befruchtung bei der Tragemutter und eine vorübergehende Sorgerechtsübertragung an die Wunscheltern erteilt, sofern kein Verstoß gegen die entsprechenden Vorschriften des ESchG vorliegt.
(4) Nach Geburt des Kindes wird vom Gericht die Annahme als Kind auf Antrag des Annehmenden vom Familiengericht gemäß § 1752 I BGB ausgesprochen. Der Antrag ist frühestens acht Wochen und spätestens sechs Monate nach Entbindung zu stellen.

b) Erläuterung

Zur Übertragung der rechtlichen Elternschaft wird im Reformvorschlag auf die bereits durch die in §§ 1741 bis 1766 BGB vorgesehenen Adoptionsvorschriften zur Annahme Minderjähriger zurückgegriffen. Ein wesentlicher Unterschied zur bislang geregelten Adoption besteht darin, dass die Übertragung der rechtlichen Elternschaft in zwei Schritten erfolgt.

Nach Zusammenfinden der Ersatzmutter und der Wunscheltern wird auf Antrag der Wunscheltern vom Familiengericht über das Verfahren über die Annahme eines Minderjährigen im Rahmen einer Tragemutterschaft entschieden. Ein Widerruf der Wunscheltern darf nur bis zum Beginn der künstlichen Befruchtungsmaßnahmen bei der Tragemutter erfolgen.

Vor Vornahme der künstlichen Befruchtung der Tragemutter hat das Familiengericht die Einhaltung der im AdVermiG geregelten Vorschriften sowie das Beruhen der Einwilligung der vorgesehenen Tragemutter auf ihrem freien Willensentschluss zu prüfen. Erst mit Zustimmung des Gerichts zur Ersatzmutterschaft darf mit dem medizinischen Teil begonnen werden. Durch die gerichtliche Zustimmung wird den Wunscheltern für die Zeit nach der Geburt ein „provisorisches Sorgerecht“ für das Kind bis zur endgültigen Entscheidung des Gerichts erteilt. Nach der Geburt hat das Gericht auf Antrag der Wunscheltern frühestens acht Wochen und spätestens sechs Monate nach Entbindung über die Annahme des Kindes zu entscheiden. Wurden die Vorschriften des ESchG eingehalten und willigen die Tragemutter und ihr Ehemann ein, wird die Annahme bei Einhaltung der §§ 1741 ff. BGB durch Beschluss durch das Familiengericht ausgesprochen (vgl. § 1752 BGB).

Die §§ 1741 ff. BGB sind entsprechend anzupassen. Mit dem Erfordernis der Einhaltung der Acht-Wochen-Frist wird der Tragemutter eine Bedenkzeit eingeräumt, in der sie die Möglichkeit erhalten soll, sich mit der Überlassung des zwar nicht genetisch mit ihr verwandten, aber von ihr ausgetragenen Kindes auseinanderzusetzen. Die Wunscheltern sind zur Abnahme des Kindes mit Beginn der medizinischen Behandlung zur Befruchtung der Tragemutter an ihre Einwilligung gebunden. Dies gilt ebenfalls für den Fall, dass sich die Wunscheltern in der Zwischenzeit trennen.

III. Weitere anzupassende Vorschriften

Um den „Ersatzmutterschaftstourismus“ deutscher Wunscheltern ins Ausland wirksam einzudämmen, wird allein die gesetzliche Zulassung von Ersatzmutterschaft nicht ausreichend sein. Die Behauptung lässt sich mit Blick auf England untermauern. Trotz dessen liberaleren Rechts ist der Anstieg an Ersatzmutterschaften mit Auslandsverbindung zu verzeichnen. Effektiv könnte sich hierbei eine zumindest teilweise Kostenübernahme der medizinischen Behandlung durch die Krankenkassen erweisen. Der finanzielle Anreiz, auf das Angebot im günstigen Ausland auszuweichen, könnte auf diese Weise minimiert werden.

Ebenso wäre die Verordnung über die Anerkennung von Adoptionsvermittlungsstellen in freier Trägerschaft sowie die im Adoptionsvermittlungsverfahren zu erstattenden Kosten (AdVermiStAnKoV) anzupassen, sodass die Vermittlung von Ersatmutterschaften übernommen würde.

Zudem sollte eine Änderung des LPartG dahingehend erfolgen, dass das gemeinsame Adoptionsrecht ebenfalls für eingetragene Lebenspartner Geltung erlangt und Wunscheltern in den Genuss der Elternzeit und des Mutterschutzes kommen.

Es gilt unbedingt zu verhindern, dass eine neue Art des Menschenhandels entsteht. Wird dieser Aspekt bei der Gesetzgebung außer Acht gelassen, könnte es dazu führen, dass Menschenhändlerringe Frauen beispielsweise aus Osteuropa nach Deutschland holen, um sie als Ersatzmütter vergleichbar mit von Händlerringen abhängigen Zwangsprostituierten „arbeiten“ zu lassen. Ein rechtliches Instrument, welches eine solche Entwicklung eindämmen könnte, wäre darin zu sehen, dass die Ersatzmutterschaft nur in Fällen, in denen die Adoptionsagenturen involviert waren, anerkannt wird.

Wunscheltern, die trotz der Legalisierung der altruistischen Ersatzmutterschaft in Deutschland beispielsweise nach Indien oder Kalifornien reisen, um dort eine Vereinbarung auf kommerzieller Basis zu treffen, sollte weiterhin ausschließlich die Möglichkeit der regulären Adoption des Kindes eingeräumt werden. Ansonsten würde das Gesetz besonders in Hinblick auf die günstigeren Kosten in Indien teilweise ins Leere laufen, insbesondere dann, wenn die Kostenübernahmepflicht durch die Krankenkassen scheitern sollte. Es bleibt abzuwarten, ob vor dem Hintergrund der Sparmaßnahmen im Gesundheitswesen eine Kostenübernahme durch die Krankenkassen durchgesetzt werden kann, zumal es fraglich ist, ob es als gerechtfertigt angesehen werden kann, die Kosten (für einen privaten Wunsch) den Krankenkassenmitgliedern aufzuerlegen. Es müsste über eine sozial verträglichere Finanzierung diskutiert werden, die jedoch den Rahmen dieser Arbeit sprengen würde.

Literaturverzeichnis

1. Kommentare/ Monographien/ Aufsätze

Adhya, Patha Sarathi/Sarkar, Babu/Soni, Teijinder/Tiwari, Sanjeev Kumar/Divya, Tyagi, Law and Gender – A Quest for Justice, 1. Auflage, Neu-Delhi 2012

Agrawal, Anupama/Ankit, Kumar, Lost citizenship of a surrogate child, Supreme Court Cases 2012 July (28), Volume: 6 (5): S. J 7–J 16

Aiyar, Krishnamurthi, Law of Marriage Maintenance Separation and Divorce, 3. ed., New Delhi 2010

Akhila, B. G., Critical analysis of surrogacy from the human rights perspective, Karnataka Law Journal 2011 August 15, Volume 4 (16): S. 49–59

Allen, Anita, The Black Surrogate Mother, 8 Harvard Blackletter J. 17 (1991)

Bach, Rolf, Neue Regelungen gegen Kinderhandel und Ersatzmutterschaftsvermittlung zur Neufassung desAdoptionsvermittlungsgesetzes, FamRZ 1990, S. 547–577

Baltzer, Jörg/Fries, Klaus/Graf, Michael/Wolff, Friedrich, Praxis der Gynäkologie und Geburtshilfe, Stuttgart/New York 2006

Bamberger, Heinz Georg/Roth, Herbert, Kommenter zum Bürgerlichen Gesetzbuch, Band 3, §§ 1297–2385 BGB, Rom I-VO, Rom-II VO, EGBGB, 3. Auflage, München 2012

Bassenge, Peter/Roth, Herbert, Gesetz über das Verfahren in Familiensachen und in Angelegenheiten der freiwilligen Gerichtsbarkeit/Rechtspflegergesetz – Kommentar, 12. Auflage, Heidelberg 2009

Bednall, Laura, Distant relatives – Laura Bednall tells a cautionary tale of international surrogacy, New Law Journal 161–2011, Vol. 2, S. 1433–1434

Benda, Ernst, Humangenetik und Recht – eine Zwischenbilanz, NJW 1985, S. 1730–1734

Benicke, Christoph, Kollisionsrechtliche Fragen der Leihmutterschaft, StAZ 2013, S. 101–113

Bernard, Andreas, Samenspender, Leihmütter, Retortenbabies: Neue Reproduktionstechnologien und die Ordnung der Familie, StAZ 2013, S. 136–141

Ders., Kinder machen, Neue Reproduktionstechnologien und die Ordnung der Familie – Samenspender, Leihmütter, Künstliche Befruchtung, Frankfurt am Main 2014

Bertschi, Nora, Leihmutterschaft, Diss., Univ. Zürich, Bern 2014

Böckenförde-Wunderlich, Barbara, Präimplantationsdiagnostik als Rechtsproblem-Ärztliches Standesrecht, Embryonenschutzgesetz, Verfassung, Diss. Heidelberg, Tübingen 2002

Bokelmann, Victoria/Bokelmann, Michael, Zur Lage der für andere übernommenen Mutterschaft in Deutschland, Rechtsvergleich mit Reformvorschlägen, Diss. Frankfurt a. M., Frankfurt am Main 2003

Bommas-Ebert, Ulrike/Teubner, Philipp/Voß, Rainer, Kurzlehrbuch – Anatomie und Embryologie, 3. Auflage, Stuttgart 2011

Bork, Reinhard/Jacoby, Florian/Schwab, Dieter, FamFG – Kommentar zum Gesetz über das Verfahren in Familiensachen und in den Angelegenheiten der freiwilligen Gerichtsbarkeit, Bielefeld 2013

Brashier, Ralph, Inheritance Law And The Evolving Family, Philadelphia 2004

Brazier, Margaret/Golombok, Susan, Surrogacy: review for the Health Minsters of current arrangements for payments and regulations consultation Campbell, Alastair document and questionnaire, Human Reprodution Update 1997, Vol. 3, No. 6, S. 624–628

Brohm, Winfried, Forum: Humanbioethik, Eigentum und Menschenwürde, JuS 1998, S. 197–205

Bromley, P.M., The Legal Aspects of Surrogacy Agreements, Children and The Law – Essays in Honour of Professor H.K., Bevan, Hull 1990

Browne, Lewis, Papa's baby: paternity and artificial insemination, New York 2012

Burda, Joan, Gay, Lesbian and Transgender Clients: A Lawyer's Guide, Chicago/Illinois 2008

Burnham, William, Introduction to the Law and Legal System of the United States, St. Paul Minnesota 1995

Chatterjee, Ishita, Insights of the conflicting interests of surrogacy arrangements in India, Madras Law Journal 2012 November (1), Volume: 7 (5): S. 72–80

Chavan, Pratibha Ganesh, Psychological and legal aspects of surrogate motherhood, All India Reporter 2008 July, Volume: 95 (1135): S. J. 103–J. 107

Chawla, Monica, Surrogacy: A need for a new law, Civil and Military Law Journal 2009, Volume: 45 (4): S. 189–193

Clark, David/Ansay, Tugrul, Introduction to the Law of the United States, 2. Auflage, The Hague -London- New York 2002

Coester, Michael, Ersatzmutterschaft in Europa, Festschrift für Erik Jayme, Band 2, München 2004, S. 1243–1258

Coester-Waltjen, Dagmar, Rechtliche Probleme der für andere übernommenen Mutterschaft, NJW 1982, S. 2528–2535

Dies., Zur Rückforderung der im Rahmen eines „Leihmutter- Arrangements" erbrachten Zahlungen OLG Hamm, JuS 1987, S. 193–196

Dies., Künstliche Fortpflanzung und Zivilrecht, FamRZ 1992, S. 369–373

Dies., Befruchtungs- und Gentechnologie bei Menschen – rechtliche Probleme von morgen? FamRZ 1984, S. 230–236

Dies., Zivilrechtliche Probleme künstlicher Befruchtung, Jura 1987, S. 629–640

Dies., Art. 6 I GG und der Schutz der Familie, Jura 2008, S. 349–352

Dies., Elternschaft außerhalb der Ehe Sechs juristische Prämissen und Folgerungen für die künstliche Befruchtung, Fortpflanzungsmedizin in Deutschland Wissenschaftliches Symposium des Bundesministeriums für Gesundheit in Zusammenarbeit mit dem Robert-Koch-Institut vom 24. bis 26. Mai 2000 Mai in Berlin, Baden-Baden 2001, S. 158–162

Dies., Ersatzmutterschaft auf amerikanisch – Die Entscheidung des Supreme Court of New Jersey im Fall „Baby M", FamRZ 1988, S. 573–575

Council for Responsible Genetics, Surrogacy in America, Cambridge (USA) 2010

Crawshaw, Marilyn/Blyth, Eric/Van den Akker, Olga, The changing profile of surrogacy in the UK – implications for national and international policy and practice, Journal of Social Welfare and Family Law, Vol. 34, No. 3, 2012, S. 267–277

Crownie, Fiona/Bradney, Anthony/Burton, Mandy, English Legal System in Context, 4. Auflage, New York 2007

Das Gupta, Sayantani/Das Gupta, Shamita, Globalization and Transnational Surrogacy in India – Outsourcing Life, Lanham, Maryland 2014

Dellert, Nils, Die anonyme Kindesabgabe: Anonyme Geburt und Kindesabgabe, Diss. Univ. Potsdam, Frankfurt am Main 2009

Dethloff, Nina, Leihmütter, Wunscheltern und Kinder, JZ 2014, S. 922–932

Deutsch, Erwin, Embryonenschutz in Deutschland, NJW 1991, S. 721–725

Diefenbach, Anne Katrin, Leihmutterschaft – Rechtliche Probleme der für andere übernommenen Mutterschaft, Diss. Univ. Frankfurt am Main, 1990

Diel, Alexander, Leihmutterschaft und Reproduktionstourismus, Diss. Univ. Marburg, Frankfurt am Main 2014

Dietrich, Klaus/Ludwig, Michael/Griesinger, Georg, Leihmutterschaft, Reproduktionsmedizin, Berlin 2013

Dietrich, Klaus/Felberbaum, Ricardo/Griesinger, Georg/Hepp, Hermann/Kreß, Hartmut/Riedel, Ulrike, Reproduktionsmedizin im internationalen Vergleich-Wissenschaftlicher Sachstand, medizinische Versorgung und gesetzlicher Regelungsbedarf, Berlin 2008

Dimitrakopoulos, Ioannis, Individual Rights and Liberties Under the U.S., Constitition – The Case Law of the U.S. Supreme Court, Leiden 2007

Donat, Esther /Roböse, Ulrike/Pates, Rebecca (Hrsg.), Medizinrecht, Arztrecht, Arzneimittelrecht, Medizin Eine Frage der Ehe – Zur (Re-) Produktion von Geschlecht im Paar, „Nie wieder Sex": Geschlechterforschung am Ende des Geschlechts, Wiesbaden 2009

Dreier, Horst, Grundgesetz Kommentar, Band I Art. 1–19, Tübingen 2004

Dworkin, Roger, Limits: The Role of the Law in Bioethical Decision Making, Bloomington & Indianapolis 2006

Duden, Konrad, Ausländische Leihmutterschaft: Elternschaft durch verfahrensrechtliche Anerkennung, StAZ 2014, S. 164–170

Dürig, Günther, Der Grundsatz von der Menschenwürde, AöR 81 (1956), S. 117–157

Eberbach, Wolfram, Rechtliche Probleme der „Leihmutterschaft", MedR 1986, S. 253–259

Engel, Martin, Internationale Leihmutterschaft und Kindeswohl, ZEuP 2014, S. 538–561

Epping, Volker, Grundrechte, 5. Auflage, Berlin/Heidelberg 2004

Erbs, Georg/Kohlhaas, Max, Strafrechtliche Nebengesetze, Gesetz zum Schutz von Embryonen (Embryonenschutzgesetz), 188. Ergänzungslieferung Januar 2012

Erickson, Theresa, Surrogacy and Embryo, Sperm, & Egg Donation: What were you thinking? Considering IVF and Third-Party Reproduction, Bloomington 2010

Erman, Walter, Bürgerliches Gesetzbuch – Handkommentar, Band II, 14. Auflage, Köln 2014

Eser, Albin/Koch, Hans-Georg, Rechtsprobleme biomedizinischer Fortschritte in vergleichender Perspektive, In: Gedächtnisschrift für Rolf Keller (1935–1998), Tübingen 2003, S. 15–36

Fechner, Erich, Menschenwürde und generative Forschung und Technik eine rechtstheoretische und rechtspolitische Untersuchung, JZ 1986, S. 653–664

Ders., Nachträge zu einer Abhandlung über Menschenwürde und generative Forschung und Technik, In: Fortpflanzungsmedizin und Humangenetik – Strafrechtliche Schranken?, Hrsg.: Günther, Hans- Ludwig/Keller, Rolf, 2. Auflage, Tübingen 1991

Field, Martha, Surrogate motherhood, United States of America 1988

Fischer, Thomas, Strafgesetzbuch und Nebengesetze, 60. Auflage, München 2013

Friederici, Peter, AG Hamm: Unzulässigkeit der Adoption auf Grund eines Leihmutterschaftsvertrages, Anmerkung zu: AG Hamm, Beschluss v. 22.02.2011 XVI 192/08 = BeckRS 2011, 25140, FamRZ 2011, S. 551–552

Frucht, Sibylle, Ersatzmutterschaft im US-amerikanischen und deutschen Recht unter Berücksichtigung rechtsvergleichender und kollisionsrechtlicher Aspekte, Diss. Univ. Regensburg, Köln 1996

Gadekar, Archana/Kalamdhad, Sandhya, Assisted reproductive technology: Are we heading towards designer babies? , Indian Bar Review 2012 (January-March), Volume: 39 (1): S. 89–98

Gamble, Natalie, Surrogacy: creating a sensible national and international legal framework, International Family Law, September 2012, S. 308–311

Gassner, Ulrich/Kersten, Kersten/Krüger, Matthias/Lindner, Franz Josef/Rosenau, Henning/Schroth, Ulrich, Fortpflanzungsmedizingesetz, Augsburg-Münchner-Entwurf (AME-FMedG), Tübingen 2013

Gallo, N.R., Intoduction to family law, New York 2006

Gaul, Hans Friedhelm, Die Neuregelung des Abstammungsrechts durch das Kindschaftsrechtsreformgesetz, FamRZ 1997, S. 1441–1466

Ders., Die pater-est-Regel der §§ 1591, 1592 BGB in ihrer herkömmlichen Bedeutung und in der Reformdiskussion, In: Festschrift für Joachim Gernhuber, Tübingen 1993, S. 619–549

Gerecke, Martin/Valentin, Julia Maria, Kinder auf Bestellung–„Geliehene Mütter" und ihre rechtliche Behandlung im europäischen Vergleich, In: Gedächtnisschrift für Jörn Eckert, Baden-Baden 2008, S. 233–250

Gernhuber, Joachim/Coester-Waltjen, Dagmar, Familienrecht, 6. Auflage, München 2010

Giesen, Dieter, Anmerkung zum C. Re, The Times 15 January (1985) 15. -Fam. Law, 191, 1 C. L. 454 a 8 C. L. 211 (High Court, Familiy Division, Mister Justice Latey), JZ 1985, S. 1055–1058

Goeldel, Alexandra, Leihmutterschaft: eine rechtsvergleichende Studie, Diss. Univ. München, Frankfurt am Main 1994

Greenfeld, Dorothy/Klock, Susan Caruso, Assisted Reproductive Technology and the Impact on Children, Infertility Counseling: A Comprehensive Handbook for Clinicians, Cambridge University Press 2006

Gray, Nichola/Brazil, Dominic, Blackstone's Guide to The Civil Partnership Act 2004, Oxford 2005

Gropp, Stephanie, Schutzkonzepte des werdenden Lebens, Diss. Univ. Kiel, Frankfurt am Main 2005

Gruber, Sarah, Gynäkologie und Geburtshilfe – Basics, 3. Auflage, München 2009

Gruenbaum, Daniel, Foreign Surrogate Motherhood: mater semper certa erat, The American Journal of Comparative Law, Vol. 60, 2012, S. 479–505

Günther, Hans-Ludwig/Taupitz, Jochen/Kaiser, Peter, Embryonenschutzgesetz – Juristischer Kommentar mit medizinisch-naturwissenschaftlichen Einführungen, Stuttgart 2008

Günther, Hans-Ludwig/Keller, Rolf, Fortpflanzungsmedizin und Humangenetik – Strafrechtliche Schranken?, 2. Auflage, Tübingen 1991

Harder, Manfred, Wer sind Vater und Mutter? – Familienrechtliche Probleme der Fortpflanzungsmedizin, JuS 1986, S. 505–512

Harper, Mark/Downs, Martin/Landells, Katharine/Wilson, Gerald, Civil Partnership – The New Law, Bristol 2005

Hay, Peter, US-Amerikanisches Recht – Ein Studienbuch, 5. Auflage, München 2011

Hayden, Anthony/Allman, Marisa/Greenan, Sarah/Nhinda-Latvio, Elina/Penna, Jai, Children and Same Sex Families – A Legal Handbook, Bristol 2012

Heiderhoff, Bettina, Rechtliche Abstammung im Ausland geborener Leihmutterkinder, NJW 2014, S. 2673–2678

Henke, Dan, California Law Guide, 2. Auflage, Los Angeles/USA, 1976

Helms, Tobias, Leihmutterschaft – ein rechtsvergleichender Überblick, StAZ 2013, S. 114–119

Hertling, Thomas, Homosexuelle Männlichkeit zwischen Diskriminierung und Emanzipation – Eine Studie zum Leben homosexueller Männer heute und Begründung ihrer wahrzunehmenden Vielfalt, Münster/Hamburg/Berlin 2011

Holmes, Oliver Wendell, The Common Law, 43. Auflage, Boston 1949

Howe, Tasha, Marriages & Family in the 21st century – A bioecological approach, West Sussex, UK 2012

Hoyer, Andreas, Embryonenschutz und Menschenwürde, In: Festschrift für Klaus Rolinski zum 70. Geburtstag am 11. Juli 2002, Baden-Baden 2002, S. 81–93

Hömig, Dieter, Grundgesetz für die Bundesrepublik – Nomos Kommentar, 10. Auflage, Baden-Baden 2013

Igl, Gerhard/Welti, Felix, Gesundheitsrecht – Eine systematische Einführung, München 2012

Jarass, Hans/Pieroth, Bodo, Grundgesetz für die Bundesrepublik Deutschland Kommentar, 13. Auflage, München 2014

Jauernig, Othmar, Bürgerliches Gesetzbuch mit Allgemeinem, Gleichbehandlungsgesetz (Auszug), 15. Auflage, München 2013

Joecks, Wolfgang, Strafgesetzbuch. Studienkommentar, 10. Auflage, München 2012

Kaiser, Dagmar/Schnitzler, Klaus/Friederici, Peter/Schilling, Roger, Kommentar zum Familienrecht, §§ 1297–1921, 3. Auflage, Baden- Baden 2014

Kaiser, Dagmar, Familienglück durch Fremdspende und Leihmutter?, In: Festschrift für Gerd Brudermüller zum 65. Geburtstag, Familie – Recht – Ethik, München 2014, S. 357–370

Kant, Immanuel, Grundlegung zur Methaphysik der Sitten, Akademische Ausgabe IV, Hamburg 1965

Keidel, Theodor, FamFG – Gesetz über das Verfahren in Familiensachen und in den Angelegenheiten der freiwilligen Gerichtsbarkeit, 18. Auflage, München 2014

Keith, Moore, Persaud, Vidhya, Embryologie – Entwicklungsstadien, Früherkennung, Organogenese, Klinik, Übersetzt und bearbeitet von Christoph Viebahn, 5. Auflage, München 2007

Keller, Rolf/ Günther, Hans-Ludwig/ Kaiser, Peter, Kommentar zum Embryonenschutzgesetz, Stuttgart 1992

Kemper, Rainer, Nomos Kommentar – Handkommentar Bürgerliches Gesetzbuch, 7. Auflage, Baden-Baden 2012

Kiechle, Marion, Gynäkologie und Geburtshilfe, 2. Auflage, München 2011

Kindregan, Charles/Snyder, Steven, Clarifying the Law of ART: The New American Bar Association Model Act Governing Assisted Reproductive Technology, Family Law Quarterly Volume 42, No. 2, 2008, S. 203–229

Kiralfy, A.K.R., The English Legal System, 8. Auflage, London 1990

Kollhosser, Helmut, Rechtsprobleme bei medizinischen Zeugungshilfen, Jura 1985, S. 553–562

Ders., Anmerkung zum OLG Hamm, Beschluss v. 2. 12. 1985, 11 W 18/85, JZ 1986, S. 441–451

Koolwali, Manju, Surrogate parenthood: An Indian socio-legal scenario, Journal of the Legal Studies, 38, 2008, S. 160–171

Kusum, Surrogate motherhood – „Where does the child stand?“, Madras Law Journal 2009, Volume: 245 (2): S. 19–21

Kusuman, K., Wombs on hire „a wake up call“ challenges, need for a law Right to surrogacy: Right to surrogacy, Kerala Law Times 2012 (February 13), Volume: 1 (7): S. 32–43

Korff, Wilhelm/Beck, Lutwin/Mikat, Paul (Hrsg.), Lexikon der Bioethik, Band I, Gütersloh 1998

Kreß, Hartmut, Lebenspartnerschaftsgesetz: Rechtspolitischer Fortschreibungs- und Reformbedarf, ZRP 2012, S. 234–237.

Ders., Samenspende und Leihmutterschaft – Problemstand, Rechtsunsicherheiten und Regelungsansätze, ZRP 2013, S. 240–244.

Kunig, Philip, Das Gundgesetz, Band 1: Präambel bis Art. 69, 6. Auflage, München 2012

Lackner, Karl/Kühl, Kristian, Strafgesetzbuch Kommentar, 27. Auflage, München 2011

Lakshmahan, A.R., Surrogacy – The Future Of Children, Madras Law Journal 2009, Volume: 241 (5): S. 105–108

Ders., Surrogacy – bane or boon, Madras Law Journal 2009, Volume: 241 (3): S. 41–43

Laufhütte, Heinrich/ Wilkitzki, Peter, Zur Reform der Strafvorschriften über den Schwangerschaftsabbruch, JZ 1976, S. 329–338

Laufs, Adolf/ Kern, Bern-Rüdiger, Handbuch des Arztrechts, 4. Auflage, München 2010

Laufs, Adolf, Fortpflanzungsmedizin und Arztrecht, Berlin 1992

Ders., Die künstliche Befruchtung beim Menschen–Zulässigkeit und zivilrechtliche Folgen, JZ 1986, S. 769–778

Lee, Man Yee Karen, Equality, dignity, and same-sex marriage: a rights disagreement in democratic societies, Leiden/Netherlands 2010

Lee, Ruby, New Trends in Global Outsourcing of Commercial Surrogacy: A Call for Regulation, Hastings Women's Law Journal, Volume 20, No. 2, 2009, S. 275–300

Leipold, Michael, Ausländisches Familienrecht – Eine Auswahl von Länderdarstellungen, München 2012

Lewis (Jones), Jel D., Michael Jackson – King of Pop, The Big Picture The Music! The Man! The Legend! The Interviews: An Anthology, Phoenix 2005

Liermann, Stephan, Der Begriff der „Ersatzmutterschaft" im Embryonenschutzgesetz, FamRZ 1991, S. 1403–1403

Lord Collins of Mapesbury, Dicey, Morris and Collins on The Conflict of Laws, 15. Auflage, Vol. 1, London 2012

Lowe, Nigel, Issues of Descent – The Position in English Law, Streit um die Abstammung- ein europäischer Vergleich, Beiträge zum europäischen Familienrecht, Band 11, Bielefeld 2007

Löseke, Xaver/Skibbe, Andrea, Gynökologie und Geburtshilfe für Pflegeberufe, 3. Auflage, Stuttgart 2013

Lungstras, Anne Barbara, Der Umgang mit dem Embryo in vitro – Eine Analyse der Überzeugungsstrategien in der verfassungsrechtlichen Debatte um die embryonale Stammzellenforschung und die PID, Diss. Univ. Heidelberg, Baden-Baden 2008

Lüderitz, Alexander, Verbot von Kinderhandel und Ersatzmuttervermittlung durch Änderung des Adoptionsvermittlungsgesetzes, NJW 1990, S. 1633–1636

Lyall, Francis, An intoduction to British Law, The Legal Systems of European States – Die Rechtsordnungen der europäischen Staaten, 2. Auflage, Baden-Baden 2002

Malhotra, Anil, Malhotra, Ranjit, Surrogacy in India – A Law in the Making, New Delhi 2013

Mangoldt, Hermann v./Klein, Friedrich/Starck, Christian, Kommentar zum Grundgesetz, Band I: Präambel, Artikel 1 bis 19, 6. Auflage, München 2010

Markens, Susan, Surrogate Motherhood and the Politics of Reproduction, Berkeley/ Los Angeles/London 2007

Mason, Paul, Constitution of the State of California, The Constitution of the United States, California, 1947

Mathe, Thomas, Medizinische Soziologie und Sozialmedizin, 2. Auflage, Idstein 2005

Maunz, Theodor/Dürig, Günter, Grundgesetz Kommentar, Band I, 74. Ergänzungslieferung, Art. 1–5, München 2015

Mayer, Claudia, Ordre public und Anerkennung der rechtlichen Elternschaft in internationalen Leihmutterschaftsfällen, RabelsZ 78, 2014, S. 551–590

Dies., Sachwidrige Differenzierungen in internationalen Leihmutterschaftsfällen (zu KG 1.8.2013–1 W 413/12, unten S. 72, Nr. 6; OLG Düsseldorf, 26.4.2013 – I-3 Wx 211/12, unten S. 77, Nr. 7; und VG Berlin, 5.9.2012–23 L 283: 12, unten S. 80, Nr. 8), IPRax 2014, S. 57–62

McCloskey, Robert, The American Supreme Court, 2. Auflage, Chicago/London 1994

Medicus, Dieter, Das fremde Kind – Komplikationen bei „Leihmutterschaften", Anmerkung zu: OLG Hamm v. 2. 12. 1985–11 W 18/85, Jura 1986, S. 302–308

Merino, Faith, Global Issues: Adoption and Surrogacy Pregnancy, New York 2010

Mnookin, Robert/Weisberg, Kelly, Child, Family, State – Problems and Materials on Children and Law, 5.Auflage, New York 2005

Motwani, Tejas, Surrogacy: Legal Analysis And Developments, Karnataka Law Journal 2011 March 15, Volume: 2 (6): S. 17–32

Morgan, Derek, Surrogate Motherhood International Perspectives, Portland Oregan/ USA 2003

Mortazavi, Sarah, It takes a Village To Make a Child: Creating Guidelines for International Surrogacy, The Georgetown Law Journal Vol. 100:2249, 2012, S. 2249–2290

Münchener Kommentar zum Bürgerlichen Gesetzbuch, Band 1 – Allgemeiner Teil §§ 1–240, ProstG, AGG, 6. Auflage, München 2012

Münchener Kommentar zum FamFG, Gesetz über das Verfahren in Familiensachen und in den Angelegenheiten der freiwilligen Gerichtsbarkeit (FamFG) mit Internationalem und Europäischem Zivilverfahrensrecht in Familiensachen, 2. Auflage, München 2013

Murken, Jan/Grimm, Tiemo/Holinski-Feder, Elke/Zerres, Klaus, Humangenetik Taschenlehrbuch, 8. Auflage, Stuttgart 2011

Muscheler, Karlheinz, Familienrecht, Neuwied 2006

Noll, Andreas, Chinesische Medizin bei Fertilitätsstörungen- Erfolgreiche Behandlung bei unerfülltem Kinderwunsch, Stuttgart 2008

Nath, G. V. Mahesh, Critique on surrogacy contracts, Manasa Andhra Law Times 2012 Februar, Volume: 1 (3): S. J 28–J. 34

Osterlow, Anne, Biostrafrecht – Eine neue wissenschaftliche Teilsdisziplin, Diss. Univ. Würzburg, Berlin 2004

Palandt, Bürgerliches Gesetzbuch, 74. Auflage, München 2015

Pande, Rheka, The Girl Child in India, Review of Women's Studies, Volume 14, No 2: S. 149–173

Prütting, Hanns/ Wegen, Gerhard/Weinreich, Gerd, BGB Kommentar, 10. Auflage, Köln 2015

Pschyrembel, Willibald, Pschyrembel – Klinisches Wörterbuch, 260. Wörterbuch, Berlin 2004

Ders., Pschyrembel – Gynäkologie und Geburtshilfe, 3. Auflage, Berlin/Boston 2012

Quaas, Michael/Zuck, Rüdiger, Öffentliches Medizinrecht, Pflegeversicherungsrecht, Arzthaftpflichtrecht, Arztstrafrecht, 2. Auflage, München 2008

Quadeer, Imrana/John, Mary, Business and ethics of surrogacy, Economic and Political Weekly 2009, Volume: 54 (2): S. 10–12

Quantius, Markus, Die Elternschaftsanfechtung durch das künstlich gezeugte Kind, FamRZ 1998, S. 1145–1152

Ramm, Thilo, Die Fortpflanzung – ein Fortpflanzungsrecht?, JZ 1989, S. 861–874

Rao, Mohan, Why all non – altruistic surrogacy should be banned, Economic and Political Weekly 2012, May 26, Volume 47 (21): S. 15–17

Ratnaparkhi, M.S., Uniform Civil Code, An ignored constitutional imperative, Delhi 1997

Reetu, Basabdutta, Surrogate birth, All India Reporters 2009 July, Volume: 96: S. 108–112

Reimann, Mathias, Einführung in das US-amerikanische Privatrecht, 2. Auflage, München 2004

Reinke, Mathias, Fortpflanzungsfreiheit und das Verbot der Fremdeizellspende, Diss. Humboldt-Universität Berlin, Berlin 2008

Rieck, Jürgen, Nachbeurkundung einer Auslandsgeburt bei Leihmutterschaft, Anmerkung zu OLG Stuttgart, Beschluss v. 07.02.2012–8 W 46/12 = BeckRS 2012, 04123, FamRZ 2012, S. 166–167

Ders., Ausländisches Familienrecht, England und Wales, 9. Ergänzungslieferung Mai 2012, München 2012

Revermann, Christoph/Hüsing, Bärbel, Fortpflanzungsmedizin – Rahmenbedingungen, wissenschaftlich-technische Fortschritte und Folgen, Berlin 2011

Rohen, Johannes/Lütjen–Drecoll, Elke, Funktionelle Embryologie– Die Entwicklung der Funktionssysteme des menschlichen Organismus, 3. Auflage, Stuttgart 2006

Roher, Jens, Menschenwürde am Lebensanfang und am Lebensende, Strafrechtlicher Lebensschutz, Diss., Berlin 2012

Roth, Andreas, Das Kinderrechtsverbesserungsgesetz, JZ 2002, S. 651–655

Roxin, Claus/Schroth, Ulrich, Medizinstrafrecht – Im Spannungsfeld von Medizin, Ethik und Strafrecht, 2. Auflage, Stuttgart 2001

Sachs, Michael, Grundgesetz Kommentar, 7. Auflage, München 2014

Sadler, Thomas, Medizinische Embryologie – Die normale menschliche Entwicklung und ihre Fehlbildungen, Deutsche Übersetzung von Ulrich Drews, 11. Auflage, Stuttgart 2008

Saiyed, I.A., Family Law, Compendium of Mohammedan Law (Other than Property Law) of Christian Marriages Act, Indian Divorce Act, Parsi Marriage & Divorce Act & Indian Succession Act, 2. ed., Mumbai 2004

Schoeps, Miriam, Rechtsphilosophische Fragen der Leihmutterschaft, Studienarbeit Univ. Bielefeld, Norderstedt 1999

Schönke, Adolf/Schröder, Horst, Strafgesetzbuch Kommentar, 29. Auflage, München 2014

Schneider, Susanne, Auf dem Weg zur gezielten Selektion– Strafrechtliche Aspekte der Präimplantationsdiagnostik, MedR 2000, S. 360–364

Schneider, Norbert F./Limmer, Ruth/Ruckdeschel, Kerstin, Mobil, flexibel, gebunden – Familie und Beruf in der mobilen Gesellschaft, Frankfurt am Main 2002

Schroeder, Friedrich-Christian, Die Rechtsgüter des Embryonenschutzgesetzes, In: Festschrift für Koichi Miyazawa – Dem Wegbereiter japanisch-deutschen Strafrechtsdiskurses, Hrsg.: Hans-Heiner Kühne, Baden-Baden 1995, S. 533–547

Schroth, Ulrich, Präimplantationsdiagnostik zur Feststellung genetischer Schäden eines extrakorporal erzeugten Embryos, Anmerkung zum BGH–Urteil vom 6.7. 2010–5 StR 386/09 (LG Berlin), NJW 2010, 2. Halbband, München/Frankfurt 2010

Schulze, Susanne, Embryologie Basics, München 2011

Schumacher, Klaus, Fortpflanzungsmedizin und Zivilrecht, FamRZ 1987, S. 313–324

Schwab, Dieter, Familienrecht, 20. Auflage, München 2012

Settekorn, Birgit, Die verfassungsrechtliche Würdigung der Ersatzmutterschaft, Diss. Univ. Bremen, 1998

Sharma, S.P./Iyer, Krishna, Indian Legal System, 5. ed., New Delhi, 1991

Soergel, Kommentar zum Bürgerlichen Gesetzbuch Band 20 – Familienrecht 4, §§ 1741–1921, 13. Auflage, Stuttgart 2000

Spar, Debora, The Baby Business: How Money, Science, and Politics Drive the Commerce of Conception, 2005

Spickhoff, Andreas/Deutsch, Erwin, Medizinrecht, Arzneimittelrecht, Medizinprodukterecht und Transfusionsrecht, 6. Auflage, Berlin/Heidelberg 2008

Spickhoff, Andreas, Medizinrecht, München 2011

Spivack, Carla, The Law of Surrogate Motherhood in the United States, The American Journal of Comparative Law, Volume 58, Michigan 2010

Stehr, Emily, International Surrogacy Contract Regulation: National Governments' and International Bodies' Misguided Quests to Prevent Exploitation, Hastings International and Comparative Law Review, Vol. 35, No. 1, 2012, S. 253–287

Steiner, Eva, Angleterre – Maternité pour le compte d'autrui entre prohibition et permission, Gestation pour autrui: Surrogate Motherhood, Collection Colloques Vol. 14, Paris 2011

Srinivas, M., Assisted Reproductive Technology Legal Issues Andhra Law Times 2010, Volume: 166 (15): S. 24–32

Taupitz, Jochen, Der Status des Embryos, Recht und Ethik im Zeitalter der Gentechnik: deutsche und japanische Beiträge zu Biorecht und Bioethik, Göttingen 2004

Teman, Elly, Birthing a mother: the surrogate body and the pregnant self, Berkely/Los Angeles/London 2010

Thakkar, Irvi H., Is surrogate motherhood moral? Criminal Law Journal 2011 March, Volume 1 (3): S. J. 88–J 93

The American Fertility Society, Surrogate Motherhood: Politics and Privacy, Indiana University Press 1990

Theis, Lucy/Gamble, Natalie/Ghevaert, Louisa, Re X and Y (Foreign Surrogacy): „A Trek Through A Torn Forest", Family Law 2009 Volume 39, S. 239–243, Bristol 2009

Valentin, Julia Maria, Biologische Abstammung als Maßstab rechtlicher Zuordnung? Eine rechtsvergleichende Betrachtung des Abstammungsrechts in Deutschland und der Schweiz, Diss. Univ. Kiel, Frankfurt am Main 2010

Van den Akker, Olga, Reproductive Health Psychology, Chichester, West Sussex/UK 2012

Dies., Psychological aspects of surrogate motherhood, Human Reproduction Update, Vol. 13, 2007, S. 53–62

Voß, Andreas, Leih- und Ersatzmutterschaftsverträge im amerikanischen Recht, FamRZ 2000, S. 1552–1556

Wache, Volkhard, Strafrechtliche Nebengesetze, Adoptionsvermittlungsgesetz, 188. Ergänzungslieferung, München 2012

Walker, R.J./Ward, Richard, Walker & Walker's – English Legal System, 7. Auflage, London/Dublin/Edinburgh 1998

Wanitzek, Ulrike, Rechtliche Elternschaft bei medizinisch unterstützter Fortpflanzung, Diss. Universität Würzburg, Bielefeld 2002

Wardle, Lynn/Nolan, Laurence, Fundamental principles of family law, 2. Auflage, United States of America 2006

Weger, Katarina, Adoptives Families in a Diverse Society, United States of America 2006

West's Encyclopedia 2nd Edition of American Law, Volume 9, Sar to Ten, Thomson Gale, United States of America 2005

Wetz, Franz Josef, Baustelle Körper: Bioethik der Selbstachtung, Stuttgart 2009

Wiesemann, Claudia/Biller-Adorno, Nikola, Medizinethik für die neue AO, Stuttgart 2005

Wischmann, Tewes, Einführung Reproduktionsmedizin – Medizinische Grundlagen, Psychosomatik – Psychosoziale Aspekte, München 2012

Wiesner, Reinhard, SGB VIII – Kinder- und Jugendhilfe Kommentar, 4. Auflage 2011

Wohn, Annette, Medizinische Reproduktionstechniken und das neue Abstammungsrecht, Diss. Univ. Würzburg, Bielefeld 2001

Wollenschläger, Ferdinand, Das Verbot der heterologen In-vitro- Fertilisation und der Eizellspende auf dem Prüfstand der EMRK, MedR 2011, S. 21–28

Yashon, Ronnee/Cummings, Michael, Human Genetics & Society, Belmont/USA 2009

Ziegler, Stacy, Pathways to Parenthood – The Ultimate Guide to Surrogacy, Boca Raton (Florida) 2005

Zingeler, Ursula, Jenseits des Muttermythos: über die Trennung von Gebären und Aufziehen, Weinheim und München 2005

2. Studien/ Berichte/ Dokumentationen

Arbeitsgruppe „In-vitro-Fertilisation, Genomanalyse und Gentherapie" in: Bundesminister für Forschung und Technologie

Beschlussempfehlung und Bericht des 13. Ausschusses zum Gesetzesentwurf, BT-Drucks. 11/5283

Centre of Social Research, Surrogate Motherhood – Ethical or Commercial, abrufbar unter http://www.womenleadership.in/Csr/SurrogacyReport.pdf

Centers for Disease Control and Prevention, American Society for Reproductive Medicine, Society for Assisted Reproductive Technology, 2010 Assisted Reproductive Technogy Fertility Clinic Success Rates Report, abrufbar unter: http://www.cdc.gov/art/ART2010/PDFs/ART_2010_Clinic_Report- Full.pdf

Centers for Disease Control and Prevention, 2011 Preliminary Data– Clinic Tables and Data Dictionary, abrufbar unter http://www.cdc.gov/art/ARTReports.htm

COTS – Information Booklet, abrufbar unter http://www.surrogacy.org.uk/pdf/COTS%20booklet.pdf

Council for Responsible Genetics Report, abrufbar unter http://www.councilforresponsiblegenetics.org/pagedocuments/kaev ej0a1m.pdf

Däubler-Gmelin, Deutscher Bundestag, Plenarprotokoll 11/230, Stenographischer Bericht v. 24.10.1990, abrufbar unter http://dipbt.bundestag.de/dip21/btp/11/11230.pdf

Empfehlungen des ASRM, abrufbar unter http://www.asrm.org/uploadedFiles/ASRM_Content/News_and_Pu blications/Practice_Guidelines/Committee_Opinions/recommendati ons_for_practices_utilizing_gestational_carriers_nonmembers.pdf

Enquete-Kommission des Deutschen Bundestages, BT-Drucks. 14/9020

Foreign & Commonwealth Office, Surrogacy Overseas Gov. UK, S. 3, abrufbar unter https://www.gov.uk/government/uploads/system/uploads/attachment_data/file/229983/Surrogacy_guidance_PDF_version.pdf

Guidelines for ART Clinics in India, abrufbar unter http://www.icmr.nic.in/art/Chapter%20_1.pdf

Home Office, UK Border, Inter-Country Surrogacy And Immigration Rules, Agency, abrufbar unter http://www.ukba.homeoffice.gov.uk/sitecontent/documents/residen cy/Intercountry-surrogacy-leaflet

Informationsblatt zur IVM–Behandlung des Universitätsklinikums Lübeck, abrufbar unter http://www.kinderwunsch- luebeck.de/435.html

In Vitro Maturation (IVM) – Erste Geburt in Deutschland nach neuer reproduktionsmedizinischer Behandlungsform; Deutsche Gesellschaft für Gynäkologie und Geburtshilfe e. V., abrufbar unter http://www.uni protokolle.de/nachrichten/id/110915/

Ministry of Home Affairs, abrufbar unter http://mha.nic.in/pdfs/CS- GrntVISA-291112.pdf

Musterrichtlinie zur Durchführung der assistierten Reproduktion – Novellierung 2006, abrufbar unter http://www.bundesaerztekammer.de/downloads/Kuenstbefrucht_pdf.pdf

National Guidelines for Accreditation, Supervision and Regulation of ART Clinics in India, abrufbar unter: http://www.icmr.nic.in/art/Prilim_Pages.pdf

Prefatory Note, American Bar Association Model Act Governing Assisted Reproductive Technology (February 2008), abrufbar unter http://apps.americanbar.org/family/committees/artmodelact.pdf

Protokoll der 597. Sitzung des Bundesrates v. 10.2.1989, S. 25, Anlage 9, BR-Drucks. 608/88

Report of the Committee of Inquiry into Human Fertilisation and Embryology, abrufbar unter http://www.hfea.gov.uk/docs/Warnock_Report_of_the_Committee_of_Inquiry_into_Human_Fertilisation_and_Embryology_1984.pdf

Sama Resource Group for Women and Health, ARTs and Women – Assistance in Reproduction and Subjugation, abrufbar unter http://www.samawomenshealth.org/pubs/book.pdf

Sama Resource Group for Women and Health in ihrem Brief an das Ministry of Health and Family Welfare, abrufbar unter http://www.samawomenshealth.org/downloads/ART%20Bill%20Cr itique_Sama.pdf

Schlussbericht der Enquete-Kommission „Recht und Ethik der modernen Medizin", BT-Drucks. 14/9020.

Surrogacy – Review for Health Ministry of Current Arrangements for Payments and Regulation, abrufbar unter http://webarchive.nationalarchives.gov.uk/20130107105354/http:// www.dh.gov.uk/prod_consum_dh/groups/dh_digitalassets/@dh/@e n/documents/digitalasset/dh_4014373.pdf

Taupitz, Jochen, Ist das Embryonenschutzgesetz noch zeitgemäß? Institut für Deutsches, Europäisches und Internationales Medizinrecht, Gesundheitsrecht und Bioethik der Universitäten Heidelberg und Mannheim abrufbar unter http://www.ethikrat.org/dateien/pdf/praesentation-2010-07-22- taupitz-embryonenschutzgesetz.pdf

The Law Commission of India, Report 228, 2009, abrufbar unter http://lawcommissionofindia.nic.in/reports/report228.pdf

Verhandlungen des sechsundfünfzigsten Deutschen Juristentages – Berlin 1986, Gutachten B, Hrsg.: Ständige Deputation des Deutschen Juristentages, München 1986

Warnock Report, abrufbar unter http://www.hfea.gov.uk/docs/Warnock_Report_of_the_Committee_of_Inquiry_i nto_Human_Fertilisation_and_Embryology_1984.pdf

Zweiter Zwischenbericht der Enquete-Kommission „Recht und Ethik der modernen Medizin", BT-Drucks. 14/7546

3. Zeitungen und Internet-URL

http://articles.timesofindia.indiatimes.com/2012-07- 13/india/32663156_1_clinics-infertility-medical-technologies

http://articles.timesofindia.indiatimes.com/2013-01-18/india/36415052_1_surrogacy-fertility-clinics-home-ministry

http://www.bbc.co.uk/news/world-asia-india-25329065

www.becomeparents.com/process.php http://www.britishsurrogacycentre.com/

http://www.cambridgeshire.gov.uk/community/bmd/births/#fertility http://www.cbsnews.com/8301-18563_162-57579212/are-indian-surrogacy-programs-exploiting-impoverished-women/

http://www.christiansurrogates.com/christian-surrogacy-process.php#.UjHRBhxZ-4A

http://www.courts.ca.gov/supremecourt.htm https://www.creatingfamilies.com/SM/SM_app_request.aspx

Dr. Patel im Marie Claire im Interview; *Abigail Haworth*, Surrogate Mothers: Womb for Rent, Marie Claire v. 29.7.2007

http://www.duke.edu/web/kenanethics/CaseStudies/BabyManji.pdf http://www.fertilitymiracles.com/international/surrogacy.html http://governors.library.ca.gov/36-wilson.html http://www.guardian.co.uk/commentisfree/2012/jun/05/india-surrogates-impoverished-die http://www.gynexpert.de/pdf/00000060.pdf http://indiancitizenshiponline.nic.in/acquisition1.htm.

http://indiatoday.intoday.in/story/inside-the-bazaar-of- surrogacy/1/200032.html

http://kafila.org/2012/01/10/the-regulation-of-surrogacy-in-india- questions-and-concerns-sama/

http://www.kinderwunschzentrum-hamburg.de/1--Hormonstimulation- und-Eizellwachstum?id=897

http://www.kinderwunsch-luebeck.de/435.html

http://www.nytimes.com/2011/10/05/world/asia/05iht-letter05.html?

http://portlandtribune.com/pt/9-news/111280-surrogacy-gives-%20birth-to-industry

http://www.smh.com.au/national/booming-surrogacy-demand-sparks-exploitation-fears-20120901–25742.html

http://www.spiegel.de/panorama/gammy-leihmutter-will-jungen-mit-downsyndrom-bei-sich-behalten-a-984324.html

http://www.spiegel.de/wissenschaft/mensch/briten-koennten-umstrittene-befruchtungstechnik-erlauben-a-908321.html

http://www.surromomsonline.com/articles/howtoad.htm http://www.thesurrogacysource.com/requirements_surrogate_mother.htm

http://www.theage.com.au/national/warning-to-couples-on-indian- surrogacy-laws-20090125–7pgp.html

http://www.thelancet.com/journals/lancet/article/PIIS0140- 6736(12)61933–3/fulltext

http://www.utsandiego.com/news/2012/feb/18/baby-selling-case- sheds-light-on-surrogacy/?page=2#article-copy

4. Links zur den offiziellen Gesetzestexten in Indien, England und Kalifornien/USA

Indien

The Artificial Reproduction Technologies (Regulations) Bill–2008, abrufbar unter

http://www.prsindia.org/uploads/media/vikas_doc/docs/1241500084~~DraftARTBill.pdf

The Artificial Reproduction Technologies (Regulations) Bill–2010, abrufbar unter

http://www.icmr.nic.in/guide/ART%20REGULATION%20Draft% 20Bill1.pdf

http://indiankanoon.org/doc/981147/

Kalifornien

Assembly Bill 1349, abrufbar unter: http://www.leginfo.ca.gov/pub/11-12/bill/asm/ab_1301-1350/ab_1349_bill_20110805_chaptered.pdf

Assembly Bill 2426, abrufbar unter http://www.leginfo.ca.gov/pub/09-10/bill/asm/ab_2401-2450/ab_2426_bill_20100813_chaptered.pdf

Division 12 Part 3 (Sections 7600–7760) Family Code – „Uniform Parentage Act“, abrufbar unter http://www.leginfo.ca.gov/cgi- bin/calawquery?codesection=-fam&codebody=&hits=20

Erste Lesung des Gesetzesentwurfes fand am 18.02.2011, abrufbar unter http://leginfo.legislature.ca.gov/faces/billAnalysisClient.xhtml

http://www.leginfo.ca.gov/.const/.article_1 http://leginfo.legislature.ca.gov/faces/billNavClient.xhtml?bill_id=201120120AB1217

http://www.leginfo.ca.gov/calaw.html

Penal Code California, abrufbar unter http://www.leginfo.ca.gov/cgi- bin/displaycode?section=pen&group=00001-01000&file=270- 273.75

Senate Floor Analyses, 3rd Reading, 27.08.2012, abrufbar unter http://leginfo.legislature.ca.gov/faces/billCompareClient.xhtml

Senate Judiciary Committee, 03.07.2012, abrufbar unter http://leginfo.legislature.ca.gov/faces/billNavClient.xhtml,

Uniform Parentage Act, abrufbar unter http://www.uniformlaws.org/shared/docs/parentage/upa_final_2002.pdf

England

Adoption Children Act, abrufbar unter http://www.legislation.gov.uk/ukpga/2002/38/section/1

Children and Families Bill, abrufbar unter http://www.publications.parliament.uk/pa/bills/cbill/2012-2013/0131/2013131.pdf

Civil Partnership Act 2004, abrufbar unter http://www.legislation.gov.uk/ukpga/2004/33/pdfs/ukpga_20040033_en.pdf?view=extent&timeline=true

Health Department, Review of the Human Fertilisation and Embryology Act, abrufbar unter http://www.hfea.gov.uk/docs/Review_HFEA_Act_White_Paper_DH.pdf

http://www.legislation.gov.uk/ukpga/1985/49/pdfs/ukpga_19850049_en.pdf

The Human Fertilisation and Embryology (Parental Orders) Regulations 2010, abrufbar unter http://www.legislation.gov.uk/uksi/2010/985/pdfs/uksi_20100985_en.pdf

The Family Proceedings Court (Children Act 1989) (Amendment) (No. 2) Rules 2010, abrufbar unter http://www.legislation.gov.uk/uksi/2010/1065/made

Schriftenreihe zum deutschen und internationalen Erbrecht

Herausgegeben von Christina Eberl-Borges und Rudolf Meyer-Pritzl

Band 1 Tina Meyer-Dulheuer: Gestaltungsformen des Behindertentestamentes. Unter besonderer Betrachtung der Vermächtnislösung und des Berliner Testamentes. 2009.

Band 2 Anna-Kathrin Schwedler: Die ärztliche Therapiebegrenzung lebenserhaltender Maßnahmen auf Wunsch des Patienten. Ein Rechtsvergleich zwischen Deutschland und Frankreich unter besonderer Berücksichtigung des Patientenverfügungsgesetzes in der Bundesrepublik Deutschland. 2010.

Band 3 Miriam Hollstein: Die Nichtigkeit letztwilliger Verfügungen wegen Verstoßes gegen das gesetzliche Verbot aus § 14 Abs. 1, 5 HeimG vor und nach der Föderalisierung des Heimrechts. 2011.

Band 4 Ansgar Kregel-Olff: Der Einfluss der Europäischen Menschenrechtskonvention und der Rechtsprechung des Europäischen Gerichtshofs für Menschenrechte auf das deutsche Erbrecht. 2011.

Band 5 Karl Ehler: Vom nachlassgerichtlichen Vermittlungsverfahren zum Konsiliarverfahren bei der Auseinandersetzung von Erbengemeinschaften. 2013.

Band 6 Ove Reinbender: Sozialhilferegress nach Grundbesitzübertragung in vorweggenommener Erbfolge unter Vorbehalt eines dinglichen Wohnrechts. 2014.

Band 7 Christina Eberl-Borges/ Wang Qiang (Hrsg.): Erbrecht in der VR China. Die aktuelle Entwicklung im Rahmen des Aufbaus der Privatrechtsordnung. 2015.

Forschungen zum deutschen und internationalen Erb- und Familienrecht

Band 8 Simon-Martin Banck: Die Unterbeteiligung als Gestaltungsinstrument der Unternehmensnachfolge. Eine Arbeit über die Regelung der Unternehmensnachfolge in mittelständischen Familienunternehmen in der Bundesrepublik Deutschland. 2016.

Band 9 Sarah Jasmin Rüegg: Familiengerichtliche Maßnahmen bei Gefährdung des Kindeswohls aufgrund religiös motivierten Verhaltens der Eltern. Ein Vergleich von deutschem und australischem Recht unter besonderer Berücksichtigung aktueller Fallgruppen aus der Rechtsprechung. 2017.

Band 10 Saskia Ballon: Die Annahme, Ausschlagung und Erfüllungswirkung von Vermächtnissen bei beschränkt Geschäftsfähigen. 2018.

Band 11 Areso Asmatyar: Die Ersatzmutterschaft im Rechtsvergleich zwischen den Rechtsordnungen in Deutschland, Indien, Kalifornien und England. 2018.

www.peterlang.com

www.ingramcontent.com/pod-product-compliance
Ingram Content Group UK Ltd.
Pitfield, Milton Keynes, MK11 3LW, UK
UKHW021851290926
8980IPUK00005B/771

9 783631 766477